福祉ライブラリ

相談援助

川村匡由　編著

石井三智子・市川　舞・占部尊士・江幡五郎
小野篤司・片岡靖子・鈴木政史・丹野眞紀子
茶屋道拓哉・名城健二・久松信夫
村岡則子・山口佳子・渡邊　暁
共著

建帛社
KENPAKUSHA

はじめに

　周知のように，日本は第二次世界大戦（アジア太平洋戦争）で敗戦し，国内で約230万人もの犠牲者を出したといわれている惨禍，およびアジアなど諸外国に過大な死傷や損害を与えた侵略行為を反省し，かつこれを教訓に，その後，今日まで官民一体となって戦争国家から平和・福祉国家への転換をめざし，政治や経済，社会の進展や社会保障および社会福祉の整備・拡充に努めてきた。その結果，国際社会から奇跡ともいわれるほど短期間のうちに高度経済成長を遂げ，GDP（国内総生産）は近年，中国に追い抜かれたものの，アメリカ，中国に次いで世界第三位を占めるまでになった。

　一方，国民の健康への関心の高さや食生活の改善，医療技術のレベルアップなども手伝って平均寿命は飛躍的に延び，戦後間もないころ，50歳前後だったところ，80歳から90歳へと延びた。それだけに，日本国憲法により，すべての国民が基本的人権を尊重され，住み慣れた地域でいつまでも健康で文化的な最低限度の生存権が保障され，かつ安全・安心な生活を享受されるべく，社会保障および社会福祉の一層の整備・拡充が求められている。

　このようななか，要介護・要支援高齢者や障害者，児童，貧困者などに自立支援を行い，多様化，複雑化し，かつ高度化している福祉ニーズの充足および充実，また，ノーマライゼーションの理念のもと，彼らを地域で温かく受け入れ，包摂すべく地域組織化に努めるため，社会福祉の専門職として期待されているのがソーシャルワーカーである。

　そこで，政府は1987（昭和62）年，ソーシャルワークを「社会福祉援助技術」と日本語訳し，社会福祉士及び介護福祉士法を制定・施行，社会福祉士や介護福祉士などを国家資格化し，大学や短期大学，専門学校などでその養成教育に努めることになった。その後，精神保健福祉士などの国家資格も制度化したのち，2007（平成18）年，社会福祉援助技術を「相談援助」と改称し，従来の養成教育をさらに充実すべく，養成課程および国家試験の「出題基準」を全面的

に見直し，社会福祉士，介護福祉士，精神保健福祉士などのスキルアップに努めている。

しかし，法学や社会学，心理学，社会福祉原論，社会保障論，老人福祉論，障害者福祉論，児童福祉論，社会福祉援助技術の講義や演習，現場実習・指導などは従来の12科目から22科目に細分化され，限られた修学期間のなか，教員の研究活動の時間が大幅に制約されているのが実態である。

そこで，このような現状を少しでも改善し，かつ学生がソーシャルワーカーとして求められる専門的な知識と技術を合理的，かつ効率的に習得し，学生や教員の負担を軽減すべく1冊にまとめ，上梓したのが本書である。

具体的には，第1章で「社会福祉援助技術と相談援助」，第2章で「社会福祉援助技術の体系」と題し，ソーシャルワークの概念や理念，原理，価値，社会福祉援助技術と相談援助の関係について押えたうえ，第3章から第5章にかけ，「相談援助の基盤と専門職」や「相談援助の理論と方法」，「相談援助演習」，「相談援助実習」の計四つに区分し，「相談援助」としてひとまとめにした。そのうえで，終章として「相談援助の課題」について述べた。

一方，社会福祉士や介護福祉士，精神保健福祉士など各ソーシャルワーカーの定義や役割，制度の背景と現状，今後の見通し，さらには実習対策をはじめ，レポート・卒論対策，就活対策に関するコラムを加筆した。それだけに，本書は類書にないソーシャルワーカーの養成教育の最善のテキストと自負している。

幸いにも，このような編著者の考えに対し，西南学院大学の倉田康路先生をはじめ，全国の大学や短期大学でソーシャルワーカーの養成教育を第一線で教授されている各位より共著者としてご協力をいただいた。その情熱に改めて敬意を表するとともに，出版の企画および編集にご理解とご協力をいただいた株式会社建帛社に深く感謝したい。

2018（平成30）年8月

編者　川村　匡由

目　　次

第1章　社会福祉援助技術と相談援助

１　社会福祉援助技術の概念・原理と理念　　　1

（１）社会福祉援助技術の概念 ……………………………………… 1

（２）社会福祉援助技術の原理 ……………………………………… 6

（３）社会福祉援助技術の理念 ……………………………………… 8

２　社会福祉援助技術の構成要素と価値　　　9

（１）社会福祉援助技術の構成要素 ………………………………… 9

（２）社会福祉援助技術の価値 ……………………………………… 10

３　社会福祉援助技術と相談援助　　　11

　　　要点整理／実習対策／レポート・卒論対策／就活対策 ………………14

第2章　社会福祉援助技術の体系

１　直接援助技術　　　16

（１）個別援助技術（ケースワーク）………………………………… 16

（２）集団援助技術（グループワーク）……………………………… 18

２　間接援助技術　　　22

（１）地域援助技術（コミュニティワーク）………………………… 22

（２）社会福祉調査法 ………………………………………………… 24

（３）社会福祉計画 …………………………………………………… 26

（４）社会福祉経営（運営）管理 …………………………………… 27

（５）社会活動法 ……………………………………………………… 28

　　　要点整理／実習対策／レポート・卒論対策／就活対策 ………………30

３　関連援助技術　　　32

（１）ネットワーキング ……………………………………………… 32

（２）ケアマネジメント（ケースマネジメント）………………… 33

iv　　目　　　次

（3）スーパービジョン ··· 35
（4）カウンセリング ··· 38
（5）コンサルテーション ··· 40
　　　要点整理／実習対策／レポート・卒論対策／就活対策 ··············42

第3章　相談援助の基盤と専門職

１　相談援助の概念と範囲　　44

（1）国際ソーシャルワーカー連盟の定義（グローバル定義） ················· 44
（2）全米ソーシャルワーカー協会の定義 ··· 48
（3）日本におけるソーシャルワークの定義 ······································· 49
（4）ソーシャルワークの源流（慈善組織協会・セツルメントなど） ··········· 50
（5）ソーシャルワークの基礎確立期 ··· 51
（6）ソーシャルワークの発展期 ··· 52
（7）ソーシャルワークの展開期・統合期 ··· 53
（8）日本におけるソーシャルワークの動向 ······································· 55

２　相談援助の理念　　56

（1）人権尊重 ··· 56
（2）社会正義 ··· 56
（3）利用者本位 ··· 57
（4）尊厳の保持 ··· 58
（5）権利擁護 ··· 58
（6）自立支援 ··· 58
（7）社会的包摂 ··· 59
（8）ノーマライゼーション ··· 60

３　相談援助における権利擁護の意義・概念・範囲　　62

（1）権利擁護の意義 ··· 62
（2）権利擁護の概念 ··· 63
（3）権利擁護の範囲 ··· 64
　　　要点整理／実習対策／レポート・卒論対策／就活対策 ··············66

４　相談援助における専門職の概念と範囲　　68

（1）専門職の概念 ··· 68
（2）専門職の範囲①─福祉行政 ··· 69

　　　　要点整理／実習対策／レポート・卒論対策／就活対策 ……………… 78
　（3）専門職の範囲②―民間組織・団体 …………………………………… 80
　　　　要点整理／実習対策／レポート・卒論対策／就活対策 ……………… 87
　（4）諸外国と日本の動向 …………………………………………………… 89
　　　　要点整理／実習対策／レポート・卒論対策／就活対策 ……………… 99

5　専門職の倫理と倫理的ジレンマ　　　　　　　　　　　　　　　　101
　（1）専門職の倫理の概念 …………………………………………………… 101
　（2）倫理綱領 ………………………………………………………………… 102
　（3）倫理的ジレンマ ………………………………………………………… 103
　　　　要点整理／実習対策／レポート・卒論対策／就活対策 ……………… 108

6　総合的，包括的な援助と多職種連携（チームアプローチなど）の意義 110
　（1）ジェネラリストの視点にもとづく総合的，包括的な援助の意義と内容… 110
　（2）ジェネラリストの視点にもとづく多職種連携の意義と内容 ………… 119
　　　　要点整理／実習対策／レポート・卒論対策／就活対策 ……………… 128
　（3）専門職資格の定義・役割，制度の背景と現状，今後の見通し ……… 130

第4章　相談援助の理論と方法

1　人と環境の交互作用（システム理論）　　　　　　　　　　　　　141
　（1）ソーシャルワークにおける人と環境とは …………………………… 141
　（2）人と環境のとらえ方とは ……………………………………………… 143
　（3）システム理論とは ……………………………………………………… 145

2　相談援助の対象　　　　　　　　　　　　　　　　　　　　　　　146
　（1）相談援助の対象の概念と範囲 ………………………………………… 146
　（2）ソーシャルワークがとらえるニーズ ………………………………… 151

3　さまざまな実践モデルとアプローチ　　　　　　　　　　　　　　153
　（1）治療モデル……………………………………………………………… 153
　（2）生活モデル……………………………………………………………… 153
　（3）ストレングスモデル…………………………………………………… 154
　（4）心理社会的アプローチ………………………………………………… 154
　（5）機能的アプローチ……………………………………………………… 155
　（6）問題解決アプローチ…………………………………………………… 155

（7）課題中心アプローチ･･････････････････････････････････ 156

（8）危機介入アプローチ･･････････････････････････････････ 156

（9）行動変容アプローチ･･････････････････････････････････ 157

　　　要点整理／実習対策／レポート・卒論対策／就活対策 ･･････ 158

４　相談援助の過程　　160

（1）受理面接（インテーク）･･････････････････････････････ 160

（2）事前評価･･･ 164

（3）支援計画･･･ 166

（4）支援の実施･･ 169

（5）経過観察･･ 171

（6）支援の終結と効果測定･･････････････････････････････ 174

（7）アフターケア･･ 178

（8）スーパービジョン ････････････････････････････････････ 180

（9）記　　　録･･ 184

（10）事例分析･･･ 187

　　　要点整理／実習対策／レポート・卒論対策／就活対策 ･･････ 189

第5章　相談援助の演習・実習

１　相談援助の演習　　191

（1）演習の意義と概要･･････････････････････････････････ 191

（2）クラス編制・運営･･････････････････････････････････ 195

（3）実習生・実習先・実習担当教員の関係･･････････････ 197

２　相談援助の実習　　200

（1）見学実習（現場体験学習）･･････････････････････････ 201

（2）事前学習･･ 204

（3）現場（配属）実習 ･･････････････････････････････････ 210

（4）スーパービジョン ････････････････････････････････････ 213

（5）事後学習･･ 215

終章　相談援助の課題

1 社会保障との重層的理解　　　　　　　　　　　　　220

2 利用者本位の実践　　　　　　　　　　　　　　　　222

3 多職種の連携・強化　　　　　　　　　　　　　　　223

4 資格制度の再編　　　　　　　　　　　　　　　　　224

5 ソーシャルワーカー養成教育の地平　　　　　　　　226

資　料／228
　　ソーシャルワーク専門職のグローバル定義 …………………………………228
　　ソーシャルワーカーの倫理綱領…………………………………………………232
　　社会福祉士の行動規範……………………………………………………………235

索　引／240

第1章
社会福祉援助技術と相談援助

1 社会福祉援助技術の概念・原理と理念

（1）社会福祉援助技術の概念

　社会福祉援助技術は，社会福祉士及び介護福祉士法が1987（昭和62）年に制定・施行される際，その日本語訳としてお目見えした用語だが，2007（平成19）年，同法の改正に伴い，「相談援助」と改称され，現在に至っている。

　しかし，その名称が果たして適切であるか，以前の「社会福祉援助技術」とともに異論が少なくない。なぜなら，ソーシャルワークは利用者（クライエント）の多様化，複雑化，高度化した福祉ニーズを充足，かつ充実するとともに，その自己決定権を保障し，QOL（生活の質）の向上を図るため，基本的人権を尊重し，自立支援することによって自己決定権を保障し，自己実現を促すべく，ソーシャルワーカーがその専門性と科学性，すなわち，社会保障および社会福祉に関わる専門的な知識と技術を提供してはじめてかなう，欧米における実践理論であるため，日本語に訳すこと自体，無理があるからである。

　この福祉ニーズについて，岡村重夫は，社会生活を営むうえでの経済的安定や職業的安定，家族的安定，保健・医療の保障，教育の保障，社会参加ないし社会的協同の機会，文化・娯楽の機会の七つの基本的要求が充足されることが必要としているが[*1]，その後の高度経済成長や医療水準の向上に伴う長命化，福祉ニーズの多様化，複雑化，高度化をかんがみれば，三浦文夫が指摘しているように，社会福祉は貧困者や虚弱，寝たきり，認知症などの要介護・要支援高齢者などを対象とした貨幣的ニーズ（ニード）に応じた選別主義的サービスだけでなく，壮年期より生活習慣病の早期発見・早期治療から老化の防止，ひいては老後の生きがいや社会参加，生涯学習など健常者も対象とした非貨幣的ニ

---

*1　岡村重夫『社会福祉原論』全国社会福祉協議会，1983.

ーズ（ニード）に応じた普遍主義的サービスの拡充へと広まっている[2]。このため，今後，本格的な少子高齢社会および人口減少を見据えれば，岡村理論[3]にいうこの七つの国民の基本的要求を充足するだけでなく，そのQOLの向上に関わる福祉ニーズの充足から充実へと昇華すべき時代を迎えている。

　したがって，社会福祉は国民一人ひとりの幸福の追求を社会的に実現すべく，日本国憲法第25条に定めた国民の基礎的ニーズとしての生存権の保障だけでなく，その付加的ニーズとしてのQOLの向上，すなわち，国民生活全般における基本的人権の尊重，さらには幸福の追求権の保障に関わる社会権として要請されている。また，国民の側においても自立と連帯のもとでその社会的実現をめざし，行政と連携し，共生社会を実現していくことが求められている。このため，ソーシャルワークもこのような文脈のなかで，多様化，複雑化，高度化した利用者の福祉ニーズを充足，さらには充実し，ナショナルミニマム（国家最低生活水準）からナショナルオプティマム（国家最適生活水準），ナショナルマキシマム（国家最高生活水準），ローカルミニマム（地方最低生活水準），ローカルオプティマム（地方最適生活水準），ローカルマキシマム（地方最高生活水準），さらにはコミュニティミニマム（地域最低生活水準）からコミュニティオプティマム（地域最適生活水準），コミュニティマキシマム（地域最高生活水準）である社会福祉に関わる専門的な知識と技術を提供し，その自立支援を通じて自己決定権を保障し，自己実現を図る事業・活動の総体として意義がある。

　この結果，福祉ニーズは充足から充実へ，すなわち，生存権から生活権の保障，また，そのサービスの提供主体も政府や自治体の公共部門だけでなく，社会福祉協議会（社協），医療機関，NPO（特定非営利活動法人），企業や事業者など非営利および営利の民間部門へと拡充すれば行政主導から公私協働，さらには集権国家から分権国家への地平も見えてくるわけだが，営利の民間部門による市場への過度の参入には要注意である（図1-1）。

---

[2]　三浦文夫『社会福祉政策研究』全国社会福祉協議会，1985.
[3]　岡村理論の「処遇論」に対し，孝橋正一は政策の最重要視を提起した施策論を展開した。これが社会福祉本質論争だが，三浦は社会福祉政策論を提起し，不毛な論争に終止符を打った。

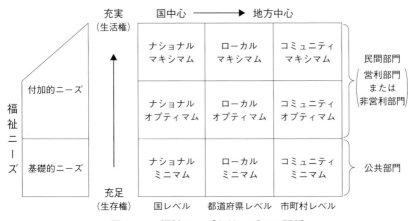

図1-1　福祉ニーズとサービスの関係

出典）川村匡由：地域福祉とソーシャルガバナンス，中央法規出版，2007，p.18 を改変．

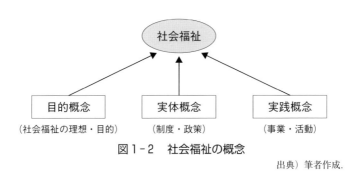

図1-2　社会福祉の概念

出典）筆者作成．

　そこで，社会福祉は基本的人権の尊重をはじめ，社会福祉の理想や目的をめざす目的概念である一方，社会保障および社会福祉の制度や政策を示す実体概念，さらには事業・活動からなる実践概念が三位一体化されたものでなくてはならない。ソーシャルワークはこのうち，実践概念に当たることはいうまでもない（図1-2）。

　したがって，ソーシャルワーカーは社会福祉の理想・目的，社会保障および社会福祉の制度・政策を踏まえ，利用者の基本的人権の尊重と自己決定権の保障に努め，QOLの向上を図るべき専門職である。その意味で，ソーシャルワー

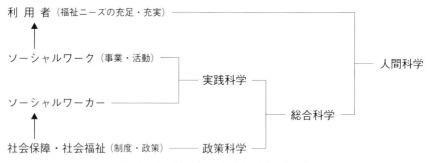

図1-3 社会福祉と諸科学との関係
出典）川村匡由編著：社会福祉援助技術（21世紀の社会福祉㉑），ミネルヴァ書房，2003, p.3を改変．

クは政策科学であるとともに実践科学からなる統合科学であり，かつ人間科学である（図1-3）。

具体的には，社会保障および生活保護法，児童福祉法，身体障害者福祉法，老人福祉法，知的障害者福祉法，母子及び父子並びに寡婦福祉法からなる福祉六法にもとづき，利用者を個人としたケースワーク（個別援助技術），小集団としたグループワーク（集団援助技術），地域のすべての住民としたコミュニティワーク（地域援助技術）[*4]を中心に取り組む専門的な知識と技術である。そこでは，利用者の基本的人権の尊重と自立支援によって自己決定権を保障して自己実現を促し，かつQOLを確保し，だれでも住み慣れた地域で生存権が保障され，福祉ニーズが充足・充実し，住み慣れた地域でいつまでも健康で，かつ安全・安心な生活を確保できるよう援助する一方，コミュニティオーガニゼーション（地域組織化）を図ることが求められる。このため，利用者のさまざまな生活場面において，ケースワークやグループワーク，コミュニティワークを個別，すなわち，スペシフィックソーシャルワークとして行うのではなく，政治・経済・社会など幅広い教養と人格のもと，ノーマライゼーションの理念などの福祉倫

---

*4 ケースワークをソーシャルケースワーク，グループワークをソーシャルグループワーク，コミュニティワークをソーシャルコミュニティワークとも呼称するが，本書では一般的な用語として略称する。

理（倫理綱領），さらには社会保障および社会福祉の歴史や制度・政策および事業・活動に関わる専門的な知識と技術を提供し，利用者はもとより，利用者が住む地域の組織化をめざすジェネラリストソーシャルワーク，さらにはコミュニティソーシャルワークとして実践すべきである。

したがって，ソーシャルワークは政策科学と実践科学からなる統合科学であるとともに，何よりもクライエントの人格や実存を重視した人間科学でなければならない。

現に，同法が制度化される以前，多くの先学者はソーシャルワークを「社会福祉実践論」，あるいは「社会福祉方法論」などと日本語訳しつつ，その調査研究に努め，その成果をソーシャルワーカーをめざす学生に対し，教授したものである。また，2000（平成12）年に制度化された介護保険において，介護福祉の任に当たるケアワーカーを「介護福祉士」，また，要介護・要支援高齢者の介護サービス計画（ケアプラン）を作成したり，保健師，あるいは看護師，介護福祉士などとともに地域包括支援センターに詰め，地域ケアシステムの強化に当たっている主任のケアマネジャーについて，介護保険法のなかで「介護支援専門員」などと日本語訳をした。さらに，日本医療社会事業協会（現・日本医療社会福祉協会）が欧米のメディカルソーシャルワーカー（MSW）を「医療福祉士」などと日本語訳し，その国家資格化を提起し，論議が続けられていることも周知のとおりである。

それだけではない。近年，少年事件や家事事件における司法ソーシャルワーカーや小・中学校での児童生徒の“いじめ”や教員による体罰などをめぐるスクールソーシャルワーカーの配置，あるいは国家資格化の是非をめぐる論議もしかりである。

いずれにしても，社会福祉士および精神保健福祉士などの専門的な知識と技術をブラシュアップすべく，政府の諮問機関である社会保障審議会は2021年度をめざし，医療・福祉に関わる人材（マンパワー）を最大限に活用できるようにするため，その養成課程の見直しとともに，ソーシャルワークをめぐる概念づけの再編の検討にも着手している。このため，今後，その成り行きに注目するとともに，実践現場の意見の聴取および関係学界（学会）の意見表明も重要で

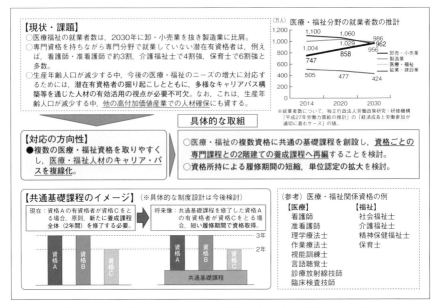

図1-4 医療・福祉人材の最大活用のための養成課程の見直し
出典）厚生労働省編：平成28年版厚生労働白書，2017，p.221．

ある（図1-4）。

（2）社会福祉援助技術の原理

このソーシャルワーク，すなわち，社会福祉援助技術にあたっては社会性，全体性，主体性，現実性の四つの原理，あるいはこれに展開性を加えた五つの原理にもとづくことが重要である。

このうち，社会性は利用者が社会人としての機能を果たすべき困難を解決する援助である。また，全体性は社会生活上の基本的要求を充足する援助である。これに対し，主体性は生活主体者としての主体の援助，現実性は生活上の問題を現実的に解決する援助である。

一方，展開性は利用者の人間尊重や特定の人格を有する個別化，職業的，経済的，社会的，身辺，日常生活動作（ADL），金銭管理なども可能な手段的日常生活動作（IADL）などの主体性の尊重をはじめ，問題状況における変化や成

社会性	社会人としての機能を果たすべき困難への援助
全体性	社会生活上の基本的要求を充足する援助
主体性	生活主体者としての主体の援助
現実性	生活上の問題を現実的に解決する援助への援助

+

展開性	可能性の尊重・専門的な知識と技術の展開

図1-5　ソーシャルワークの原理

出典）筆者作成.

長・向上の可能性を信頼し，尊重する変化の可能性の尊重，およびソーシャル
ワーカーとしての専門的な知識と技術の展開への援助である（図1-5）。

　具体的には，利用者とソーシャルワーカーとの契約にもとづき，インテーク
（面接），アセスメント（事前評価），プランニング（援助計画の策定），サービス
（援助の実施），モニタリング（事後評価）からなるソーシャルワークの展開過程
を通じ，利用者のだれでも住み慣れた地域で基本的人権が尊重され，かつ生存
権が保障され，いつまでも健康で安全・安心な生活を確保し，自己決定権によ
り自己実現がかなうよう，自立支援を行うことである。併せて，地域組織化を
図り，福祉のまちづくりに努めることが必要である。

　なお，コミュニティソーシャルワーカーは基本的にはソーシャルワークの専
門的な知識と技術を習得した認定社会福祉士[5]が望ましいが，本人の資質や経
験，意欲によっては社会福祉士や介護福祉士，ホームヘルパー（訪問介護員・介
護職員初任者研修修了者），精神保健福祉士，ケアマネジャー，医療ソーシャル
ワーカー（MSW），看護師，保健師，医師，さらには町内会や自治会員，民生・
児童委員などだれでも差し支えない。要は，認定社会福祉士などの有資格や本
人の資質や経験，意欲以上に利用者との信頼関係や心的融和（ラポール）を築い
たうえ，ソーシャルワークに当たることが最も重要である。

---

[5]　指定施設で相談援助の実務経験が5年以上で，かつ別途所定の研修を修了している社
　会福祉士。

8 第1章 社会福祉援助技術と相談援助

いずれにしても，ソーシャルワーカーは利用者と家族，さらには行政や社協，施設，医療機関，NPO，企業や事業者など関係機関・団体など地域の社会資源との仲介・調停・連携・処理，援助・治療・教育・保護・社会改良運動（社会変革）への働きかけ（ソーシャルアクション）などの機能と役割を有する専門職であり，かつ総合職であるため，バイステックの七原則[6]にもとづき，利用者との信頼関係を築くことがその前提となる。

（3）社会福祉援助技術の理念

上述したように，ソーシャルワークの実践のためには，何よりもまずソーシャルワーカーが利用者の基本的人権を尊重し，かつ社会正義としての使命感を持つ一方，利用者本位に立ち，その権利擁護（アドボカシー）に努めるとともに自立支援を通じて自己決定権を保障し，自己実現を図ることが重要である。このため，ソーシャルワークに関わる法律は国民の生存権の保障，法の下の平等[7]などを定めた日本国憲法はもとより，国際連合（国連）の世界人権宣言（1948年）や国際人権規約（1966年）の基本理念に応えるべく，昭和20~30年代，福祉六法体制を敷いたあと，これらの社会福祉事業のあり方を定めた社会福祉事業法の制定により，これまで必要な制度・政策や事業・活動が体系づけられた。

しかし，1972（昭和48）年の石油危機に端を発した景気の低迷や国民の福祉ニーズの多様化，複雑化，高度化，産業・就業構造の変化，核家族化，女性の社会進出に伴う家族による老親の介護機能の低下，子育て支援の困難化が社会問題となった。

そこで，政府は1988（昭和63）年，福祉関係三審議会（中央社会福祉審議会，身体障害者福祉審議会，中央児童福祉審議会）の意見具申を受け，翌1989（平成元）年「高齢者保健福祉推進十か年戦略（ゴールドプラン）」を策定し，1990（平成2）年，老人福祉法等社会福祉八法を改正するとともに，1994（平成6）年，保

---

[6] クライエントの気持ちに寄り添う受容や自由な感情の表出，ソーシャルワーカーと共感すべき統制された情緒関与，その価値基準や社会的な価値基準に照らし，一方的に審判しない非審判的態度，個別的な対応，自己決定，秘密保持。

[7] 日本国憲法第14条第1項「すべて国民は，法の下に平等であって，人種，信条，性別，社会的身分又は門地により政治的，経済的又は社会的関係において，差別されない。」

健所法を地域保健法に改正し，地域保健体制の総合的な見直しに努めるなど，地域福祉とともに地域保健の充実に努めることになった。その後，1995（平成7）年，「今後の子育て支援のための施策の基本的方向性について（エンゼルプラン）」，1996（平成8）年，「障害者プラン（ノーマライゼーション七か年戦略）」，また，2000（平成12）年，介護保険法の施行，および民法改正による判断能力の減退に伴う身上保護および財産管理など権利擁護を主とした成年後見制度の創設[*8]，社会福祉事業法の社会福祉法への改正・施行，さらに2003（平成15）年，次世代育成支援対策推進法，2005（平成17）年，障害者自立支援法（現障害者総合支援法），2012（平成24）年，子ども・子育て支援法などを相次いで制定，施行し，今日に至っている。

　したがって，ソーシャルワーカーはこのような政策動向を踏まえつつ，ノーマライゼーションの理念にもとづき，ソーシャルインクルージョン，すなわち，要介護・要支援高齢者はもとより，障害者や児童，貧困者など福祉ニーズを有するすべての利用者の社会的包摂のため，住民参加にもとづく公私協働により，だれでも住み慣れた地域で生存権が保障され，いつまでも健康で安全・安心な生活を確保し，自立支援を通じた自己決定権により自己実現がかなうよう，地域組織化を図り，福祉のまちづくりに努めることが要請されているのである[*9]。

2 社会福祉援助技術の構成要素と価値

（1）社会福祉援助技術の構成要素

　このようなソーシャルワーカーに対し，その専門職としての福祉倫理をはじめ，専門知識や関連知識，専門援助技術などが社会福祉援助技術の構成要素である。

　このうち，福祉倫理は，上述したように，利用者の基本的人権の尊重や生存権の保障，法の下の平等，自己決定権の保障，権利擁護，信頼関係，個人情報（プライバシー）の保護，自立支援上知り得たさまざまな事項の守秘義務など秘

[*8]　川村匡由編著『司法福祉論（21世紀の社会福祉⑱）』ミネルヴァ書房，2011.
[*9]　川村匡由『社会福祉普遍化への視座』ミネルヴァ書房，2004.

密の保持，情報開示（ディスクロージャー），コンプライアンス（法令順守）などである。また，専門知識は国際社会保障および社会福祉の歴史や理論，知識などからなる専門的な知識である。

　一方，関連知識はこの専門的な知識に関連した社会学や心理学，法律学など隣接領域の専門的な知識である。このほか，専門援助技術は上述したケースワーク，グループワーク，コミュニティワーク，さらにはコミュニティソーシャルワークへと普遍化したジェネラリストソーシャルワークである。

　ただし，そのためには政治や経済，社会，文化など幅広い教養と常識，識見による基礎知識が大前提であるほか，ソーシャルワークを通じ，利用者の言動を受け入れたり，支持したり，寄り添ったりする半面，時には見守ったりして自立支援し，自己決定権の保障を通じ，その自己実現を図ることはいうまでもない（図1-6）。

（2）社会福祉援助技術の価値

　社会福祉援助技術の価値は利用者を取り巻く社会が有する社会的価値をはじめ，ソーシャルワーカーが保持する個人的価値，行政や社協，施設，医療機関，NPO，事業者などが所有する関連的価値[10]などに大別される。

　このうち，社会的価値は利用者が居住する地域や行政区域，全国，あるいは入所・入院している施設や医療機関，さらには諸外国が有する価値，すなわち，政治や経済，社会，文化などの動向である。また，個人的価値は上述した専門職としての福祉倫理や専門的な知識，関連知識，専門援助技術を踏まえた価値観である。

　これに対し，関連的価値は行政や社協，施設，医療機関，NPO，企業，事業者などが所有する情報やサービス，権利擁護，信頼関係，個人情報の保護，秘密の保持，情報開示，コンプライアンスなどに関わる価値である。それだけに，ソーシャルワーカーは利用者の全生涯にわたるパーソナリティ・サポート・サービスが求められる対人援助に努めるべき社会福祉の専門職であり，かつコミュニティソーシャルワーカーである。

---

*10　筆者独自の概念。

図1-6　社会福祉援助技術の構成要素
出典）川村匡由編著：社会福祉援助技術（21世紀の社会福祉㉑），ミネルヴァ書房，2003，p.7を改変．

3 社会福祉援助技術と相談援助

　ところで，この社会福祉援助技術について，冒頭，2007（平成19）年，社会福祉士及び介護福祉士法の改正に伴い，「相談援助」と改称され，現在に至っていることを述べた。
　そこで，本章を締めくくるにあたり，この社会福祉援助技術と相談援助の関係について述べてみたい。
　上述したように，ソーシャルワークは先進地の欧米で実施された実践理論で，

戦後，岡村などによって日本に紹介され，これらの先学者によって「社会福祉実践論」や「社会福祉方法論」などと日本語訳されたのち，社会福祉士及び介護福祉士法の制定・施行に伴い，社会福祉援助技術として一般化され，その後，相談援助と改められ，現在に至っているが，筆者はこのソーシャルワークをあえて日本語訳にすれば，単に社会福祉援助技術とするのに対し，ソーシャルワークはその技術面だけを意味するものとして違和感を抱いている。なぜなら，ソーシャルワークは利用者の多様化，複雑化，高度化した福祉ニーズを充足し，かつ充実すべく，ソーシャルワーカーが社会福祉援助技術に裏付けされた専門的な知識と技術を通じ，その自立支援を通じた自己決定権により自己実現を果たすべきであるため，「社会福祉援助技術活動」などと日本語訳すべきではないかと考えるからである。

　また，相談援助という名称に対しては，確かに，従来の社会福祉援助技術のなかで相談という技術に注目したことには評価するが，ソーシャルワークは調査，相談，情報の提供，援助計画の策定，援助，効果測定，評価，記録，課題解決のための社会改良運動からなる一連の展開過程，さらにはその課題解決の場合，再度の展開過程を要するものであるため，必ずしも相談と援助だけがソーシャルワークではない。また，だからこそ利用者に対する受容や支持，寄り添いを重視すべき技術や活動も必要である。このため，現行の相談援助はこの相談業務に援助を加えただけで，ソーシャルワークの日本語訳として果たして適切であるか，異論もあるのではないだろうか。

　では，どのような日本語訳が最適であるのかといえば，筆者は所詮，翻訳は不可能ではないかと考える。なぜなら，歴史的に欧米の先進国で積み重ねられた実践理論であるソーシャルワークを日本語訳にして理解するということ自体，困難を伴うため，無理があるからである。それだけではない。無理な日本語訳は誤解を招きやすいことも指摘したい。それを承知のうえであえて日本語訳すれば，やはり「社会福祉援助技術活動」などとするのがベターではないかと考える。

　このようななか，2021年度，社会福祉士や精神保健福祉士，介護福祉士，保育士などの福祉系および医師や看護師，保健師などの医療系の各国家資格の取

得のための養成教育において，そのカリキュラムが共通基礎課程および専門課程として再編される予定である。その際，ソーシャルワークの新たな日本語訳も提示されそうだが，どのような時代状況にあっても福祉ニーズを有する利用者はもとより，ソーシャルワーカーの視点に立った再編であるべきである。

　また，ソーシャルワーカーの養成教育に従事するわれわれ研究者も常に利用者の受容や支持，寄り添うことの原点を忘れず，腰を据えてソーシャルワークの調査研究を一層深化させる一方，その成果をソーシャルワーカーの養成教育に生かし，この国における市民福祉社会[*11]，さらには平和・福祉国家の地平を拓く一員となるべきであると考える。

■参 考 文 献
1）川村匡由編著：社会福祉援助技術（21世紀の社会福祉㉑），ミネルヴァ書房，2003.
2）川村匡由：地域福祉とソーシャルガバナンス，中央法規出版，2007.
3）川村匡由：社会福祉普遍化への視座，ミネルヴァ書房，2004.
4）川村匡由：介護保険再点検，ミネルヴァ書房，2014.
5）川村匡由編著：社会保障論（第5版）(21世紀の社会福祉①），ミネルヴァ書房，2009.

[*11]　福祉コミュニティの構築（形成）を通じ，市民主体の市民社会を福祉市民社会と考える筆者の視座。川村匡由『介護保険再点検』ミネルヴァ書房，2014, p.26.

14 第1章 社会福祉援助技術と相談援助

要点整理

☐社会保障・社会福祉は制度・政策であるのに対し，ソーシャルワークは事業・活動である。

☐ソーシャルワークは利用者の自立支援およびその自己決定権の保障を通じ，自己実現に努める社会福祉援助技術だが，相談援助ともいう。

☐ソーシャルワークの理念は，利用者の福祉ニーズの充足・充実のほか，コミュニティソーシャルワークによる地域組織化にある。

☐利用者の福祉ニーズは多様化，複雑化し，かつ高度化している。

☐ソーシャルワークは利用者の自立支援およびその自己決定権の保障を通じ，自己実現に努める社会福祉援助技術だが，相談援助ともいう。

☐ソーシャルワークの概念は，利用者の福祉ニーズを充足するとともにその自立支援を通じて自己決定権を保障し，かつQOLの向上を図るため，基本的人権を尊重し，自立支援にすることによって自己実現を促すことにある。

☐岡村理論は岡村重夫の援助論で，社会生活を営むうえでの経済的安定や職業的安定，家族的安定，保健・医療の保障，教育の保障，社会参加ないし社会的協同の機会，文化・娯楽の機会の七つの基本的要求の充足を指摘している。

☐福祉ニード（ニーズ）を非貨幣的，貨幣的と区分したのは三浦文夫である。

☐ソーシャルワークはケースワーク（個別援助技術），グループワーク（集団援助技術），コミュニティワーク（地域援助技術）が中心だが，利用者のソーシャルインクルージョン（社会的包摂）を重視すればコミュニティオーガニゼーション（地域組織化），さらにはコミュニティソーシャルワークへと昇華すべきである。

☐ソーシャルワークは，個別のスペシフィックソーシャルワークではなく，総合的なジェネラリストソーシャルワークとすべきである。

実習対策

☐実習先のソーシャルワーカーがどのような国家資格を有し，その専門的な知識と技術を利用者に提供しているか，観察する。

□実習先の指導者（スーパーバイザー）とソーシャルワーカーとの意思疎通を観察し，問題点はないか，考察する。

□多くの利用者はソーシャルワークによって福祉ニーズの充足，充実が図られているか，また，その受容や支持，寄り添いはどのようなものか，観察する。疑問や問題点があればスーパーバイザーや実習担当の教員に質し，実習課題に積み残しがないようにする。

レポート・卒論対策

□毎日の新聞やテレビ，ウェブサイトでソーシャルワークに関わる現状や課題を把握し，そのなかから自分の意見を整理してレポートや卒論に備える。

□卒論の場合，「ソーシャルワークの理念と意義」や「ソーシャルワークの発達史」，「利用者とソーシャルワーカーのラポールのあり方」などが考えられる。

就活対策

□ケアワークやグループワークに関心があれば施設や福祉公社，社会福祉事業団の職員をまず志望したい。

□将来，介護保険施設や地域包括支援センターの職員として働きたい場合，社会福祉士や介護福祉士，介護職員主任者（ホームヘルパー2級）などの資格を取得し，介護業務など保健，医療，福祉に関わる業務に3〜5年以上従事し，受験資格を取得して受験する。

□公務員の場合，社会福祉士などの有資格者でも福祉職に従事できるとは限らない。このため，普段から上司に福祉部門に従事し，スキルアップしたいむね相談するとともに，地道な学習を続け，休暇を利用して関係先にコンタクトして人脈づくりに努めたい。

社会福祉援助技術の体系

1 直接援助技術

(1) 個別援助技術 (ケースワーク)

　ここではソーシャルワークにおける体系のなかのケースワーク(ミクロレベルでの実践) について，基本的な部分を学習したい。

　なお，ケースワークの源流や萌芽といった歴史的展開については第3章，また，その展開過程(インテーク，アセスメント，プランニング，モニタリング，終結，アフターケア) と内容については第4章でそれぞれ解説を行う。

1) ケースワークの歴史と定義

　19世紀，イギリスにおいて慈善組織協会 (COS) が設立され，貧困家庭に対する友愛訪問(個別訪問活動) が展開された。この活動はのちにセツルメント運動へと展開し，支援を必要とする人々の生活指導や環境改善に資すべく，個別援助のための方法に関する理論化が模索された。

　このケースワークの基礎を確立したのはリッチモンド (Richmond, M.E.) である。リッチモンドは，「ケースワークの母」とも呼ばれ，COSにおける友愛訪問の実践を体系化し，『ソーシャル・ケースワークとは何か』を著している。その著書のなかで，ケースワークについて「人間と社会環境との間を個別に意識的に調整することを通して，パーソナリティを発達させる諸過程から成り立つ」[*1]と説明している。また，日本では黒川昭登がケースワークについて，①「社会関係に障害のあるクライエントの持つ問題を」，②「内的，外的資源との関連の中で」，③「自己みずから解決することを側面的に援助することによって」，④「クライエントと社会環境を向上，改善し」，⑤「クライエントの自己

[*1] Richmond, M. E., "What is social case work?：An introductory description". Russell Sage Foundation, 1922, p.57. (小松源助訳『ソーシャル・ケースワークとは何か』中央法規出版，1991.)

1. 直接援助技術　17

実現を目指す技術である」[*2]としている。

2）ケースワークにおける援助関係

ケースワークの対象は個人や家族，関係者で，そのいずれもが「クライエント」となり，ソーシャルワーカーと援助関係を持つ。バイステック（Biestek, F.P.）はケースワークにおけるこの援助関係の重要性について，「援助関係とは，ケースワーカーとクライエントとのあいだに生まれる態度と感情による力動的な相互作用である。そして，この援助関係は，クライエントが彼と環境の間によりよい適応を実現していく過程を援助する目的を持っている」[*3]と定義づけている。さらに，バイステックはこのワーカー・クライエント間の援助関係を精査するなかで，七つの原則（①個別化，②意図的な感情表出，③統制された情緒的関与，④受容，⑤非審判的態度，⑥自己決定，⑦秘密保持）を提示したことでもよく知られている。

このようにケースワークでは面接を中心とし，クライエントのニーズに対し，クライエント自身やクライエントを取り巻く環境への働きかけを行う。基本的な支援は個別面接と社会資源といったソーシャルサービスの結びつきにより展開される。そして，クライエントが自己決定やそれに伴うエンパワメント（クライエント自身が自らの生活を主体的にコントロールできている感覚を取り戻すプロセス：能力開花・権限委譲）を繰り返すなかで，リカヴァリー（社会とのつながりのなかで回復する）する感覚を得られるよう，クライエントとのパートナーシップにより，ともに歩むのがケースワークの原点である。

一方，近年はケースワークという援助体系そのものが専門職の所属する組織の範囲内における「業務」にまとめられたことで，従来持っていた本質的な意味を失いつつある。あらゆる施設や機関にソーシャルワーカーや相談員と呼ばれる人が配置されるようになったものの，地域社会にはソーシャルワーカーの所属する機関に来ることができない（わからない）人，あるいは困り感を表出できない人，支援や介入を拒否する人など，まだまだ多数存在する。それだけに，

---

*2　黒川昭登『臨床ケースワークの基礎理論』誠信書房，1985，p.114.
*3　F.P. バイステック，尾崎新ほか訳『ケースワークの原則（新訳版）』誠信書房，2003，
　　p.17.

ケースワークの原点に立ち戻り，アウトリーチ型の支援を多様化させていくことも考えていく必要がある。

（2）集団援助技術（グループワーク）

グループワークは，個人の課題に焦点を当てつつも小集団（グループ）を媒介とし，グループの持つ力動や共通するニーズへの双方向的な関与を通じ，グループと個人の成長や問題解決を促すソーシャルワーク援助技術の一つである。ミクロ実践，またはメゾレベル（集団・組織）への働きかけにおいて多用される。

1）グループワークの歴史と定義

グループワークの起源は19世紀半ばにさかのぼる。イギリスで設立されたYMCA（キリスト教青年会）では，キリスト教精神を中心としたクラブ活動や生活改善運動などを行っていた。その後，アメリカで展開されたセツルメント活動において，著名なものとしてアダムス（Addams, J.）の設立したハル・ハウスがある。ここではスラム街に住む貧困者への支援のほか，子どもたちを対象にしたさまざまなグループ活動が行われていた。このような活動がグループワークの起源とされる。その後，グループワークにおける理論形成が20世紀半ばに進められた。

まず，トレッカー（Trecker, H.）による定義である。トレッカーは「ソーシャル・グループワークは，社会事業の一つの方法であり，それを通して，地域社会の各種の団体の場にある多くのグループに属する各人が，プログラム活動のなかで，彼らのニードと能力に応じて，他の人々と結びつき，成長を経験するのであり，その目指すところは，各人，グループおよび地域社会の成長と発達にある」[4]としている。

さらに，グループワークの理論化について大きな役割を果たしたのがコノプカ（Konopka, G.）である。コノプカは「ソーシャル・グループワークとはソーシャルワークの一つの方法であり，意図的なグループ経験を通じて，個人の社

---

[4]　HB.トレッカー，永井三郎訳『ソーシャル・グループワーク─原理と実際（改訂版）』日本YMCA同盟出版部，1978，p.8.

表2-1 グループワークにおける14の原則（コノプカ）

1. 各個人の独自の相違点を認識し，それにしたがって行動すること【グループ内での個別化】
2. 多種多様のグループをそれぞれ独自のグループとして認識し，それにしたがって行動すること【グループの個別化】
3. 各個人をその個人独特の長所・短所とともに純粋に受け入れること【メンバーの受容】
4. グループワーカーとグループメンバーとの間に意図的な援助関係を樹立すること【対面的援助関係の構築】
5. グループメンバーの間によい協力関係ができるように奨励し，その実現に力を貸すこと
6. グループ過程に必要な変更を加えること
7. メンバーが各自の能力の段階に応じて参加するよう励まし，またその能力をさらに高めることができるよう援助すること【参加の原則】
8. メンバーが問題解決の過程に参加することができるように援助すること
9. メンバーが葛藤解決のためのよりよい方法を経験するように援助すること【葛藤解決の原則】
10. 人間関係をもつことにおいて，また，ものごとを成就することにおいて，多くの新しい経験を与えること【経験の原則】
11. 制限を，各個人およびグループ全体の状況に対する診断的評価に基づいて，巧みに用いてゆくこと【制限の原則】
12. 各メンバー，グループ目的および社会的目標の診断的評価に基づいてそれぞれの状況にふさわしいプログラムを意図的に用いていくこと【プログラムの活用】
13. 個人およびグループ過程について継続して評価を行うこと
14. グループワーカーは暖かく，人間的に，しかも訓練によってえた方法にしたがって自己を活用してゆくこと【グループワーカーの自己活用】

出典）G.コノプカ，前田ケイ訳：ソーシャル・グループワーク―援助の過程―，全国社会福祉協議会，1967，pp.231-236.

会的に機能する力を高め，また個人，集団，地域社会の諸問題に，より効果的に対処し得るよう，人々を援助するものである」[*5]と定義づけている。また，グループワークにおける14の実践原則について，表2-1のように示している。

---

*5　G.コノプカ，前田ケイ訳『ソーシャル・グループワーク―援助の過程―』全国社会福祉協議会，1967，p.27.

2）集団援助技術（グループワーク）における人と場，プログラム

コノプカが示した14の実践原則を概観すると，グループワークの特徴として，次のようなことがいえる。

まず一つ目は「グループへのかかわり」という表立った支援においても，常に個人の特性や個々の目標に配慮し，グループと個人，ワーカー間の相互作用に重きを置いて展開していくことである。二つ目は「活動への参加」を前提とし，メンバーがグループに適切に受け入れられることで活動への意義を見出しつつ，グループに主体的に関わっていこうとする過程を重視することである。そして，三つ目がワーカーは自分自身を一つのツールとして訓練し，積極的に介入しつつも客観的にプログラムや個人，集団の力動を評価する役割を持とうとする点である。

このようなグループワークはソーシャルワーカーが活動するさまざまな場面で活用されている。精神科病院におけるアルコール依存症患者のミーティングやデイケアでの集団プログラム，地域における高齢者のサロン活動，保健室登校の児童生徒に対するSST（ソーシャル・スキル・トレーニング），自立生活をめざす障害者のピアカウンセリング活動などがそれで，その裾野は広い。このようなグループワークが行われる「場」と「人」に注目しても，専門的な施設や機関が事業の一つとしてフォーマルに行うものから，地域のなかでインフォーマルに行われるもの，専門職がファシリテートしてグループを動かすものもあれば，当事者が中心になって活動するものまで形態は多様である。

3）集団援助技術（グループワーク）の展開過程

次に，グループワークの過程に注目したい。グループワークの実践には事前準備から複数回のグループワーク実施，評価や終結といったプロセスがある。すなわち，準備期，開始期，作業期，終結期で，それぞれの展開過程において取り組む内容は表2-2のようにまとめられる。

まず，準備期では日ごろのクライエントとの個別的な関わりからニーズの把握に努め，同じようなニーズを抱える人の情報収集を行う。そして，グループワークの目的や活動内容・期間などについて企画を練り，参加者を募る。その後，参加を希望するクライエントに対し，事前面接などを行うなど個の目標と

表2-2 グループワークの展開過程

準備期	開始期	作業期	終結期
利用者の問題やニーズを見出したソーシャルワーカーが、グループワークの計画と準備に取り掛かる時期	それぞれのメンバーたちが出合い、グループとして動き出すまでの時期	メンバーがまとまり、一致・協力してそれぞれの達成課題に取り組み、グループがしだいに発展、成熟していく時期	グループでの経験をソーシャルワーカーとメンバーが振り返り、グループワークを終える時期

出典）川村隆彦：事例と演習を通して学ぶソーシャルワーク，中央法規出版，2003，p.67.

グループ全体の目標をすり合わせていく。

　次の開始期はメンバー同士が初めて出会う場でもある。個々のメンバーの抱える不安や緊張、期待といったものに寄り添いつつ、メンバー間の波長合わせを行いながら受容的雰囲気や信頼関係づくりを行う場である。レクリエーションなどを通じたウォーミングアップも効果的である。この期間を通し、メンバー間の共通点について互いが認識し、グループでの取り組みに向けた動機づけが促進される。

　実際、グループワークが展開される作業期ではソーシャルワーカーはメンバー間の力動を観察しつつ、メンバー同士が互いに関わり合いながら主体的に課題に取り組めるよう、支援する。作業期は順調に進むこともあれば、さまざまな問題もグループ内で発生することもある。さまざまなライフヒストリー（生活歴：生活史）や考え方を持つ者同士が一つの課題に取り組むとき、メンバー間に肯定的感情だけでなく、否定的感情も現れる。それぞれの感情に寄り添い、受容するなかで、相互が成長を実感し、グループの目標と同時に個の目標を再確認しながら、他者との関わりを通した学びや気づきを確認できるよう、働きかけるのもソーシャルワーカーの役割である。

　終結期では、これまでのグループワークによって得られたグループでの変化や個人の成長を確認しつつ、メンバー間の意見や感情を分かち合い、一連の取り組みを振り返ることが重要である。また、ソーシャルワーカーは個別面接な

どを通じ，当初設定した個人の目標がこのプログラムによって，達成されたか，クライエントとともに評価を行っていくことが必要である。

2 間接援助技術

（1）地域援助技術（コミュニティワーク）

1）コミュニティワークの内容と展開

　地域援助技術はコミュニティワークといわれ，イギリスにおけるコミュニティデベロップメントやコミュニティオーガニゼーションから展開されてきたものである。直接援助技術（ケースワークやグループワーク）に対し，間接援助技術における体系の一つとして位置づけられていた。すなわち，クライエント個人に対するアプローチというよりも，その「クライエントが暮らす地域そのもの」をターゲットにした支援として分類されていったのである。

　したがって，対人援助を基盤としたなかで発見されてくる個々の課題から気づきを得，「地域にどのような福祉課題があり」，「どのような取り組みがなされ」，「どのような社会資源が存在・不足しているのか」，「新たな社会資源を地域の枠組みのなかでどのようにつくっていくのか」などについて，地域住民が主体となって取り組みを進めていくことである。社協やNPOのソーシャルワーカーが一人で担う性質のものではなく，住民が参画しながらこのようなさまざまな地域における課題に目を向け，公私のパートナーシップのもと，課題解決能力を高められるよう，サポート（コーディネート）するのがこの分野におけるソーシャルワーカーの役割である。このような支援を展開する過程では，①小地域ネットワークをつくり，要援護者の早期発見や見守り活動を定着させ，②組織化された地域住民組織から共通するニーズを汲み上げ（社会福祉調査），③地域課題として精査し（アセスメント），④各種の福祉計画の策定に向け，取り組みを進めていく，⑤また，その後の地域の変化のモニタリングやアフターケアを行う，といったさまざまな機能が果たされる。

　加納恵子は，このようなコミュニティワークの展開過程や特徴について「①活動主体の組織化，②問題把握，③計画策定，④計画実施，⑤評価の五段階をらせん状に進行し，その具体的な技術は調査，集団討議，情報収集・提供，計

画立案，連絡調整，資源動員・配分，世論形成，ソーシャルアクションが一般的である」[*6]としている。支援の対象が異なるが，そのプロセスにおいては基本的にはケースワークと同じような展開過程を経ることがわかる。

2）コミュニティソーシャルワークと地域を基盤としたソーシャルワーク

一方，コミュニティワークとコミュニティソーシャルワークを分けて考えることも行われている。後者の機能に関し，大橋謙策が「必要なサービスを総合的に提供するケアマネジメントを手段として援助する個別援助過程を重視しつつ，その支援方策遂行に必要なインフォーマルケア，ソーシャルサポートネットワークの開発とコーディネート，ならびに，"ともに生きる"精神的環境醸成，福祉コミュニティづくり，生活環境の改善等を同時並行的に推進していく活動及び機能」[*7]と示している。このように直接援助とコミュニティワークの重複や連続性，循環性に価値を見出すコミュニティソーシャルワークの重要性が理解できる。

さらに，近年では「地域を基盤としたソーシャルワーク」（Community based social work）の重要性が指摘されている。これについて，岩間伸之は「ジェネラリスト・ソーシャルワークを基礎理論とし，地域で展開する総合相談を実践概念とする，個を地域で支える援助と個を支える地域をつくる援助を一体的に推進することを基調とした実践理論の体系である」[*8]としている。「個を地域で支える援助」とは，すなわち，「Care in the Community」に向かうための支援，「個を支える地域をつくる援助」とは「Care by the Community」として，インフォーマルな支援のつながりをさらに強化し，地域を主人公にするためのさまざまな働きかけといえる。

---

*6　加納恵子「コレクティブアプローチとコミュニティワーク」，日本地域福祉学会編『新版地域福祉辞典』中央法規出版，2006，p.426.
*7　大橋謙策「コミュニティソーシャルワークの展開過程と留意点」，日本地域福祉学会編『新版地域福祉辞典』中央法規出版，2006，p.23.
*8　岩間伸之「地域を基盤としたソーシャルワークの特質と機能―個と地域の一体的支援の展開に向けて」『ソーシャルワーク研究』37(1)，2011，pp.4-19.

（2）社会福祉調査法

1）社会福祉調査の目的

　社会福祉調査の原点は19世紀終わりから20世紀初頭にかけ行われた，ブース（Booth, C.）の「ロンドン調査」やラウントリー（Rowntree, B.S.）の「ヨーク調査」における貧困調査である。ソーシャルワーカーの対象はクライエントだけでなく，組織・機関やある一定の地域も含まれる。このような幅の広い対象に対し，何らかの福祉課題の発見，既存の福祉サービスの改善，将来推計にもとづいた福祉サービスの計画策定などを行うとき，それぞれにおける現状の把握が必要となる。

　また，個別・具体的なニーズを抱える事例であっても，複数の事例を積み重ね，共通点を見つけていくことで新たな地域課題や対応策を見出すことができる。さらには社会福祉実践におけるアカウンタビリティ（説明責任）を果たすうえで，的確な状況把握が必要となる。この現状把握をさまざまな側面から行うのが社会福祉調査法である。以下に，調査の主な方法（既存資料調査，量的調査，質的調査）について概説したい。

2）既存資料調査

　社会福祉調査といっても新たに何か調査を実施するだけでなく，すでに調査が実施され，刊行されたものから必要なデータを得ることも含まれる。これは調査を二重に実施し，対象者に負担をかけることを防ぐだけでなく，対象となる人や地域に関する現状把握の材料となり，いまだに情報として得られていない分野がどこかを知ることができる。公的な資料でいえば人口動態調査や国民生活基礎調査，医療施設調査や病院報告，社会福祉施設等調査や福祉行政報告例などがある。また，各地域における高齢者福祉計画，地域福祉計画，障害福祉計画なども地域の実態に併せ，収集されたデータであるため，関連する事項を事前に参照することができる。

3）量的調査法

　量的調査法は一般に「質問紙」を配布，回収して分析する調査方法である。この質問紙の作成にあたっては回答方式に注意し，作成する必要がある。すなわち，いくつかの選択肢から一つ，または複数の回答を選ぶ「選択肢法」，およ

び対象者が自由に回答を記述する「自由回答法」がある。

　量的調査法ではその対象をどのように設定するかにより，「全数調査（悉皆調査）」と「標本調査」に分けられる。全数調査は結果に対する信頼性が高い反面，調査にかかる時間や労力，費用に負担がかかるというデメリットがある。一方，「標本調査」は時間や労力，費用負担の軽減がある反面，抽出した標本が少ない場合，調査の信頼性が得られない場合もある。

　また，1回の調査により調査実施時点における統計データを比較する「横断調査」，さらに，同じ対象に数回の調査を繰り返し行うことで，時間の変化による結果の分析を行う「縦断調査」がある。このほか，対象者が調査票に直接回答する「自計式調査」（たとえば，郵送調査，集合調査，留置調査など），調査者が記入する「他計式調査」（個別面接調査や電話調査）がある。このため，それぞれの特徴を踏まえ，どのような方法を選択するか，理解しておく必要がある。

4）質的調査法

　量的調査法に対し，質的調査法は少数，もしくは単独の対象に対し，「観察法」や「面接法」などを通じ，詳細に理解していく調査法である。観察法は「統制的観察」と「非統制的観察」に分けられる。統制的観察は対象なる事象について集中的に調べる際，観察の場面や方法を事前に限定して観察する方法である。

　一方，非統制的観察には，調査対象となる事象を持つ対象者などと時間や空間をともにしながら，さまざまな記録を行い，情報を収集する「参与観察」，および観察方法は限定しないものの，調査者が対象者に直接関わることなく，観察者に徹し，（ワンウェイミラーなど越しに）情報を収集する「非参与観察」などがある。

　他方，面接法には「個別インタビュー」や「グループインタビュー」がある。どちらもインタビューにおける言語データを中心に分析を行うが，面接時の映像を録画しさまざまな力動を分析の対象とする場合もある。個別インタビューは質問項目や内容をあらかじめ決めておく「構造化面接」，大まかな質問項目に沿い，状況に応じた緩やかな変化を持たせる「半構造化面接」，質問項目を決めず，自由にやり取りをしていく「非構造化面接」に分けられる。グループインタビューではインタビュアーが複数の対象者に対し，同時にインタビューを行

う。このため，調査対象者が多すぎると質の高いデータが得られないことがある。むしろ別の調査対象者の発言に触発され，次々とテーマに対する語りが出てくる，という集団力動のよさを引き出す程度の人数（7人程度）が望ましい。質的研究法としては，このほか，「ライフヒストリーインタビュー」や「会話分析」，「事例分析」といった方法がある。

5）社会福祉調査を行うにあたっての倫理

社会福祉調査を行うにあたり，そのリサーチデザインを描く段階から気を付けておかなければならないのが倫理的配慮である。調査そのものに対する倫理的チェックはもとより，調査開始前，調査時，データ入力・分析，結果の公表とその後に至るすべてのプロセスで，個人情報の保護が徹底されるようにしなかればならない。

公益社団法人日本社会福祉士会の倫理綱領[*9]には，①倫理基準・行動規範として，「調査・研究」の項目をあげている。倫理基準では，「社会福祉士は，すべての調査・研究過程で利用者の人権を尊重し，倫理性を確保する」としている。さらに，行動規範では，「社会福祉士は社会福祉に関する調査研究を行い，結果を公表する場合，その目的を明らかにし，利用者等の不利益にならないよう最大限の配慮をしなければならない」，「社会福祉士は，事例研究にケースを提供する場合，人物を特定できないように配慮し，その関係者に対し事前に承認を得なければならない」としている。

（3）社会福祉計画

一般的に社会福祉計画というと，ソーシャルワーク実践における技術としての側面，および社会福祉政策に関する方法という二つの側面があると考えられる。すなわち，前者は対人援助場面における個別援助の支援計画や事業所における施設運営における中長期的な展望を得るための経営・管理計画を指す。

また，後者は社会福祉法第6条に，「国及び地方公共団体は，社会福祉を目的とする事業を経営する者と協力して，社会福祉を目的とする事業の広範かつ計

[*9] 日本社会福祉士会「社会福祉士の倫理綱領」2005．（http://www.jacsw.or.jp/01_csw/ 05_rinrikoryo/files/rinri_kodo.pdf）

画的な実施が図られるよう，福祉サービスを提供する体制の確保に関する施策，福祉サービスの適切な利用の推進に関する施策その他の必要な各般の措置を講じなければならない」と示されることに表され，「福祉サービスの提供体制の確保等に関する国及び地方公共団体の責務」であり，地域を基盤として地域のさまざまなニーズを充足させるため，公私協働によって取り組み，政策に反映させる各種計画の重要性を指している。

　具体的な政策としての福祉計画には，①地域福祉計画（社会福祉法），②老人福祉計画（老人福祉法），③介護保険事業計画（介護保険法），④障害福祉計画（障害者総合支援法），⑤障害者計画（障害者基本法），⑥次世代育成行動計画（次世代育成支援対策推進法）などがあげられる。

　地域福祉計画は，市町村ごとに計画される市町村地域福祉計画と都道府県地域福祉支援計画からなる。地域福祉計画は各自治体が地域ニーズや住民の意見をいかにして汲み上げ，計画に反映していくプロセスに重要な意味があり，地域福祉推進の大きな柱になるものである。社会福祉法第107条では，「①地域における福祉サービスの適切な利用の推進に関する事項，②地域における社会福祉を目的とする事業の健全な発達に関する事項，③地域福祉に関する活動への住民の参加の促進に関する事項」を一体的に定める計画として市町村地域福祉計画を位置づけている。また，地域福祉計画における地域福祉推進の理念としては①住民参加の必要性，②共に生きる社会づくり，③男女共同参画，④福祉文化の創造に重きが置かれている[*10]。

（4）社会福祉経営（運営）管理

　社会福祉経営（運営）管理はソーシャルアドミニストレーションともいわれる。社会福祉基礎構造改革以前より，施設運営や経営のあり方に関する議論が行われていたが，介護保険制度のスタート以降，福祉サービスは多元化，市場化が加速した。行政措置ではなく，事業所とクライエントの契約にもとづく給付の展開が行われるようになったことが，この分野が注目されるようになった

---

*10　社会保障審議会福祉部会「市町村地域福祉計画及び都道府県地域福祉支援計画策定指針の在り方について」2002.

大きな契機である。各社会福祉施設はクライエントに対する直接的なサービスの提供を主眼として考え、実践していくことに加え、それぞれの法人や事業所の運営や経営について、それまで以上に積極的に考えていく必要性が生じてきた。このような場面でいう運営とは「法人や事業所がどのようなミッションを持ち、実際の支援やサービスの提供おいてどのように実践を行い発展させていくのか」であり、経営とは「法人や事業所における組織内意思決定の仕組み、財政状況を基盤とした組織の基盤構造の維持管理」を指す。

運営という側面から考ええると、どのような法人形態（社会福祉法人、NPOなど）で、それぞれの性格にあった事業を選択していくということや組織内人材育成・キャリア開発に関する機会の保障（スーパービジョン、コンサルテーション、OJT：on-the job trainingなど）、第三者によるサービスの質の評価や苦情解決システム体制の整備構築などが重要事項としてあげられる。

また、経営的な部分では経営理念と経営目標の設定に始まり、事業運営に関する収支や財源の検討、コンプライアンス（法令順守）やリーダーシップ・組織づくりの成果としてのガバナンスといった仕組みづくりも重要である。

一方、組織の経営的、とくに収益の部分ばかりを追求すると、「クライエント中心」、「クライエントの自己決定」を追求するソーシャルワーカーはジレンマを感じるような事象にたびたび出会う。もっとも、そのようなときこそ「組織のミッション（法人の理念）は何だったか」「専門職としての倫理綱領はどうなっているか」などソーシャルアドミニストレーションの原点に立ち戻り、さまざまな判断をしていく必要がある。

（5）社会活動法

社会活動法はソーシャルアクションと訳される。社会におけるさまざまな格差の是正、不条理への対抗、抑圧からの解放、基本的人権が尊重された公平・公正な仕組みづくりに向けた組織的活動、アドボカシーを指す。これらの動きは世論を喚起しつつ個別問題を社会問題化し、世論を喚起して社会福祉制度や社会福祉サービスの改善・開発を行う。19世紀後半における社会改良運動やその後の公民権運動などをその源流としている。

日本では20世紀初頭、方面委員によって行われた救護法の制定のための働き

かけ，あるいは20世紀後半のハンセン病や薬害患者たちによる社会的差別に対する取り組みなどが顕著な例である。身近なところでは署名運動や議会への請願・陳情，あるいは声明の公表，インターネットでの発信などさまざまな方法があり，かつその実施主体も個人や法人，専門職団体，当事者団体などさまざまな取り組みが見られる。このほか，バスや私鉄の割引運賃の設定に向けた当事者団体と専門職団体の取り組み，子ども食堂の設置に向けた勉強会やロビー活動，各種制度の改悪を阻止するため，実態調査を行い，その結果を報告書などにまとめ，議会に陳情として届ける活動，あるいは性的マイノリティの人々の生きづらさを発信する研修会の企画やパレードなど，放っておくと多数派の論理で片付けられる諸問題に目を配り，世論を巻き起こすための多様な方法がある。

　ソーシャルアクションは実践技術であると同時に，民主主義における主権者たる国民の正当な権利行使のための方法論である。このため，私たちの生きづらさの根底にあることに気づき，それを共有し，議論し，かつ改善のために訴えていくことをソーシャルワーカーは忘れてはならない。

■参 考 文 献
1）佐藤豊道：ジェネラリスト・ソーシャルワーク研究―人間：環境：時間：空間の交互作用，川島書店，2001.
2）平岡公一ほか：社会福祉学，有斐閣，2011.
3）P.F.ドラッカー，上田惇生訳：非営利組織の経営，ダイヤモンド社，2007.

30　第2章　社会福祉援助技術の体系

要点整理

□ケースワークの基礎確立に尽力したリッチモンド（Richmond, M.E.）は「ケースワークの母」と呼ばれ，友愛訪問の実践をもとに体系化を行った。

□アダムス（Addams, J.）の設立したハル・ハウスはグループワークの起源の一つとされ，貧困者や子どもへの支援が行われていた。

□トレッカー（Trecker, H.）やコノプカ（Konopka, G.）によりグループワークの理論形成がなされた。

□グループワークの展開過程には「準備期」「開始期」「作業期」「終結期」があり，グループの構成メンバーである個人の目標とグループ全体の目標をすり合わせながら活動が展開される。

□「地域を基盤としたソーシャルワーク」を担える人材として，改めてソーシャルワーカーに対する期待が寄せられている。

□社会福祉調査には既存資料調査，量的調査，質的調査などの方法がある。とくに量的調査や質的調査ではその方法が細分化されており，倫理的な配慮も重要になってくる。

□地域福祉計画は各自治体が地域ニーズや住民の意見をどのように組み上げ，計画に反映していくか，そのプロセスに重きがおかれる。

実習対策

□実習中に出会うクライエントとのかかわりのなかで，バイステックの七つの原則を思い描きながら，意図的なかかわりを試してみる。

□実習中にグループワークの場面に介入する際，担当するソーシャルワーカーが，その場面に至るまでにどのようなプロセスを踏んできたのか，ソーシャルワーカーとともに確認を行い，展開過程を意識した記録を作成してみる。

□配属された実習先における地域の各種福祉計画などを事前に概観し，その地域の施策と事業所との関係性を押さえておく。

□実習事前訪問などで実習先法人の運営理念や目標について，話をうかがう。また，実習中に各事業所がどのように組織運営をしているかについて，管理職な

どから話を聴く機会をつくってもらう。

レポート・卒論対策

☐レポート作成にあたっては，テーマに関する各種統計資料を中心とした既存資料を検索し，活用することを試みてみる。

☐卒論において，調査を行う際は，日本社会福祉士会の倫理綱領における倫理基準・行動規範に目を通し，十分な倫理的配慮について指導教員と共に実施すること。

☐質的調査・量的調査共に，数人を対象としたプレテストを実施し，不都合な点や質問項目に対するとらえ方の齟齬がないかなどについてチェックを行うこと。

就活対策

☐各事業所や法人等の機能とソーシャルワークの機能を比較して考え，自らが主として実践していきたいソーシャルワークの機能や領域とを照らし合わせながら，希望先を絞りこんでみる。

☐希望先の法人がどのような組織運営についてのミッションを持っているのか，またキャリアアップのための仕組みを有しているのかについて，就職セミナーなどを活用し，研究する。

☐社会では，抑圧された人々やマイノリティの方々の解放を訴え，「社会変革」をめざしたさまざまなソーシャルアクションが行われている。そういった動きに関心を持って，周囲の人と語り合い，「私たちソーシャルワーカーにできること」に取り組んでいく。

3 関連援助技術

（1）ネットワーキング

1）ネットワーキングとは

　日本では，福祉のサービスと簡単につながることができるとはいいがたい。高齢者の場合，地域包括支援センターにだどり着くことができれば多くの人は介護保険法の利用へと結びつくようになった。これは2000（平成12）年に介護保険法が制定され，高齢者のケアの体制が変わったこととの関係が大きい。一度介護保険につながれば，介護支援専門員（ケアマネジャー）が身体状況や生活状況に合わせて介護サービス計画（ケアプラン）を作成し，契約にもとづいてサービスが利用できる。また，サービスが利用できる状況が続けばその間支援を受け続けることが可能となるからである。

　しかし，サービスが利用できる状態にあってもだれとも接点を持たない，周りもニーズに気づかず，サービス利用の可能性が絶たれている者もいる。

　このようにニーズのあるすべての人にソーシャルワーカーが何らかの接点を持つことは難しく，どこにサービスを必要としている人がいるのかを探し出すことも困難である。ネットワーキングとは，セーフティーネット（ニーズを逃さないための仕組み）から問題解決までの人や機関のつながりや仕組みをいう。

2）ネットワーキングの役割

　福祉サービスの多くは利用者の申し出，つまり，申請制度でスタートしているのが日本の仕組みである。福祉サービスの種類を地域住民がどれだけ把握しているかを考えると，サービスを知らない人やサービスに結びつかない人が数多く存在するのは推察できる。

　何らかの困難を抱えている人に対し，ソーシャルワークの支援を行っていくにはより早い時期からサービスにつながる仕組みが必要となってくる。つまり，予防の実践が必要でサービスを必要としない時期から啓蒙活動や講演会などを通し，福祉への理解を深めることが求められる。できるだけ早い時期にニーズの発見に努め，生活機能が低下しないようなプランを立てること，また，ニーズを早くキャッチできれば問題解決はしやすくなる。このような予防活動は一

3．関連援助技術　33

人の力で実行することは難しく，サービスにつながるすべての機関や専門職の協力と協働が求められる。

3）アウトリーチの必要性

ソーシャルワーカーが支援を必要とする人のニーズの発見に努め，その人の課題とその要因を分析し，解決に向けてサービスの導入を行うためには制度の枠組みを超え，補完していく方法の考案も求められる。そのために有効な手段がアウトリーチである。

アウトリーチの目的は，①ニーズの発見，②ニーズの把握のための協力体制を築くこと，③啓発活動である。この三つの目的に沿ってアプローチを整えていくと市民活動の醸成につながり，今後の地域ニーズ発見や解決において，地域の実情に応じた柔軟な対応ができる。もっとも，ソーシャルワーカー一人がすべての生活困窮を予測し，支えていくには限界がある。そこで，ソーシャルワーカーが所属する組織や機関とともに，サービス提供者側，地域住民の力を合わせ，サービスにつながれない人をつなぐ仕組みづくりとしてのアウトリーチが重要となる。

（2）ケアマネジメント（ケースマネジメント）

1）ケアマネジメントとは

ケアマネジメントとは生活に何らかの困難さを抱える人々を支援するため，フォーマルな資源とインフォーマルな資源を結びつけ，その人らしく生活できるよう，サービスをパッケージとして提供する援助技術とその制度である。日本では「ケアマネジメント」の用語で介護保険法，障害者総合支援法，特別支援教育制度などのさまざまな対人サービス領域において採用され，その適用範囲が広がっている。

2）ケースマネジメントからケアマネジメントへ

ケアマネジメントの考えは1970年代，全米ソーシャルワーカー協会（NASW：National Association of Social Workers）の会議で「ケースマネジメント」が共通課題としてあげられ，注目された。当時のアメリカはナーシングホームの経費増大により高騰していた公的医療費を抑制しようとする政策的な意図もあり，地域ケアやコミュニティケアが推進され，そのなかでケースマネジメントの手

法が用いられるようになった。1970年代後半からイギリスでも公的福祉サービスの費用削減への期待のもと，ケアマネジメントが実施されるようになった。

　1980年代に入るとアメリカでケースマネジメントという用語について批判されるようになった。その背景にはマネジメントされるのは「ケア」であり，人間ではないという考えにもとづいている。「ケース」を使うと個人を軽視する用語とみなされ，誤解を招くとされたからである。このため，現在では「ケアマネジメント」で統一されている。イギリスではコミュニティケア法のなかで「ケアマネジメント」の用語が使われている。

3）ケアマネジメントの過程

　ケアマネジメントのプロセスはケースの発見から始まり，インテーク，アセスメント，ケアプランの作成，ケアプランの実施およびサービス調整・介入，モニタリング・再アセスメント，終結となり，アセスメントからモニタリングまでの作業を繰り返し，実施することになる。

　①　ケースの発見　　ケアマネジメントが開始される前には利用者や家族からの直接の依頼，地域住民からの照会，アウトリーチなどによるケースの発見が行われる。

　②　インテーク　　ケアマネジメントを実施する機関に利用者がつながった場合，インテークが実施される。インテークでは援助が必要か，担当する機関が適切かなどのスクリーニングが行われ，その後，基本的な情報として主訴，性別，年齢，疾病，身体状況，家族状況，生活状況などを収集する。さらに，利用者がケアマネジメントの過程に同意するか，契約を交わす。

　③　アセスメント　　アセスメントはケアマネジメントのプロセスのなかで最も重要とされる。ここで，利用者のニーズを把握，課題を分析し，必要な情報を収集する。

　④　ケアプランの作成　　アセスメントでみえてきた生活課題などをもとに，クライエントが生活をしていくための目標を設定する。そのうえで，具体的にどのような方法を用いて目標を達成するか，計画を立てる。このため，ケアプランは利用者の生活状況を見据え，利用者とともに必要なサービスを検討していくことが求められる。

⑤　ケアプランの実施およびサービス調整・介入　　利用者とともに作成したケアプランに沿い，サービスが提供されるように調整する。どのサービスも援助の目標を共有し，一連のケアパッケージが利用者の大きな目標を達成するために有効活用できるよう，チームアプローチの手法を用いて進めていく。

⑥　モニタリング・再アセスメント　　ケアプランを実施したのち，サービスの提供が利用者のニーズに応じ，提供できているか，サービス提供の状況と利用者の状況の両側面からモニタリングする。これにより，ニーズが充足されていないとの評価に至った場合，再度アセスメントを実施，適切なサービスとなっていない理由を分析し，再度アセスメントを実施して，より利用者のニーズに合ったケアプランに変更する。ケアマネジメントを必要する利用者の多くは高齢者や障害者である。とくに要介護高齢者が在宅で生活を続けていくためにはさまざまな身体状況を含めた変化が考えられ，アセスメントから再アセスメントの過程を何度も繰り返す場合が多い。

⑦　終　結　　クライエントが施設入所や死亡などの理由により，ケアマネジメントが必要でなくなったときに集結する。

（3）スーパービジョン

1）スーパービジョンとは

認定社会福祉士制度の創設と前後し，認定社会福祉士になるために実施するスーパービジョンの重要性が強調されてきた。

スーパービジョンとは，ソーシャルワーカー（社会福祉援助専門職）が利用者に対し，適切で望ましい援助ができるようになる，また，よりレベルの高い知識や技術，倫理を身につけるための方法である。スーパービジョンとは，スーパーバイジー（経験の浅いソーシャルワーカー）が，スーパーバイザー（熟練したソーシャルワーカー）から対人援助職者としての教育，知識，技術などの指導を受けることをいう。

2）スーパービジョンの目的

①　ソーシャルワーカーの訓練・養成　　ソーシャルワークの援助過程において援助方法への迷い，利用者やその家族との葛藤，軋轢などにより援助がうまく進まないとき，熟練のソーシャルワーカーがソーシャルワークの援助過程

について助言したりすることにより，ソーシャルワーカーの援助技術の能力を向上させる訓練を行う。

② ソーシャルワーカーの自己覚知　ソーシャルワーカーとして成長していくためにはソーシャルワークの専門的な知識と技術を習得し，専門職としての倫理観や価値観を深める必要があるため，自己覚知は欠かせない。ソーシャルワーカーが自己分析を行い，自分の行動や心理を理解するように努めることで，専門職としての態度を獲得することができる。自己覚知はさまざまな状況に冷静に対応することを可能にし，利用者に対して適切な援助を行うことができるようになる。スーパービジョンのなかで，自己覚知を促進する具体的な方法としてスーパービジョンを受けるスーパーバイジーがスーパーバイザーに対し，自分自身の感情を自由に表現し，自分自身を見つめていくことができるような関係をつくることも目的とされる。つまり，スーパーバイザーとスーパーバイジーとの関係のなかから，ソーシャルワーカーと利用者の関係を学んでいく。自己洞察を自分の力だけで深めるには限界があり，そこでスーパービジョンが必要になるというわけである。

③ 利用者への支援向上　ソーシャルワーカーはスーパービジョンの関係（スーパーバイザーとスーパーバイジーの関係）のなかで，利用者がソーシャルワークの援助関係のなかで経験することと同じように，自己理解や自己洞察，成長の過程を経験し，その経験によって自己の援助技術の向上へと結びつけていく。

3）スーパービジョンの機能

カデューシンらによるスーパービジョンの三つの機能について説明する。

① 管理的機能　管理的機能とはスーパーバイジーが組織内で適切な役割が遂行できるよう，所属する機関の規律やクライエントに対する責任や約束，他機関との連携などをスーパーバイザーから教えられたり，伝えられたりすることである。

② 教育的機能　教育的機能とはスーパーバイジーのゴールの達成が可能になるよう，知識不足を補ってトレーニングをすることである。経験年数の浅いソーシャルワーカーは，クライエントの持つ背景や問題，家族内力動など，

支援を進めていくうえで求められる知識や技法を学ぶ必要がある。

③　**支持的機能**　　支持的機能とはクライエントに効果的なサービスを提供するため，仕事に関連するストレスを緩和し，不満を解消する機能である。

4）スーパービジョンの方法

①　**個別スーパービジョン**　　スーパーバイザーとスーパーバイジーが一対一でスーパービジョンを行う形式で，これがスーパービジョンの基本の形となる。定期的に1回1〜2時間，事前に時間を決め，スーパーバイジーの行った面接について話し合う。スーパーバイジーは事前に面接記録をスーパーバイザーに提出し，その記録によって情報を共有し，質問が交わされて面接過程を分析し，ワーカーとクライエントの関係などを考え，今後の支援を考えていく。スーパーバイザーは，スーパーバイジーの置かれている環境について十分理解することのできる能力，およびさまざまな状況に対応できる知識と指導力が求められる。

②　**グループスーパービジョン**　　グループスーパービジョンとは，一人のスーパーバイザーが複数のスーパーバイジーに対し，同時にスーパービジョンを行う方法である。内容は事例検討を中心にしたもの，参加者が現在抱える問題を中心に論議するもの，ロールプレイを取り入れるものなど多岐にわたる。スーパーバイザーを含めた参加者同士のコミュニケーションを通し，集団の持つ力動を活用し，個別スーパービジョンとは違う効果も期待できる。

このほか，「ライブスーパービジョン（スーパーバイザーが実践をスーパーバイジーに見せる形）」「ピアスーパービジョン（同僚同士によるスーパービジョンでスーパーバイザーはいない）」「セルフスーパービジョン（自分自身に対するスーパービジョン）」などがある。スーパービジョンの方法は必要に応じ，最も適したものが採用される。

5）OJT，キャリアパスとスーパービジョンの違い

一般的な企業が行う教育訓練の手法には企業内教育と外部の教育訓練機関が行う企業外教育がある。企業内教育はOJT（オン・ザ・ジョブ・トレーニング）といわれる従業員が業務を遂行しながら上司や先輩，同僚から指導を受ける方法と，従業員が業務から離れ，Off-JT（オフ・ザ・ジョブ・トレーニング）として

教育を受ける社内研修と社内訓練コースなどがある。また，企業外教育には外部の教育機関，職業訓練機関が主に行う研修や講座，通信教育などに従業員を参加させる教育訓練がある。

OJTは最も広く行われるが，研修なのか，仕事なのかの区別がつきにくい。このため，漫然とした職場での指導ではなく，機関や担当を明確にし，計画的に体系的に行われるのが望ましい。社会福祉施設でもこのようなOJTやOff-JT研修が行われるようになった。

こうした人材開発の内容・テーマは知識・スキル型，態度・行動型の二つに分けることができる。知識・スキル型の人材開発は仕事に必要な知識やスキルを身につけさせるもので，定期的な仕事に直結するものが多く，即効性があるだけにその陳腐化も早い。態度・行動型の人材開発は考え方や態度を変革し，行動まで変容させようとしている。単に考え方だけでなく，実際の仕事にどのように生かしていくかを目的とするため，即効性はあまりないが，効果は安定して継続する。

一方，スーパービジョンは，個々のスタッフの特定の業務について一般的な学習を適用して特色を持たせ，現任訓練を補完するものである。スーパーバイザーは教育的スーパービジョンの責務を果たすなかで，現任訓練で提供された一般的な学習を専門職として実行，応用することを支援する。ソーシャルワーカーはクライエントの生活の質の向上をめざして支援を実践しており，そのためには対人援助職者へのスーパービジョンが必要である。このため，ソーシャルワークのスキルアップを考えるにはOJTとOff-JTとスーパービジョンを区別して考え，単発的な職員研修とは別に継続的なトレーニングを意識したスーパービジョンを実施していく必要がある。

（4）カウンセリング

1）カウンセリングとは

カウンセリングの言葉の意味には相談，助言，忠告などがある。カウンセリングとは，心理的な障害や問題に対して援助を求めている人に対し，専門家（カウンセラー）が心理的援助を与えることをいう。カウンセリングには広義のものと狭義のものがあり，狭義のカウンセリングは「心理カウンセリング」とも呼

ばれ，心理臨床における相談場面や心理療法を指す。不適応行動を示すもの，あるいは心の不健康に悩むものを心理手段によって治療しようとする方法である広義のカウンセリングとは教育相談，職業相談，結婚相談などのように情緒的不適応の問題だけでなく，広範囲の適応問題に対し，情報を与えたり，奨励したりすることを指す。

社会福祉の相談援助でもカウンセリングの活用は重要で，実施されている。

2）カウンセリングの基本技術

カウンセリングにはさまざまな理論や技法があるが，具体的な相談に入る前にクライエントとカウンセラーがいかに信頼関係や精神的融和（ラポール）を図り，コミュニケーションを行うことができる場を整えるかについては福祉の相談援助との共通項である。

カウンセリングではカウンセラーとクライエントは対等な人間としての信頼関係が重視され，クライエントの主体性が尊重される。カウンセリングの基礎技法として「傾聴」がある。これはいかなる心理療法であっても傾聴というスキルを使い，話を聴く。この技法は社会福祉の相談援助場面でも活用できる技法である。

カウンセリングは，一般的には訓練を受け，専門的な知識を得た人が援助を必要とする人（クライエント）に対し，言語的および非言語的手段を用い，行動の変容を援助するもので，カウンセリングの基盤をなす学問領域にはカウンセリング心理学（アメリカ）や臨床心理学（日本）がある。

アメリカにおいては心理療法（心理学），精神療法（医学），カウンセリングは区別されているが，日本においては明確に区別せず，混同して用いている心理学者や専門職が多いのが実状である。

カウンセリングの有名な技法には次のようなものがある。①来談者中心療法（情を重視），②論理療法（思考を重視），③ゲシュタルト療法（自己受容を重視），④実存主義的アプローチ（意思を重視），⑤認知行動療法（行動を重視），⑥精神分析法（無意識の過程を重視），⑦交流分析（人格の役割を重視）。

3）ソーシャルワークとカウンセリング

ソーシャルワーカーがクライエントの状況に対応した支援を行うためには，

的確なアセスメントを行うことが必須である。このため，カウンセリングの基本的技法を身につけ，クライエントからその状況をわかるよう，話を聞くことが重要となる。ソーシャルワークの支援では短時間で問題解決を求められることが多いが，カウンセリングは比較的長時間，時間をかけ，行動の変容へと結びつく違いがあることを念頭におき，必要に応じ，臨床心理士との連携を構築する必要がある。

（5）コンサルテーション

1）コンサルテーションとは

　コンサルテーションは領域の違う専門職間での相談や助言のことをいう。保健・医療・福祉の分野における対人援助の専門家が組織体制や運営，職務や援助業務，援助計画に関する課題や問題などに取り組むため，特定の領域の専門職から新しい情報・知識・技術を習得する過程のことを指す。たとえば，地域包括支援センターの社会福祉士が援助対象者の問題解決のため，医師から専門的助言を受けることをいう。相談を受けたり，助言したりする側をコンサルタント，相談を持ちかけたり，助言を受けたりする側をコンサルティという。

　コンサルテーションと混同されやすいのがスーパービジョンである。スーパービジョンは新人の社会福祉士がベテランの社会福祉士から指導を受けるという同職種間で，レベルの異なる専門職間の指導・助言であるのに対し，コンサルテーションは領域の違う専門職間での相談・助言活動となる。

　コンサルティとコンサルタントは互いの専門性を尊重し，対等で自由な関係のうえでコンサルテーションが実施される。このため，コンサルテーションではその結果に関わる責任は基本的にコンサルティが追うことになることもスーパービジョンとの違いである。

2）コンサルテーションの介入方式

　①　受容方式　　コンサルティがコンサルタントに相談するとき，反論されたり，拒絶されたりする心配をせず，自由に自分の考えを述べられるよう，コンサルティに安心感を与えることで，コンサルティが自主的に感情を整理できるようになる方法である。これにより状況を客観的に見つめられるようになる。

　②　触媒方式　　コンサルティが自分の物の見方を再検討するため，データ

や情報を集めるのを手伝う方法である。

③　**対決方式**　　コンサルティに対し，自分の考え方が偏っていないか，あるいは物事の見方をゆがめていないかの見直しを迫る方法である。

④　**処方箋方式**　　コンサルティに対し，状況を是正すべく具体的に行う方法を教えるため，なすべきことを報告書の形でまとめ，解決策を伝える方法である。

⑤　**理論／原理方式**　　コンサルタントがコンサルティの状況に適した理論を提示し，それによってコンサルティが原理原則を自分で行うことができるようにする方法である

　この①から⑤の介入方式はそれぞれ単独に用いるのではなく，いくつも組み合わせて行われることが多い。

■参 考 文 献

1）染野享子「自ら支援を求めない独居高齢者への地域を基盤としたアウトリーチ実践プロセス：地域包括支援センターのセンター長，管理者を焦点とした質的分析」，社会福祉学，56(1)，2015，pp.101-115.
2）白澤政和：介護保険とケアマネジメント，中央法規出版，1998.
3）アルフレッド・カデューシン，ダニエル・ハークネス著，福山和女監修：スーパービジョン イン ソーシャルワーク（第5版），中央法規出版，2016.
4）アレン・E. アイビイ：マイクロカウンセリング―"学ぶ-使う-教える"技法の統合：その理論と実際―，川島書店，1985.
5）Caplan, G.：The theory and practice of mental health consultation. New York, Basic Books., 1970.

42 第2章 社会福祉援助技術の体系

要点整理

□利用者の社会関係は，家族や近隣，友人関係などの利用者本人が育んだインフォーマルな関係が前提である。ネットワーキングではその社会関係が断絶された状況を修復したり，新たな関係の構築を支援したりするための社会資源がフォーマルなサービスとなる。

□ネットワーキングで地域生活支援を考える場合，インフォーマルなサポートを含めた支援の輪づくりが必要である。

□ネットワーキングの機能は人間関係における個人を支持するものであり，政策レベルでのサポートは含まれない。

□スーパービジョンの機能は管理的機能，教育的機能，支持的機能に分けられる。

□スーパービジョンの形態は個別スーパービジョン，グループスーパービジョン，ピアスーパービジョン，ライブスーパービジョンに分けられる。

□ケアマネジメントは「利用者の社会生活上のニーズを充足させるため，適切な社会資源と結びつける手続きの総体」として定義づけられている。

□ケアマネジメントはマネジメントするのは「ケース」ではなく，「ケア」であるという意味で使われるようになった。

実習対策

□実習先が入所施設の場合は難しいが，地域包括支援センターなどの地域との関わりがあるところは，声をあげることのできない利用者に対し，どのようにアウトリーチをしているのか，じっくり観察することが望ましい。

□実習先の指導者（スーパーバイザー）との出会いは初めてスーパビジョンを体験する場となる。実習生（スーパーバイジー）として，自分が実践現場で感じたことを言語化する大事な場でもある。心が揺れる場面や疑問に思ったことなどを自分の言葉で伝えるよう，努力しよう。そのうえで，自分の考えがどのようにソーシャルワークのなかで見えるのかを自己覚知できるようにしよう。

□社会福祉の実践現場は福祉関係者だけで支援が成り立っているわけではなく，医療，保健，さまざまな企業，事業所，ボランティア，民生委員・児童委員な

どさまざまな立場の人が一人の利用者の生活を守るために関わっている。

レポート・卒論対策

☐生活課題を抱えていても福祉サービスにつながらない人がいる。どのようなときに人はサービスとつながらなくなってしまうのか，考えてみよう。

☐アウトリーチを行うにあたってソーシャルワーカーに求められることは何か，考えてみよう。

☐地域包括支援センターなど，地域との関わりの強い相談センターがどのように地域住民とつながっているのか，啓蒙活動や講習会がどのように行われているのか，具体的に調べてみよう。

☐卒業論文では，社会ネットワークにつながれない人の存在について，社会学的，心理学的な側面も含めて調べてみると，ニーズを抱えている人の概要を見渡すことができる。

就活対策

☐元気な高齢者の予防支援などに関心があれば社会福祉協議会を志望しよう。

☐医療機関で働く医療ソーシャルワーカーとして働きたい場合，社会福祉士の資格取得が必須である。精神保健福祉士資格も持っていればさらによい。

☐地域包括支援センターで働きたい場合，社会福祉士の資格取得が必須である。その後，5年，相談業務に従事すれば介護支援専門員の受験資格を得ることができる。

第3章 相談援助の基盤と専門職

1 相談援助の概念と範囲

（1）国際ソーシャルワーカー連盟の定義（グローバル定義）

　ソーシャルワークの定義については2014年，国際ソーシャルワーカー連盟（IFSW）と国際ソーシャルワーク学校連盟（IASSW）の両総会で合意・採択された「ソーシャルワーク専門職のグローバル定義」（グローバル定義）のなかに見いだすことができる。このグローバル定義は社会福祉専門職団体協議会（社専協）と日本社会福祉教育学校連盟（現日本ソーシャルワーク教育学校連盟）により日本語版が作成され，以下のように示されている[*1]。

IFSWにおける「ソーシャルワーク専門職のグローバル定義」（2014）

　ソーシャルワークは，社会変革と社会開発，社会的結束，および人々のエンパワメントと解放を促進する，実践に基づいた専門職であり学問である。社会正義，人権，集団的責任および多様性尊重の諸原理は，ソーシャルワークの中核をなす。ソーシャルワークの理論，社会科学，人文学，および地域・民族固有の知を基盤として，ソーシャルワークは，生活課題に取り組みウェルビーイングを高めるよう，人々やさまざまな構造に働きかける。

　この定義は，各国および世界の各地域で展開してもよい。

　この改定の背景には，多様化する社会問題や自然環境の急激な変化によりソーシャルワークを必要とする人や地域が拡大していったこと，他の文化や地域から持ち込まれた手法による「問題解決」ではなく，そもそもの人や地域の持

---

*1　社会福祉専門職団体協議会，日本社会福祉教育学校連盟「ソーシャルワーク専門職のグローバル定義（日本語訳確定版）」2015.（日本社会福祉士会HP：http://www.jacsw.or.jp/）（全文はp.228を参照）

っている力・固有の知を活用した実践を行い，社会変革に寄与する専門職・学問が求められたことなどがある。

また，このグローバル定義にはソーシャルワーク専門職（ソーシャルワーカー）における①「中核となる任務」，②「原則」，③「知」，④「実践」について次のような注釈がついている。

1）中核となる任務

「中核となる任務」とは，「社会変革・社会開発・社会的結束の促進，および人々のエンパワメントと解放」[*1]としている。社会変革はその文字どおり，社会に対して働きかけ，社会の構造に変化をもたらすことである。ソーシャルワーカーは目の前のクライエントの支援を行うとき，その「生きづらさ」や「困難さ」がクライエント個人の問題ではなく，その周囲の環境や社会との接点における摩擦により生じていると構造的に考え，クライエントの背景にある社会，すなわち，制度や施策，法律，文化や伝統などに対しても働きかけ，変化を促す必要があるということである。

また，社会開発とは1950年，国連で検討された「ソーシャルデベロプメント」の日本語訳である。経済開発の進行に並行し，国民生活への有害な衝撃の除去，または緩和のため，全国的ならびに地域的規模における保健・衛生や栄養，住宅，労働，または雇用問題，教育，社会保障，消費者支援，農村計画，難民保護などに関する社会的サービスの展開をいう[*2]。先に述べたように，個人的に抱える生きづらさの先や背景にある社会・施策をターゲットとし，新たなサービスの開発や施策の展開に向け，働きかける必要があることを示している。

社会的結束とは，「社会的排除（ソーシャルエクスクルージョン）」との対峙の概念として掲げられる「社会的包摂（ソーシャルインクルージョン）」を進めていくなかで，地域に存在する多様な住民がつながりあい，支え合うことでその関係性を強化し，既存の制度や施策の網の目から人が排除されるのを防ぎ，ともに支え合う社会をつくっていくことである。

---

*2　濱嶋朗，石川晃弘，竹内郁郎編『社会学小辞典〔新版増補版〕』有斐閣，2005．pp.247-248.

「エンパワメントと解放」のうち，エンパワメントはさまざまな場面において
クライエント自身が自己決定を繰り返すことで自己肯定感を高め，クライエン
ト自身が生活をコントロールする感覚を取り戻すことである。生活に困難さや
生きづらさを抱える人々が感じる「抑圧」は，長期入院や長期の施設入所によ
る管理された生活，機能不全の家族などで生活するなかで，クライエントの内
面に時間をかけて浸透し，自己肯定感を低下させていく。このような「抑圧」
から解放されるべく，主体的な生活者としてのクライエントに対する伴走的支
援が求められる。

このようにソーシャルワーカーの「中核となる任務」は，ミクロレベルにお
ける対人的な関わりのなかであっても，上述した一連の問題をメゾ・マクロレ
ベルにおける問題としてとらえ，常に社会に対する関心を持ち，個々の問題を
社会の問題として発展させ，社会の仕組みを変えていくことが求められている
のである。

2）原　　則

ソーシャルワークにおける「原則」は，「人間の内在的価値と尊厳の尊重，危
害を加えないこと，多様性の尊重，人権と社会正義の支持である」[1]としてい
る。人が人として不公平に扱われることなく，国籍や人種，障害の有無，性別
や性的志向，文化や信仰，年齢，学歴や職歴などといった人と人の違いを受け
入れ，これらの違いに価値あるものとして活かすことでさまざまな不合理を解
消し，地域共同体を営んでいこうとするものである。

3）知

次に「知」である。「ソーシャルワークは，常に発展し続ける自らの理論的基
盤および研究はもちろん，コミュニティ開発・全人的教育学・行政学・人類学・
生態学・経済学・教育学・運営管理学・看護学・精神医学・心理学・保健学・
社会学など，他の人間諸科学の理論をも利用する。ソーシャルワークの研究と
理論の独自性は，その応用性と解放志向性にある。多くのソーシャルワーク研
究と理論は，サービス利用者との双方向性のある対話的過程を通して共同で作
り上げられてきたものであり，それゆえに特定の実践環境に特徴づけられる」[1]
と示されている。ソーシャルワークの実践は人とその生活をターゲットとする

ため，多様な切り口で人や社会を見渡すための「知」がなくてはならない。もとより，ソーシャルワークの専門職以外の多様な専門職と協働し，実践を行う。その他の専門職がどのような学問背景を持っているか，基礎となる知識を持っておくことでチームワークが発揮される。複雑化，多様化するさまざまな課題に多様な専門職や利用者を含んだ人々で対応していくとき，連携が必要となる。連携は各々の「エリア」から越境し，手を伸ばすことで新たに対象とすることができる「エリア」を増やし，セーフティーネットを拡大させるのが目的である。その礎となるのが他者や世界から学び得る「知」である。

　また，日本をはじめ，多くの国や地域では欧米で発展したソーシャルワークのモデルが導入され，これらが実践の指針となっている。もっとも，このグローバル定義では，欧米による植民地の支配の以前からあった各地域における先住民の文化や思想，歴史的背景から積み重ねられた「知＝民族固有の知」に対する尊重が示され，実践に取り入れられることになった。

4）実　　践

　最後の④「実践」について概説したい。注釈には「ソーシャルワークの参加重視の方法論は，「生活課題に取り組みウェルビーイングを高めるよう，人々やさまざまな構造に働きかける」という部分に表現されている。ソーシャルワークはできる限り「人々のために」ではなく，「人々とともに」働くという考え方をとる」[1]と示されている。生活課題はニーズとも言い換えることができるが，これらは多様である。基本的欲求を満たす食事や睡眠，住まい，衣服などに限らず，身体的，精神的，かつ社会的なものを含む。これらについて，利用者自身が主体的に自己決定・自己選択を行っていくことで自己実現を図ることができる。その営みが自らの状態をウェルビーイングに近づけていくのである。ソーシャルワーカーはこのような生活課題に対する支援について，専門職主導ではなく，「クライエントとともに」，かつ「地域住民とともに」さまざまな課題に取り組んでいく必要がある。

　なお，この「グローバル定義」が改定されるプロセスにおいて，社専協は①ソーシャルワークの多様性と統一性，②「先進国」の外からの声の反映，③集団的責任の原理，④マクロレベル（政治）の重視，⑤当事者の力，⑥「ソーシ

ャルワーク専門職」の定義？，⑦ソーシャルワークは学問でもある，⑧知識ベースの幅広さと当事者関与，⑨（自然）環境，「持続可能な発展」，⑩社会的結束・安定の「『グローバル定義』改定の10のポイント」をあげている[3]。

（2）全米ソーシャルワーカー協会の定義

次に，全米ソーシャルワーカー協会（NASW）におけるソーシャルワークの定義をみてみたい。NASWでは1958年，「ソーシャルワークの基礎的定義」，1973年，「ソーシャルワークの定義」をそれぞれ以下のように示している[4,5]。現在の世界的なソーシャルワークに関する定義は先に示した「グローバル定義」が中心となっているが，それまでの歴史的な変遷を知る意味で理解しておきたい。

NASWにおける「ソーシャルワーク実践の基礎的定義」（1958）

ソーシャルワーク実践は，すべての専門職の実践と同じように，価値，目的，承認，知識及び方法という諸要素から構成されているものとみなされる。その1つの構成要素だけではソーシャルワーク実践の特性が示されないし，また，それぞれの要素はいずれもソーシャルワークだけに固有なものでもない。これらの諸要素がどのような特有な内容を持ち，そして，全体としてどのように配列されるかによって，ソーシャルワーク実践が形成され，他の専門職の実践との相違が示されることになる。

NASWにおける「ソーシャルワークの定義」（1973）

ソーシャルワークは，個人・グループ・コミュニティが，社会的機能を強化し，回復するように，これらの目標に対し，好ましい諸条件を創造するように援助する専門職の活動である。

＊3　社会福祉専門職団体協議会国際委員会『IFSW（国際ソーシャルワーカー連盟）の「ソーシャルワークのグローバル定義」新しい定義案を考える10のポイント』2014.

＊4　Bartlet,H.M., "Toward Clarification and Implication of Social Work", Social Work, 3(2), 1958, pp.3-9.

＊5　National Association of Social Workers, "Standards for Social Service Manpower", NASW, 1973, pp.4-5.

（3）日本におけるソーシャルワークの定義

　日本においても独自にソーシャルワークについて示されることが多くなっている。

　日本ソーシャルワーク学会が発行している『ソーシャルワーク基本用語辞典』によると，ソーシャルワークは「基本的には，社会福祉の制度体系として具体化されてくる一定の社会福祉機関・施設を基盤にして，そこに配置される専門的教育・訓練を受けた職員（ソーシャルワーカー）によって，社会福祉サービスを利用する者もしくは利用することを必要としている者に対応して進められていく援助活動である」[6]としている。また，『エンサイクロペディア社会福祉学』では，「ソーシャルワーク（社会福祉援助活動あるいは技術という）は，社会生活において発生するさまざまな生活の諸困難やその当事者および家族，地域住民自らが個別的あるいは組織的に解決するように援助する専門技術であるという見解が一般的である」[7]としている。さらに，日本学術会議第18期社会福祉・社会保障研究連絡委員会が示した「ソーシャルワークが展開できる社会システムづくりへの提案」によると，「ソーシャルワークとは社会福祉援助のことであり，人々が生活していく上での問題を解決なり緩和することで，質の高い生活（QOL）を支援し，個人のウェルビーイングの状態を高めることを目指していくことである。日本では，国家資格である社会福祉士及び精神保健福祉士がソーシャルワーカーとして位置づけられている」[8]としている。

　このほか，たとえば，「一般の人が「空気」のように当たり前に受けている援助が受けられれない人に対して，社会的責任の代行者として，そのような「あたりまえの援助」がすべての人に行き渡ることを保障する仕事」[9]と解説されたり，地域を基盤としたソーシャルワークについて，「ジェネラリスト・ソーシ

---

*6　日本ソーシャルワーク学会編『ソーシャルワーク基本用語辞典』川島書店，2013，pp.140-141.

*7　仲村優一，一番ヶ瀬康子，右田紀久恵監修『エンサイクロペディア社会福祉学』中央法規出版，2007，p.481.

*8　日本学術会議第18期社会福祉・社会保障研究連絡委員会「ソーシャルワークが展開できる 社会システムづくりへの提案」2003.

*9　平岡公一，杉野昭博，所道彦，鎮目真人『社会福祉学』有斐閣，2011，p.30.

ャルワークを基礎理論とし，地域で展開する総合相談を実践概念とする，個を
地域で支える援助と個を支える地域をつくる援助を一体的に推進することを基
調とした実践理論の体系である」[10]と定義づけられている。

　日本では2016（平成28）年に「ニッポン一億総活躍プラン」が閣議決定され，
厚生労働省内に「我が事・丸ごと地域共生社会実現本部」が設置されている。
これらは地域共生社会の実現のため，複合的な課題に対する包括的相談支援体
制の構築や住民主体の地域課題解決体制の構築をめざしている。このため，今
後，ますますソーシャルワークの機能を果たす専門職への期待が寄せられる。

　この背景の一つとして，近年，日本を取り巻く状況としての人口減少がある。
この人口減少に伴い，地域ではさまざまな福祉に関わる課題が発生し，持続可
能な福祉社会への警鐘も鳴らされている。このような時代におけるソーシャル
ワークには人口減少していく地域で新たに発生する課題，生きづらさを抱える
クライエント・コミュニティへの関わりを通じ，人と人を結びつけ，困難なな
かであっても人々の主体的な選択（よい意味での折り合いをつける作業）に丁寧
に寄り添っていくことが求められる。それは地域で生活を続ける人々の「存在
の承認」を担う作業でもある。

（4）ソーシャルワークの源流（慈善組織協会・セツルメントなど）

　イギリスでは産業革命以前からエリザベス救貧法（1601年）により貧民対策
が講じられていたが，それは貧民を労働能力の有無を基準として①有能貧民，
②無能貧民，③児童に区分し，有能貧民に労働を強制したり，児童を教区にお
ける徒弟にするなどの課題を抱えていた。その後，18世紀から19世紀にかけて
起こった産業革命により貧困層と富裕層という格差が生み出された。イギリス
では急激な都市化や工業化による社会構造の変化が旧来の対策を困難にし，新
救貧法（1834年）の成立をみた。新救貧法により，①全国統一の救済水準設定，
②有能貧民の居宅保護禁止（ワークハウスへの収容），③劣等処遇の原則（救済貧
民の生活水準は，労働し自立しているものの最低生活水準より劣るものでなければな
らないとする原則）などが定められた。これらはいずれも限定的な国家による救

---

[10]　金子絵里乃，後藤広史編『ソーシャルワーク』弘文堂，2016，p.8.

済にとどまったため，民間による保護・救済活動が活発化することになった。イギリスではYMCA（キリスト教青年会）が1844年，YWCA（キリスト教女子青年会）が1855年にそれぞれ設立され，キリスト教の普及と同時に生活改善運動が行われた。このような地域での諸活動がのちのグループワークの源流となった。

その後，イギリスのロンドンでは慈善組織協会（COS）が設立された。この結果，さまざまな民間団体によって支援活動が行われる一方，無計画な支援により支援の重複や偏りがみられていた。これらの組織間の連携・協調体制を整備し，活動の組織化を行ったのが慈善組織協会（COS）である。そして，これらの活動は個別訪問活動を中心とした「友愛訪問」として展開されている。

また，イギリスやアメリカでは19世紀後半になるとセツルメント運動も展開されるようになった。セツルメントとは知識や財産に富んだ人たちが社会的，経済的弱者の住むスラムなどに住み込み生活を共にすることで，教育や生活指導，地域の環境改善（社会改良）に向けた働きかけを行うものである。主なセツルメント活動の拠点として，バーネット（Barnett, S.）によって設立されたトインビー・ホール（イギリス・ロンドン）やアダムス（Addams, J.）によって設立されたハル・ハウス（アメリカ・シカゴ）がある。

（5）ソーシャルワークの基礎確立期

19世紀後半から20世紀初頭にかけ，COS運動はアメリカでも展開されるようになり，第2章でも述べたが，リッチモンド（Richmond, M.E.）により援助方法としてのケースワークが体系化された。リッチモンドは「ケースワークの母」とも呼ばれ，COSにおける友愛訪問を行いつつ，未分化のままの援助の体系について整理するとともにケース記録の分析を行うなか，1917年に『社会診断』を著し，クライエントの状況を社会的状況とパーソナリティの面からとらえていく方法について示した。さらに，1922年には『ソーシャル・ケースワークとは何か』を著し，ケースワークについて「人間と社会環境との間を個別に意識的に調整することを通して，パーソナリティを発達させる諸過程から成り立つ」[11]

---

*11　Richmond, M.E., "What is social case work?: An introductory description", Russell Sage Foundation, 1922, p.57.（小松源助訳『ソーシャル・ケースワークとは何か』中央法規出版，1991.）

とした。もっとも，この背景にはCOS活動から徐々に専門職化し，ソーシャルワークの源流を見出しつつあった時世において，「専門職としての独自の技術，教育のためのプログラム，専門職としての文献，そして実践技能を有していない」として「ソーシャルワーカーはいまだ専門職ではない」[*12]としたフレックスナー（Flexner, A.）による批判もあった。

　その後，ソーシャルワークはさまざまな分野で応用され，展開されていくことになった。1923～1928年にかけてはソーシャルワークの共通基盤を求め，アメリカでミルフォード会議が開催された。そこで，ソーシャルワークの「ジェネリック（一般性）」とスペシフィック（専門性）についての議論が重ねられるなかで，「ジェネリック・ソーシャル・ケースワーク」として各分野における共通の概念や知識，技術が整理された。

（6）ソーシャルワークの発展期

　20世紀の初頭，世界は戦争の真っただ中にあった。ヨーロッパに端を発した第一次世界大戦（1914年）である。この大戦を通じ，軍人やその家族，戦争によってさまざまな傷を負った民間人に対するメンタルヘルスケアの必要性が生じた。それはアメリカにおけるソーシャルワーカーの役割を本質的に変えていく潮流ともなった。アメリカではフロイト（Freud, S.）の精神分析の影響を受け，ソーシャルワークの実践理論のなかに「診断主義学派」が形成された。

　当時のソーシャルワークの実践における理論的背景の薄さもあいまって，精神分析の影響を強く受け，セラピストの役割を積極的に担うことになったのである。そこではクライエントのパーソナリティの発達に焦点を当てたケース分析，あるいは面接を中心とした援助形態の確立などが行われた。これら診断主義学派のケースワーク理論については，ハミルトン（Hamilton, G.）によって体系化された。もっとも，心理治療的機能を重視したことにより社会変革的視点と実践が衰退していくこととなり，のちにおいて批判を受けることになる。

　その後，フロイトの精神分析学派から距離を置いたランク（Rank, O.）の意志（意思）心理学をベースとした機能主義学派が登場する。ロビンソン（Robinson,

---

[*12]　Flexner,A., "Is Social Work as a Proffession?", NCCC, 1915.

V.）らによって提唱された機能主義学派では診断主義学派への批判から「過去」の疾病状況や心理状況，パーソナリティに注目するよりも，現在や未来の成長に焦点を当てた。さらに，ケースワーカーの所属する「機関の機能」について，いかに効果的にクライエントを中心として活用させるか，に重きが置かれた。

（7）ソーシャルワークの展開期・統合期

　20世紀中ごろにおけるソーシャルワークの実践は人間の心理的な問題についての関心の高まりと焦点化から，クライエントを取り巻く社会環境への関心の薄れを生み出していった。このような一連の流れに対しての批判もあった。

　たとえば，マイルズ（Miles, A.）は，ソーシャルワークの源流を形成したリッチモンドがクライエントの社会的状況とパーソナリティ双方に着目していた原点を回顧し，「リッチモンドに帰れ」という言葉とともに，当時の現状から原点回帰すべきと訴えた。また，パールマン（Perlman, H.）はその論文『ケースワークは死んだ』のなかで，急増する社会問題に対応しきれていないケースワークの現状を憂い，不足している社会に対する働きかけ（社会変革の促進）を訴えるとともに，社会問題の解決におけるケースワークへの期待も示した。このようなケースワークそのものが批判の対象となった当時（1950～1960年代）のアメリカの状況とソーシャルワークへの批判について，黒川昭登は次のように記している[13]。

> 　アメリカにおける貧困問題は，「豊かな社会における貧困」と言われ，また，貧困者は，経済的に貧しいだけではなく，それは，「貧困の文化」とも言われるように，貧困をもたらすような生活様式や行動を持つという特徴があり，単に経済的尺度を持って計ることができない複雑な問題をはらんでいる。
> 　〈中略〉
> 　これらの大量の貧困家庭の問題は，経済的貧困という問題に加えて，自己自身と家族の将来に希望が持てなくなったことが原因であるといわれている。されば，これらの家庭に対する援助として，保護費の増額を持って対処するという方法は，対象者自身をも，また，納税者をも満足させることはなかったと言

＊13　黒川昭登『臨床ケースワークの基礎理論』誠信書房，1985，pp.73-74.

われる。つまり，これら家族の問題は，単なる経済的貧困にとどまらず，家庭がただその機能のほとんどすべてを他の社会機関に譲り渡して，ただ食べて眠るだけの場所になってしまったこと，つまり，家族関係の荒廃や精神的な貧困に由来するということにある。

アメリカの威信の失墜，社会経済的な諸条件の悪化，あるいは家族の弱体化は，様々な社会問題を生じさせた。それは，離婚，犯罪，精神障害，未婚の母，児童虐待，薬物依存などの多発となって表れた。

ソーシャルワーカーの中でも，特にケースワーカーは，貧困問題をはじめ，これらの社会問題の多発に関連して，その専門性が問われるようになった。ケースワークは果たしてうまく機能しているかということについて，ワーカー内部からも，また，他の専門職業家，あるいは，一般社会からも疑問が投げかけられるようになった。

〈中略〉

ケースワーカーはクライエントをこの矛盾する社会にただ順応させているだけなのではないか，ということや，ケースワークは，果たしてこれらの社会問題の解決に役立っているのかとその効果や機能に疑いを持つ人々が次々と現れた。

時代と場所は違っても，現代日本の状況に近い部分があるのではないだろうか。現代のソーシャルワーカーはこの「当時のアメリカの状況」から社会変革を促す社会環境への関与，クライエントが中心となり，リカヴァリーしていくためのアプローチなど，再度学び直すことができる。現代において多様なサービスが生まれ，展開されている。もっとも，ソーシャルワーカーが既存の制度の対象になる人に対し，その制度を当てはめることにのみ終始し，クライエント自身のエンパワメントを中心とした変化や社会の動きに鈍くなるようなことがあってはならない。

さて，20世紀半ばまで続けられていた診断主義学派と機能主義学派の論争に折衷案を持ち込み，双方の優位な点を認めつつ，問題解決アプローチを提唱したのもパールマンであった。そのアプローチでは人が生きるうえで発生する絶え間ない問題解決の過程に注目し，クライエントが主体的に歩む過程とワーカビリティを強調している。

また，パールマンはその著書『ソーシャル・ケースワーク―問題解決の過程』

において，ケースワークの構成要素として，①人（Person），②問題（Problem），③場所（Place），④過程（Prosess）をあげ，「4つのP」として提唱した。この構成要素について，のちに⑤専門職（Profession），⑥制度・政策（Provision）の二つを加えた「6つのP」とした。ちなみに，この「4つのP」をケースワークの4つの構成要素として定着し直したのが仲村優一で，日本ではこの「4つのP」がケースワーク，さらにはソーシャルワークの構成要素として受け入れられ，現在に至っている*14。

　また，1960年代以降，ホリス（Hollis, F.）が診断主義学派の系統を汲みつつも，心理社会的アプローチを提唱し，人と人を取り巻く状況や関係性という視点から，「状況の中の人」としてクライエントを焦点化する動きもみられるようになった。このようにソーシャルワークモデルについては徐々に統合化の動きをみせ，ジャーメイン（Germain, C.）とギッターマン（Gitterman, A.）による生態学やシステム理論を中心としたエコロジカルモデル（生活モデル）の登場により，近代におけるソーシャルワークの中核が誕生することになった。

（8）日本におけるソーシャルワークの動向

　欧米ではキリスト教を中心とした慈善活動により，社会福祉活動の源流が形成されてきたが，日本では仏教を中心にした救済思想とそれに伴う施策が展開されてきた。これらは日本に仏教が伝来した飛鳥時代にさかのぼる。

　具体的には，十七条憲法に代表されるように，厩戸皇子（聖徳太子）は仏教を中心とした施政を行った。さらに，摂津国（現大阪府）の四天王寺に施薬院（薬草の栽培と配布），療病院（病人の療養施設），悲田院（困窮者の生活保障施設），敬田院（罪を犯した者の更生施設）の四箇院を設置している。他方，その後，仏僧の行基は各地を歩きながら教説・慈善救済を行い，同時に農業生産のための灌漑や交通網の整備といった社会活動や社会事業を通じ，民衆の福祉の向上に貢献した*15。

　また，近代では欧米のセツルメント運動の影響を受け，片山潜によってキン

---

*14　仲村優一『仲村優一社会福祉著作集（全8巻）』旬報社，2002-2003.
*15　吉田久一『社会福祉と日本の宗教思想』勁草書房，2003，pp.70-75.

グスレー館が東京・神田三崎町に設立されるなど，19世紀後半から20世紀初頭にかけ，徐々に活動が展開されている。また，このころには留岡幸助も慈善事業（とくに更生教育を中心とした感化事業）の取り組みをもとに制度設計にも関与した実践家として著名である。

　その後，第一次世界大戦の影響を受け，国民生活の困窮から米騒動などが全国各地で起こり，現在の民生委員制度の前身となる済世顧問制度（岡山県），方面委員制度（大阪府）がそれぞれ創設され，地域における救貧活動や貧困世帯調査などが実施されている。さらに，1929（昭和4）年には聖路加国際病院に医療社会事業部が設置され，浅賀ふさがソーシャルワーカーの役割を担っている。その後，社会保障制度（国民皆保険・皆年金体制）の整備や社会福祉六法の充実，ソーシャルワークの専門職団体の発足などに伴い，さまざまなソーシャルワークの活動が各地で展開されるようになった。

2 相談援助の理念

（1）人 権 尊 重

　人権と一言でいってもその幅は広く，1948年，国際連合（国連）で採択された「世界人権宣言」における条文にその内容を見ることができる。それは市民的・政治的権利を包含する自由権，および社会的・経済的・文化的権利を包含する社会権で構成されている。このような人が人として生まれながらに有している市民としての当然の権利が人権で，この人権には固有性，不可侵性，普遍性がある。

　人はその社会経済活動のなかで，「他者より強く，他者より先へ，他者より上へ」といった競争のなかに身を置き，常に比較や区分（差別や排除）を行ってきた。この結果，社会的弱者を生み出してきた。ソーシャルワークの対象はそのような状況に追い込まれた人やその環境である。このため，人権の尊重はソーシャルワークの実践における専門職のクライエントに関わる価値や倫理の根底となるものである。

（2）社 会 正 義

　社会正義とは，人々が基本的人権の尊重された状態を保持できるよう，社会

生活のさまざまな場面において，不公平のない社会の実現をめざす視座となるものである。日本社会福祉士会の倫理綱領「価値と原則」のなかに「社会正義」に関する項目がある。そこには「社会福祉士は，差別，貧困，抑圧，排除，暴力，環境破壊などの無い，自由，平等，共生に基づく社会正義の実現をめざす」[16]と示されている。社会的，経済的弱者と呼ばれる人たちは貧困の連鎖，それもともすれば二次的な搾取などにより，その環境から抜け出せないでいることもある。ソーシャルワーカーはこのような状況がなぜ生まれているか，見きわめ，その根源となる社会環境に働きかけることが重要である。

（3）利用者本位

　利用者本位に隣接する用語として，「クライエント中心」や「利用者主体」といった用語が散見され，それぞれの用語におけるさまざまな背景があるが，ここでは一般的に考えられる「利用者本位」について解説したい。

　この利用者本位とは，ソーシャルワーカーなど支援する側が利用者の立場性に立ち，利用者の意思や自己決定などを最大限に尊重していくことである。さまざまなサービスがそれを提供する側の都合で合理的に提供されようとするとき，そこから個別性や人間らしい生活，自己決定などが排除される可能性がある。また，「主体性を保障する」とは「クライエントの人間としての権利・責任の回復，また彼らの問題解決における主体性や個別性，自己決定などを尊重するかかわり方」[17]である。

　一方，自己決定の困難な知的障害のある人の支援について，支援者側の「よかれとの思い」から，彼らの自由な決定や権利に制限を加え，結果として機会を奪ってしまうような「パターナリズム」の視点に立った支援，および「自己決定の尊重」の名のもと，利用者が困難な生活状況にあり，その困難さを言語にできない状況があるにもかかわらず，支援の手を差し伸べないといったことはあってはならない。このため，後述する尊厳の保持や権利擁護と関連し，理解を深める必要がある。

---

[16]　日本社会福祉士会『社会福祉士の倫理綱領』2005.
[17]　尾崎新『ケースワークの臨床技法―援助関係と逆転移の活用―』誠信書房，1994, p.128.

（4）尊厳の保持

　尊厳の保持とは，人が生まれながらに有する基本的人権を尊重し，個人がかけがえのない存在として認識されるよう，関わっていくことである。日本社会福祉士会の倫理綱領では「価値と原則」のなかに「すべての人間を，出自，人種，性別，年齢，身体的精神的状況，宗教的文化的背景，社会的地位，経済状況等の違いにかかわらず，かけがえのない存在として尊重する」[18]と記述している。

（5）権利擁護

　権利擁護とは，人が人として生まれながらにして持っている基本的人権を尊重し，それらが侵害されるとき，利用者への支援を通じ，本人とともに権利を主張し，解決を支援していくことである。それには権利侵害の予防や教育，システムづくりといった対個人だけでなく，対社会的な活動も含まれる。

　また，アドボカシーとは代弁機能のことであり，自らの権利やニーズについて主張することが困難な人に代わり，その権利や利益を擁護するため，主張する行為である。

（6）自立支援

　自立とは，かつて，たとえば障害のある人がその障害を克服し，他者からの援助を受けず，生活を営んでいけるようになることをイメージしがちであったが，国連の世界保健機関（WHO）の示したICF（国際生活機能分類）によりその概念は変化した。すなわち，「自助的自立」から「依存的自立」への変化である。自助的自立とは「生活者の生活が第三者や社会福祉制度に依存することなしに独立して維持されている状態」[19]である。また，依存的自立とは「生活の一部分について第三者や社会制度による補完や代替がなされているような場合であっても，生活の目標，思想信条，場，様式，行動などについて自己選択権や自己決定権の行使が保障されていれば，そこには自立的生活が確保されているものと考えられる」[20]ものである。

---

[18]　日本社会福祉士会『社会福祉士の倫理綱領』2005.
[19]　古川孝順『社会福祉学』誠信書房，2002，p.283.
[20]　同上（[19]），p.284.

このように自立支援とは一般的には支援を必要とすることであっても，その本人の主体性が尊重された環境とサービス利用において生活の質（QOL）の充実した状態を指し，そこに自己決定，さらには自己責任を中心とした主体性の保障が展開されるものである。日本の社会福祉基礎構造改革時における自立支援の説明には「個人としての尊厳を持って，家庭や地域の中で，障害の有無や年齢にかかわらず，その人らしい安心のある生活が送れるよう自立を支援する」[*21]と示されている。このような自立支援の理念は，たとえば，「障害者の日常生活及び社会生活を総合的に支援するための法律（障害者総合支援法）」において，「障害者及び障害児が日常生活又は社会生活を営むための支援は，全ての国民が，障害の有無にかかわらず，等しく基本的人権を享有するかけがえのない個人として尊重されるものであるとの理念にのっとり」（第1条の2）と示された部分に収斂され，かつ利用者のエンパワメント（能力開花・権限委譲）を引き出すことになる。

（7）社会的包摂

1980年代，ヨーロッパ，とくにフランスにおいて若年層の長期的な失業問題，それに伴う貧困問題が表面化していた。これらの諸問題を個人の問題としてとらえるのではなく，社会（労働市場や社会保障制度）への参加が排除された状態として考えるようになり，これらを表現する概念として「社会的排除（ソーシャルエクスクルージョン）」が用いられるようになった。そして，「社会的排除」に対する概念として「社会的包摂（ソーシャルインクルージョン）」が生まれた。この「社会的排除」とは「物質的・金銭的欠如のみならず，居住，教育，保健，社会サービス，就労などの多次元の領域において個人が排除され，社会的交流や社会参加さえも阻まれ，徐々に社会の周縁に追いやられていくこと」[*22]を指すもので，「①参加の欠如，②複合的な不利，③排除のプロセス，④空間的排除，⑤福祉国家の制度との関係」[*23]から特徴づけられる。一方，「社会的包摂」は人

---

*21　中央社会福祉審議会社会福祉構造改革分科会「社会福祉基礎構造改革について（中間まとめ）」1998.
*22　内閣府社会的排除リスク調査チーム「社会的排除にいたるプロセス」2012, p.2.
*23　岩田正美『社会的排除―参加の欠如・不確かな帰属』有斐閣，2008, pp.20-32.

60 第3章 相談援助の基盤と専門職

権問題を抱えて社会から排除されている人びと，あるいは社会から断絶・孤立
している人びとを社会の一員として受け入れ，問題解決を図るべきだという社
会福祉政策の新しい理念」*24とされている。

　日本においては，上述した社会福祉基礎構造改革をはじめ，さまざまな社会
福祉施策が展開される一方，家族や地域における相互扶助機能の低下，国民の
「儀礼的無関心」といった社会に対する態度の獲得，貧困の世代間連鎖や多様化
する生きづらさなど，人の生活のさまざまな局面で格差やそれに伴う孤立が問
題となってきた。

　そこで，「社会的な援護を要する人々に対する社会福祉のあり方に関する検
討会報告書」においてその説明がされている。このため，「今日的な『つながり』
の再構築を図り，全ての人々を孤独や孤立，排除や摩擦から援護し，健康で文
化的な生活の実現につなげるよう，社会の構成員として包み支えあう」*25とし
ている。社会的排除の状態に長く置かれているクライエントの抱えるニーズに
対し，目に見える形での社会資源を組み合わせ，支援を行うということ，およ
びそのクライエントが本質的に「地域の構成員（メンバー）」として受け入れら
れ，地域での何らかの役割を担う人間として，その存在を承認されていくとい
うことは別の働きかけが必要である。個人の問題の背景にある社会の動態に着
目し，問題となる地域社会・取り巻く人々に対し，アクションを行い，ネット
ワーク（包み込むシステム）づくりを行う。そのような姿勢がソーシャルワーカ
ーには求められる。

（8）ノーマライゼーション

　ノーマライゼーションとは，どのような立場の人も他の市民と同じような生
活を営む権利を持っており，そのような環境が保障された社会がノーマルであ
る，とする考えである。このノーマライゼーションの思想は1950年代，デンマ
ークにおける施設改革を求める知的障害児・者の親の会の要求，およびそれに

---

*24　日本ソーシャルインクルージョン推進会議編『ソーシャル・インクルージョン―格差
　　社会の処方箋』中央法規出版，2007，p.13.
*25　厚生省（現・厚生労働省）「社会的な援護を要する人々に対する社会福祉のあり方に関
　　する検討会　報告書」2000，p.6.

伴う支援方法に関する議論のなかで培われた。

　具体的には，バンク-ミケルセン（Bank-Mikkelsen, N.E.）が関わったデンマークの「1959年法（知的障害者及びその他の発達遅滞者の福祉に関する法律）」の内閣行政令に「ノーマルな生活状態にできるだけ近づいた生活をつくり出す」と記されている。これがノーマライゼーションの理念の最も簡潔，かつ自然な表現として知られている。また，バンク-ミケルセンがその主著において一貫して主張している中心的な思想は，「平等の存在であること（知的障害児・者は，他の障害を持たない市民と同じ人間である）」，そして「特別の法律を廃止して，ほかの市民と同じ一般法で援助されるべきである（障害者だけを対象にした法律は，障害者を市民社会から分離する結果をもたらす）」[26]という2点に収斂されている。

　このバンク-ミケルセンの影響を受けたスウェーデンのニィリエ（Nirje, B.）もノーマライゼーションの理念をより具体的なものにしていった。ニィリエは多面的なノーマライゼーションの原理の核心について，「ノーマライゼーションの原理とは，生活環境や彼らの地域生活が可能な限り通常のものと近いか，あるいは，全く同じようになるように，生活様式や日常生活の状態を，全ての知的障害や他の障害を持っている人々に適した形で，正しく適用することを意味している」[27]と定義している。さらに，その原理を「社会の主流となっている規範や形態にできるだけ近い，日常生活の条件を知的障害者が得られるようにすること」[28]とし，知的障害者がノーマルな生活をしていくための具体的な八つの原理（①1日のノーマルなリズムを提供，②1週間のノーマルなリズムを提供，③1年のノーマルなリズムを提供，④ライフサイクルを通じたノーマルな発達的経験の機会，⑤選択や願い・要求の尊重，⑥男女がともに暮らす世界，⑦ノーマルな経済水準，⑧ノーマルな生活環境基準）[29]を示した。

　このようにノーマライゼーションの理念は知的障害者を対象とした領域でそ

---

[26]　中園康夫『ノーマリゼーション原理の研究―欧米の理論と実践』海声社，1996，pp.16-18.
[27]　ベンクト・ニィリエ著，河東田博，橋本由紀子，杉田穏子訳編『ノーマライゼーションの原理―普遍化と社会変革を求めて』現代書館，1998，p.21.
[28]　同上（[27]），pp.22-23.
[29]　同上（[27]），pp.23-28.

の萌芽をみたが，その後，さまざまな領域における生活障害や生活のしづらさを抱える人や環境を対象とし，展開していった。とくに国際社会における障害者施策の展開に大きな影響を与えた。国連における「知的障害者の権利宣言」（1971年），「障害者の権利宣言」（1975年）を皮切りに，「国際障害者年」（1981年）では，「完全参加と平等」をテーマとし，ノーマライゼーションの理念が浸透していった。

3 相談援助における権利擁護の意義・概念・範囲

（1）権利擁護の意義

　権利擁護とは，人として当然に有する権利を守ることである。ソーシャルワークが対象とする人々のなかにはこのような「市民として当然の権利」を享受できない状況にあったり，あるいはそういった権利から遠ざけられていることに気づかなかったりする人たちが存在する。

　さまざまな福祉サービスが利用できる状態にあるにもかかわらず，自分自身の当たり前の権利を主張・申請することができず，生活困窮を続ける孤独な高齢者。家庭があったとしても，そのなかで適切な養育を受けることができず，ネグレクト状態で自尊心や将来への希望を削り取られていく子ども。大学の学費として受給した奨学金を親に搾取され，アルバイトに明け暮れる若者。精神科病院への社会的入院が長期化し無力化している精神疾患を抱える人。自分自身の意に反した形で提供され続ける保健・医療・福祉のサービスに口を閉ざしてしまった障害者。施設入所がかなっても，そのなかで展開される抑圧的なサービスに生きる価値を見出せなくなった障害者。このようにソーシャルワーカーが働く地域や所属する組織においても「当たり前の権利」に対する侵害が散見される。

　さて，上述した6例のうち，前半の3例はさまざまな支援に結びつく前の状態である。これに対し，後半の3例は支援に結びついた後にもかかわらず，「市民として当然の権利」を問わねばならない状況が発生している。「福祉」がサービス化され，数字としてカウントされる現代においては，ソーシャルワーカーが所属する組織や自身が提供するサービスにおいても「市民としての当然の権

3．相談援助における権利擁護の意義・概念・範囲　　63

表3-1　日本国憲法に示されているさまざまな基本的人権

種　類	内　　　容
自由権	【精神的自由権】 思想・良心の自由，信教の自由，集会・結社の自由，表現の自由，学問の自由など
	【身体的自由権】 奴隷的拘束及び苦役の禁止，法定手続の保障，被疑者・被告人の権利保障，刑罰法規の不遡及・二重処罰の禁止など
	【経済的自由権】 居住・移転及び職業選択の自由，財産権の不可侵
社会権	【生存権】 健康で文化的な最低限度の生活を営む権利 国は社会福祉，社会保障及び公衆衛生の向上及び増進に努める
	【教育を受ける権利】 ひとしく教育を受ける権利，普通教育を受けさせる義務，義務教育の無償化
	【勤労権】勤労の権利と義務，労働条件に関する基準の整備
	【労働基本権】団結権，団体交渉権，団体行動権

出典）筆者作成.

利」を問わなければならない状況と隣り合わせであることを理解したい。

（2）権利擁護の概念

　ソーシャルワークの分野では，法にさまざまな権利が示されていない時代から，基本的人権が尊重されていない人たちについて支援を行う一方，これらが施策化されるよう，働きかけてきた。現代社会において日本国憲法にその理念を見ることができる。同法の基本原理は①国民主権，②三権分立，③基本的人権の尊重であり，加えて，同法第9条に国民の福祉の向上の大前提である平和主義が示されている。

　権利擁護の前提となるこの「基本的人権」について，同法では**表3-1**のように展開されている。ソーシャルワークの実践の展開過程においては，このような権利がクライエントの側に保障される状態が存在しているかに，よくアセス

メントしながら関与すると同時に，支援者としてパターナリスティックな関与になっていないか，クライエントのエンパワメントを目的とした権利擁護になっているか，自身を省みつつ実践を行うことが必要である。

（3）権利擁護の範囲

権利擁護はさまざまな場面やレベルで展開され，実践されている。ミクロレベルでいえば，ソーシャルワーカーが目の前のクライエントの支援を行う際，自己決定やエンパワメントされるよう，支援を展開するのも権利擁護である。さらには，排除や差別的な仕組みを施策として解消していくためのマクロ的な取り組み（例：障害者差別解消法，障害者雇用促進法など）も権利擁護といえる。

日本においては社会福祉基礎構造改革以降，さまざまな福祉サービスの利用についてクライエントと事業所の間で「契約」を行うようになった。それに伴い，判断能力が不十分な人たちの福祉サービスの契約をはじめ，さまざまな場面での支援が必要になった。成年後見制度はそのような施策の転換を契機とし，2000（平成12）年4月，民法の改正によりスタートしている。また，判断能力が不十分な人が地域で自立した生活を営むため，日常的な金銭管理や福祉サービスの利用援助などを行う日常生活自立支援事業もある。

さらに，虐待などに関して児童や障害のある人などの保護を行うため，近年，さまざまな法律が整備されてきている。たとえば，「児童虐待の防止等に関する法律（児童虐待防止法）」は2000（平成12）年，「障害者虐待の防止，障害者の養護者に対する支援等に関する法律（障害者虐待防止法）」は2011（平成23）年にそれぞれ制定された。いずれも虐待の定義や保護や支援の方法，関係施設や機関などをはじめ，国民の役割などについて示しているが，虐待だけに限らず，暴力からの保護も重要である。「配偶者からの暴力の防止及び被害者の保護等に関する法律（DV防止法）」が2001（平成13年）に制定されたのもその一つである。このように積極的に権利を擁護する体制をとらねばならないような課題が増えてきているのも現状である。

■参考文献

1）秋元美世：社会福祉の利用者と人権，有斐閣，2010.

2）岡本民夫監修：ソーシャルワークの理論と実践─その循環的発展を目指して，中央法規出版，2016.

3）久保紘章，副田あけみ編：ソーシャルワークの実践モデル─心理社会的アプローチからナラティブまで，川島書店，2005.

4）小松源助：ソーシャルワーク理論の歴史と展開─先駆者に辿るその発達史，川島書店，1993.

5）佐藤豊道：ジェネラリスト・ソーシャルワーク研究─人間：環境：時間：空間の交互作用，川島書店，2001.

66 第3章 相談援助の基盤と専門職

要点整理

□2014年に改定された国際ソーシャルワーカー連盟の「グローバル定義」のキーワードは「社会変革と社会開発」,「社会的結束」,「エンパワメントと解放」である。

□イギリスにおける慈善組織協会（COS）による友愛訪問がソーシャルワークの源流であり，その後，セツルメント運動へと展開された。

□リッチモンド（Richmond, M.E.）により体系化されたソーシャルワークであったが,さまざまな相互批判や議論の積み重ね（「診断主義学派」と「機能主義学派」の登場）を経て発展していった。

□欧米におけるキリスト教を中心とした社会福祉活動の展開に対し，日本では仏教を中心とした施策が展開された。

□日本では，地域包括支援体制の整備に向けて，住民主体・地域における課題解決能力を高めていくことが求められており，ソーシャルワークに対する期待も高まっている。

□ソーシャルワークの基盤となる権利擁護には広い範囲と対象がある。根底にある日本国憲法の理解が必要である。

実習対策

□実習先で取り組んでいるさまざまな権利擁護体制について，実際の状況を把握してみる（例：各事業所の苦情解決体制整備状況，実際の苦情の内容やその対応，サービス利用時における重要事項説明，精神科病院における退院請求・処遇改善請求の方法の告知など）。

□クライエントのエンパワメントの視点に立った事例検討を試みてみる。そのためにクライエントの持つ「力・強み」について多角的にアセスメントを行う。

□実習先の事業所が地域の中でどのような役割を担い，地域とのつながりのなかで事業展開・運営されているのか観察を行う。

レポート・卒論対策

□これまで発展してきたソーシャルワークの理論について，その当時の社会背景

や歴史的な動き，戦争や事件などとの関連から鳥瞰してみるとよい。

□現代社会を取り巻くさまざまな問題（例：人口減少，労働問題，格差，貧困，教育，訴訟など）について，ソーシャルワークの視点に立って考察してみる。また，その手始めとして，そういったニュースや新聞記事をもとにグループでディスカッションしてみることも方法の一つである。

就活対策

□就職希望先においてどのようなスーパービジョン体制があるのか，また関連する専門職団体（社会福祉士会・精神保健福祉士協会・医療ソーシャルワーカー協会など）への関わりや研修の機会の確保，キャリアアップのための教育体制整備状況など，事前に情報を収集しておくとよい。

□希望する就職先が社会に対しどのような貢献をしようとしているのか注目しておくとよい。

□相談援助の理念としてあげられる重要な概念については，実践を行いつつ定期的にスーパービジョンを受けるなど，振り返り，内省を深めることが必要である。とくにソーシャルワーカーはクライエントと自身の所属する機関との間において倫理的ジレンマに陥りやすいことを日頃より意識しておく必要がある。

4 相談援助における専門職の概念と範囲

（1）専門職の概念

　ソーシャルワークは専門職であるか否か。このテーマはソーシャルワークの歴史において繰り返し議論されてきた。

　フレックスナー（Flexner, A.）は1915年，アメリカ・ボルチモアで開催された全米慈善矯正事業大会の講演のなかで，専門職の六つの属性を示し，「ソーシャルワークはいまだに専門職ではない」と述べた。これはアメリカにおける「専門職とは何か」に関する議論を一層深め発展させる契機となった。そして，1957年，グリーンウッド（Greenwood, E.）は，専門職の属性として五つの属性（①体系的理論，②専門職的権威，③社会的承認，④倫理綱領，⑤専門職的副次文化）を掲げ，「ソーシャルワークはすでに専門職である」と結論づけるに至った。

　一方，日本においては国家資格として1987（昭和62）年に社会福祉士，1998（平成10）年に精神保健福祉士が資格制度としてそれぞれ創設された。これらを機に教育の体系化・倫理綱領や行動規範の整備など，ソーシャルワークにおける専門職確立に向けたさまざまな取り組みがなされていった。

　仲村優一[*30]は，専門職共通の特徴として次の6点を指摘している。

① 専門職とは，科学的理論にもとづく専門の技術の体系を持つものである
② その技術を身につけるには一定の教育と訓練が必要であること
③ 専門職になるには一定の試験に合格し，能力が実証されなければならないこと
④ 専門職は，その行動の指針である倫理綱領を守ることによってその統一性が保たれること
⑤ 専門職の提供するサービスは私益でなく，公益の福祉に資するものでなければならないこと
⑥ 社会的に認知された専門職団体として組織化されていること

[*30] 仲村優一，日本社会福祉士会『新社会福祉援助の共通基盤（上）（第2版）』中央法規出版，2009.

4．相談援助における専門職の概念と範囲　　69

　以上のような内外の議論を経て，2014年7月にメルボルンで開催された国際ソーシャルワーカー連盟（IFSW）総会，および国際ソーシャルワーク学校連盟（IASSW）総会において，ソーシャルワーク専門職のグローバル定義が採択され「ソーシャルワークは，社会変革と社会開発，社会的結束，および人々のエンパワメントと解放を促進する，実践に基づいた専門職であり学問である」ことが示された（p.44参照）。この定義により，ソーシャルワークは専門職であると改めて確認されたのである。

（2）専門職の範囲①─福祉行政

1）福祉行政

　福祉行政での第一線の現業機関は福祉事務所である。1951（昭和26）年，社会福祉事業法（現社会福祉法）の成立によって創設されて以来，今日まで福祉行政の中枢機関といえる。都道府県および市（特別区を含む）は，条例で，福祉事務所の設置が義務づけられており，町村は任意で設置できる（社会福祉法第14条第1項）。

　この福祉事務所は，生活保護法，児童福祉法，母子及び父子並びに寡婦福祉法，老人福祉法，身体障害者福祉法，知的障害者福祉法に定める援護，育成または更生の措置にもとづいて業務構成がなされており，人々のさまざまな生活課題に対応できるよう，組まれている。現在は，都道府県から町村へ入所措置事務などが移譲されたことによって，都道府県福祉事務所では老人および身体障害者，知的障害者福祉分野を除く生活保護法，児童福祉法，母子及び父子並びに寡婦福祉法を所管することとなった。構成員は所長をはじめ，指導監督を行う所員（査察指導員），現業員および事務所員からなる（同法第15条第1項）。そして，指導監督を行う所員（査察指導員）と現業員は，両者ともに社会福祉主事[*31]でなければならないと規定されている（同法第15条第6項）。

　次に，福祉事務所に配置される主な職員をはじめ，福祉行政の領域で活動す

[*31]　社会福祉主事は，都道府県や市町村の福祉事務所のケースワーカーなどとして働くうえで必要とされる任用資格である。任用資格とは公務員が特定の業務に任用されるとき，必要となる資格を指す。

る専門職の一部を紹介する。

2）福祉事務所の査察指導員

① 定義・役割　査察指導員は「指導監督を行う所員は，所の長の指揮監督を受けて，現業事務の指導監督をつかさどる」と法律上明記されており（社会福祉法第15条第3項），主に現業員の指導および監督を業務とする。つまり，現業員のスーパーバイザーとして，彼らの業務遂行において管理監督や適切な助言・指導，知識・スキルの提供などを行うことになる。また，ケースによっては現業員とともに複雑な問題に対応することもあり，とくに生活保護の分野では重要な役割を担っている。

② 背景と現状　ここでは，査察指導員の動向を定量的にとらえ概観する。「平成28年福祉事務所人員体制調査」（厚生労働省）によれば査察指導員の総数は3,762人で，2009（平成21）年の「福祉事務所現況調査」に比べ，541人増加している。また，生活保護担当の査察指導員では社会福祉主事の取得率が82.7％，総数になればさらに低く，72.8％となることが示された。そして，生活保護担当者の経験年数は1年以上3年未満が40.5％と最も高い割合となっている。

　とくに生活保護の分野では，査察指導員は現業員が対象者の家庭訪問や面接，調査，生活指導など相談援助活動を行ううえで，よりよい実践ができるよう，側面的に支援していく役割を担う。このため，彼らは現業員の専門職としての成長や学びを促し，質の高い実践を図るべく，スーパービジョンの機能である「管理的機能」や「教育的機能」，「支持的機能」を駆使する必要がある。ときには対象者宅への同行訪問や面談同席で「教育的機能」や「支持的機能」を，さらには業務や援助自体の効率化・有効化を図るため，チームアプローチの導入を図るなど，「管理的機能」を活かした現業業務の指導監督が求められる。

③ 今後の見通し　今後，少子高齢化や人口減少が急速に進み，単独世帯の増加や自治体の機能の低下といった問題を抱える現代社会において，現業員が専門職として成長し，職務を遂行するにはこの査察指導員の指導監督する質と量が問われる。

3）福祉事務所の現業員

① 定義・役割　現業員は「現業を行う所員は，所の長の指揮監督を受け

て，援護，育成又は更生の措置を要する者等の家庭を訪問し，又は訪問しない
で，これらの者に面接し，本人の資産，環境等を調査し，保護その他の措置の
必要の有無及びその種類を判断し，本人に対し生活指導を行う等の事務をつか
さどる」と法律上明記されており（社会福祉法第15条第4項），主に生活保護行政
に関わる対象者の相談や事務などの実務を担う。一般にケースワーカーとも呼
ばれている。

② **背景と現状**　　ここでは，現業員の動向を定量的にとらえ概観する。「平
成28年福祉事務所人員体制調査」（厚生労働省）によれば現業員（常勤）の総数
は24,786人であり，前出の2009（平成21）年調査に比べ，5,380人増加している。
とくに生活保護担当の現業員（常勤）は郡部において107人の微増に対し，市部
において4,195人と大幅な増加を示した。福祉事務所の所員の定数は地域の実情
に合わせ，条例で定めることとされているが，現業員の数については各福祉事
務所の被保護世帯の数に応じている。また，生活保護担当の現業員では社会福
祉主事の取得率が82.0％，総数になればさらに低く，71.7％となることが示さ
れた。なお，生活保護担当者の経験年数は1年以上3年未満が38.0％と最も高
い割合となっている。

その他，現業員並びに査察指導員は法律上規定された職務にのみ従事するこ
とが原則であるが，その職務の遂行に支障がない場合，他の社会福祉または保
健医療に関する事務を行うこともできる。

③ **今後の見通し**　　生活保護分野の現業員は対象者の生活困窮のみに特化
した改善・解決だけではなく，生活全体をとらえ，多面的・総合的に問題をと
らえる力が必要となる。そして，今後，地域共生社会の実現をめざした施策が
展開されるなかで，現業員は子どもや高齢者，障害者，外国人労働者などさま
ざまな文化や思想，価値観の多様性を受け，より個別具体的な対応が求められ
るであろう。

4）身体障害者福祉司

① **定義・役割**　　身体障害者福祉司は身体障害者福祉法にもとづいて定め
られた専門職員で，身体障害者の相談や援護を行う。

都道府県が設置する身体障害者更生相談所*32では，身体障害者福祉司の設置が義務づけられている。その主な業務は，①身体障害者更生相談所長の命を受け，②市町村相互間の連絡調整，③情報提供と必要な援助，④身体障害者に関する相談・指導のうち，専門的知識と技術を必要とするものである（身体障害者福祉法第11条の2第1項および第3項）。一方，市町村の福祉事務所では，知的障害者福祉司の設置は任意である。なお，この身体障害福祉司は，福祉事務所の所員に対し，技術指導を行うことも役割の一つとされている（同条第2項および第4項）。

　②　**背景と現状**　身体障害者福祉司の主な業務は先にあげた身体障害者更生相談所や福祉事務所で利用者が医療機関を利用する場合，日常生活や就労上の困難を抱えた場合など相談に応じ，ときには巡回相談にも対応している。

　身体障害者福祉司は次のいずれかに該当する者であって，身体障害者福祉司として必要な学識経験を有する者でなければならない（同法第12条）。

- 社会福祉主事の資格を有する者であって，身体障害者の更生援護その他その福祉に関する事業に2年以上従事した経験者
- 大学において厚生労働大臣の指定する社会福祉に関する科目を修め，卒業した者
- 医師
- 社会福祉士
- 身体障害者の更生援護の事業に従事する職員を養成する学校，その他の施設で都道府県知事の指定するものを卒業した者

　なお，社会福祉士は身体障害者福祉司として実務経験を問わず，任用されることになる。

　③　**今後の見通し**　援護の第一線は市町村であるが，障害の程度を含め専門的評価の判定を行い，かつ市町村相互間の連絡調整を行うことが身体障害者福祉司には求められる。今後，さらに障害の多様化や重度化が進み，市町村で

---

*32　身体障害者の社会復帰などを目的として医学面，心理面，職能面などについて評価，判定を行う機関である。全国に77か所設置（2017年）。

4．相談援助における専門職の概念と範囲　73

の対応が困難となるケースの増加が見込まれる。重複障害などの専門的相談・指導が必要な場合，これらの対応は各分野の専門職とのチームアプローチにより適切な支援の実施が望まれる。

5）知的障害者福祉司

①　定義・役割　　知的障害者福祉司は知的障害者福祉法にもとづき定められた専門職員で，知的障害者の相談や更生援護などを行う。この更生援護とは知的障害者の自立と社会経済活動への参加を促進するため，援助と必要な保護を意味する。

都道府県が設置する知的障害者更生相談所[*33]では，知的障害者福祉司の設置が義務づけられている。その主な業務は，①知的障害者更生相談所長の命を受け，②市町村相互間の連絡調整，③情報提供と必要な援助，④知的障害者に関する相談・指導のうち，専門的知識と技術を必要とするものである（知的障害者福祉法第13条第1項および第3項）。一方，市町村の福祉事務所では，知的障害者福祉司の設置は任意である。なお，この知的障害福祉司は，福祉事務所の所員に対し，技術指導を行うことも役割の一つとされている（同条第2項および第4項）。

②　背景と現状　　知的障害者福祉司の主な業務は先にあげた知的障害者更生相談所や福祉事務所で，利用者が医療機関を利用する場合や日常生活や就労上の困難を抱えた場合，助言指導のほか，必要に応じ，巡回相談や家庭訪問を行っている。

知的障害者福祉司は次のいずれかに該当する者であって，知的障害者福祉司として必要な学識経験を有する者でなければならない（同法第14条）。

・社会福祉主事の資格を有する者であって，知的障害者の福祉に関する事業に2年以上従事した経験者
・大学において厚生労働大臣の指定する社会福祉に関する科目を修め，卒業した者
・医師

[*33]　知的障害者に関する問題や家庭，その他からの相談に応じ，18歳以上の知的障害者の医学的，心理的および職能的判定を行う機関である。全国に86か所設置（2017年）。

・社会福祉士

・知的障害者の福祉に関する事業に従事する職員を養成する学校，その他の施設で都道府県知事の指定するものを卒業した者

なお，社会福祉士は，知的障害者福祉司として実務経験を問わず，任用されることになる。

③　今後の見通し　利用者全体の高齢化や地域を基盤とした生活支援とその暮らしの継続に関し，知的障害者福祉司はケアマネジメントやアウトリーチなどさまざまな手法を用い，障害者と家族の支援体制を強化することが求められる。

6）老人福祉の業務に従事する社会福祉主事

①　定義・役割　老人福祉の業務に従事する社会福祉主事は，高齢者の虐待に関するケースの取り扱いや措置入所などに関する業務，介護扶助に関する手続きなど高齢者福祉に携わる。

市町村の福祉事務所では，社会福祉主事の設置が義務づけられている。その主な業務は，①福祉事務所長の指揮監督を受け，②老人福祉に関して情報の提供，③相談・調査・指導に業務のうち専門的技術を必要とするものである（老人福祉法第6条第2項）。また，この社会福祉主事は，福祉事務所の所員に対し，老人福祉に関して技術的指導を行うことも役割の一つとされている（同条第1項）。なお，市町村福祉事務所の社会福祉主事は，老人福祉法に限らず生活保護法，児童福祉法，母子及び父子並びに寡婦福祉法，身体障害者福祉法および知的障害者福祉法（福祉六法）に定める援護，育成または更生の措置に関する事務を行うことを職務としている（社会福祉法第18条第4項）。

②　背景と現状　近年の生活保護の動向を概観すると被保護者数は，2008（平成20）年度から飛躍的に増加し，60歳以上の高年齢層の伸び率が顕著である。また，扶助の内訳として生活扶助や医療扶助の扶助率の増加とともに介護扶助率[34]も2008（平成20）年度で12.3％，2014（平成26）年度で14.3％と徐々に増加

＊34　厚生労働省「福祉行政報告例」「被保護者調査」2017.／社会福祉の動向編集委員会編『社会福祉の動向2018』中央法規出版，2017.

していることから,「老老介護」など家族機能の低下による高齢者層へのさらなる影響も懸念される。

③ **今後の見通し**　職縁,地縁,血縁が切れた地域社会のなかで,孤立した高齢者などへの発見や支援が遅滞する,もしくは不十分となる可能性がある。今後,地域および都市部の過疎化や後期高齢者層の増加などに対応できるよう,自治体の福祉力を補強すべく公的サービスの担い手として,老人福祉の業務に従事する社会福祉主事はさらなる役割と機能を担うであろう。

7）児童福祉司

① **定義・役割**　児童福祉司は,児童福祉法にもとづき定められた専門職員で,児童の保護や福祉について相談・指導など児童の福祉増進の中核を担う。

都道府県が設置する児童相談所では,児童福祉司の設置が義務づけられている。その主な業務は,①児童相談所長の命を受け,②児童の保護その他児童福祉に関する相談,③専門的技術にもとづき指導を行う等である（児童福祉法第13条第1項および第4項）。

具体的には,児童やその保護者との面接や関係調整（家族療法など）,必要な調査や社会診断,関係機関との連絡調整などを行っている。

② **背景と現状**　児童福祉司は,児童虐待の緊急対応から子どもの自立支援や家族再統合化など,子どもとその家族を含めた支援がその役割の一つである。近年の家族機能や地域の養育力の低下,社会全体の児童虐待に対する意識の高まりを受け,児童相談所への虐待相談件数が伸びており,実際の虐待対応件数も増加傾向にある。とくに最近では子どもの前で親が配偶者やその家族に暴力を振るう「面前ドメスティックバイオレンス（DV）」が虐待として社会的認知を得るようになり,「心理的虐待」を中心とした警察からの通告が大きな増加要因になっている。

このような実情を踏まえ,現在,児童福祉司の増員が図られているところであり,児童福祉司に協力して虐待対応を行う「児童虐待対応協力員」,あるいは一時保護している子どもの生活指導や緊急時の対応等一時保護業務全般などを行う「児童指導員」とも連携を図ることとされている。

児童福祉司は,次のいずれかに該当する者であって児童福祉司として必要な

学識経験を有する者でなければならない（同法第13条第3項）。

・都道府県知事の指定する児童福祉司，もしくは児童福祉施設の職員を養成する学校，その他の施設を卒業し，または都道府県知事の指定する講習会の課程を修了した者

・大学において，心理学，教育学，もしくは社会学を専修する学科，またはこれらに相当する課程を修めて卒業した者であって，厚生労働省令で定める施設において1年以上児童，その他の者の福祉に関する相談に応じ，助言，指導その他の援助を行う業務に従事した者

・医師

・社会福祉士

・社会福祉主事として，2年以上児童福祉事業に従事した者（厚生労働大臣が定める講習会を修める必要あり）

また，2016（平成28）年の児童福祉法の改正において，他の児童福祉司が職務を行うため必要な専門的技術に関する指導および教育を担う児童福祉司（スーパーバイザー）が設けられた。スーパーバイザーの要件は，児童福祉司としておおむね5年以上勤務した者でなければならないとされている。

③　今後の見通し　　昨今の児童福祉法の改正によりすべての児童が健全に育成されるよう，児童を中心にその福祉の保障の内容が明確化され，児童虐待について発生予防から自立支援まで，一連の対策の整備や市町村および児童相談所の体制の強化など，さまざまな取り組みが講じられている。

このようななかで児童福祉司には子どもの健全育成，子どもの権利擁護を担うべく要保護児童やその保護者のみならず，関係機関や地域住民との連携を図りつつ，一定の効果を上げることが期待される。そして，圏域や機関，職種を超えたネットワーク形成など児童を取り巻く環境に合わせた実践が今後も求められるであろう。

■参考文献

1）秋山智久：社会福祉実践論，ミネルヴァ書房，2000.
2）秋山智久：社会福祉専門職の研究，ミネルヴァ書房，2007.
3）社会福祉の動向編集委員会編：社会福祉の動向，中央法規出版，各年.
4）山口道昭：福祉行政の基礎，有斐閣，2016.
5）山田礼子：プロフェッショナルスクール―アメリカの専門職養成，玉川大学出版部，1998.

要点整理

☐社会福祉士となるには社会福祉士登録簿に氏名，生年月日，その他厚生労働省令で定める事項の登録を受けなければならない。

☐「ソーシャルワークのグローバル定義（2014年）」では，ソーシャルワークの中核をなす原理として社会正義や人権，集団的責任，および多様性尊重のさまざまな原理がある。

☐社会福祉士は名称独占であり，社会福祉士でない者がその名称を使用してはならない。

☐認定社会福祉士の活動は所属組織における相談援助部門で，リーダーシップを発揮しながら的確な相談援助を実践する。

☐認定上級社会福祉士の活動は所属組織とともに関係機関と協働し，地域を含めた相談援助の実践をする一方，他の社会福祉士に対する人材育成・指導を行う。

☐社会福祉主事は都道府県知事，または市町村長の補助機関である職員とされ，20歳以上で人格が高潔で思慮が円熟し，社会福祉の増進に熱意があり，かつ所定の要件を有する者から任用される。（社会福祉法第19条）

☐社会福祉士は個人としてだけでなく，専門職集団としても責任ある行動をとり，その専門職の啓発を高めなければならない。（「社会福祉士の行動規範」日本社会福祉士会）

☐専門職としての倫理責任として専門職の啓発を進め，社会的信用を高めていかなければならない。（「社会福祉士の倫理綱領」日本社会福祉士会）

☐児童相談所の児童福祉司は社会福祉主事であれば2年以上の児童福祉事業に従事し，指定講習会の課程を修了することが必要であるが，社会福祉士の資格保有者であれば実務経験を問わず任用される。

☐母子・父子自立支援員は，配偶者のない者で現に児童を扶養している者，および寡婦に対し，相談などを行う専門職である。

実習対策

☐実習先で展開されるソーシャルワーカーの実践がどのような理論や根拠にもと

づいてされているのか，考察する。

☐地域や所属組織における社会福祉士の役割と機能について考察する。

☐社会福祉士やその他専門職の独自性・専門性を活かした連携のあり方について，どのような実践がされているか，観察する。

☐利用者への理解を深める過程では学生自身の価値観や倫理観，偏見，思考の偏りに気づく機会となり，利用者理解とともに自己理解の深化につながることを意識する。

☐実習指導者（スーパーバイザー）と実習生との関係，利用者と実習生との関係，他職員と実習生との関係，実習巡回教員と実習生との関係が良好に保たれているか，また，阻害要因がないか，考察する。

レポート・卒論対策

☐福祉に関する事柄（法改正，基幹統計，事件など）について自分の考えをまとめ記す習慣をつけておくと，論文のテーマ選定やレポート作成のよい材料になる。

☐卒論の場合，「ソーシャルワーカーの専門性とその役割」，「相談援助の専門職にみる対象者理解」，「ソーシャルワーカーの現状と課題」などが考えられる。

就活対策

☐福祉施設では，小論文や面接試験，その他グループワークを用いて課題に対する受験者の取り組む姿勢や発言，思考，協調性などを評価し，採用する傾向にある。

☐社会福祉協議会では機関の機能と役割を理解したうえ，関連する法律や専門用語を整理しておくことが重要である。たとえば地域住民や地域福祉の推進，地域共生社会，ボランティア，民生委員・児童委員，災害福祉などがある。

☐公務員では，ふだんから福祉行政職に携わる大学の先輩などに話を聞いて職場理解を深めつつ，希望する自治体の動向（市町村合併など）の情報収集に努めるとよい。

（3）専門職の範囲②——民間組織・団体

1）施　設　長

社会福祉法第66条では「社会福祉施設には，専任の管理者を置かなければならない」と規定されている。資格要件は社会福祉主事任用資格を有する者，社会福祉事業の種別により2年，3年，5年以上従事した者，全国社会福祉協議会（全社協）中央福祉学院が実施する「社会福祉施設長資格認定講習課程」を受講することなどがある。施設の長としての責任を持ち，施設の運営・管理を担う。施設の目標を決め，その達成に向け，サービスの見直しや資金，職員の管理，関係機関・施設などとの連絡や調整を行う。

児童福祉施設の施設長は，都道府県知事，または市町村長から措置，もしくは母子保護の実施，保育の実施などの委託を受けたとき，正当な理由がない限り拒むことはできない。児童養護施設や障害児入所施設，児童心理治療施設，児童自立支援施設の施設長は施設入所児童を就学させる義務がある。

2）児　童　福　祉

①　配置される主な職員

・児童指導員：児童養護施設や障害児入所施設，児童発達支援センターなどで児童の生活指導ならびに職業指導などを行う。支援計画の立案やその実施に関わる関係機関，関係職種との連絡・調整などを行う。

・児童自立支援専門員：児童自立支援施設で児童の自立支援を行う者で，生活指導や学科指導，職業指導を行う。

・家庭支援専門相談員（ファミリーソーシャルワーカー）：入所児童の早期家庭復帰などを図るため，入所前から退所後のアフターケアに至る総合的な家庭の調整を行う。また，退所後の児童に対する継続的な生活相談も行う。乳児院や児童養護施設，児童心理治療施設，児童自立支援施設に配置される。

・里親支援専門相談員：次世代育成支援対策推進法行動計画策定指針にもとづき，2012（平成24）年より児童養護施設や乳児院に設置された。家庭支援専門相談員と同じ資格要件（社会福祉士，施設で5年以上勤務した者など）を満たし，かつ里親養育に理解があり，ソーシャルワークの視点を有する者となっている。施設の直接処遇の勤務ローテーションには入らない。施設の視点か

ら離れ，里親と子どもの視点に立つ。所属施設の児童の里親委託の推進，児童相談所の里親担当職員や里親委託等推進員とともに定期的な家庭訪問を行うほか，施設機能を活かした地域支援を含めた里親の支援を行う。また，児童相談所の会議に出席し，情報と課題を共有する。

・児童発達支援管理責任者：障害児通所支援，または障害児入所支援の提供の管理を行う。要件は児童，または障害者に対する支援の実務経験が一定年数あり，相談支援従業者初任者研修やサービス管理責任者など研修を修了した者とされている。個別支援計画の作成や関係機関との連携を行う。

② 各施設ごとの職員配置

・乳児院：施設長，小児科の経験を有する医師または嘱託医，看護師，保育士，児童指導員，個別対応職員，家庭支援専門相談員，里親支援専門相談員，栄養士，調理員，心理療法担当職員（心理療法が必要な乳幼児，またはその保護者が10人以上の場合）を配置する。看護師や保育士，児童指導員（児童の生活指導を行う者）は２歳未満児1.6人につき１人以上，３歳未満児２人につき１人以上，３歳以上の幼児４人につき１人以上それぞれ配置する。看護師は10人までは２人，10人増すごとに１人それぞれ配置する。

　施設長は小児保健に関して学識経験を有する医師，社会福祉士，乳児院に３年以上勤務した者，講習課程の修了者などで乳児院の運営に関する研修を受けた者で，かつ人格が高潔で識見が高く，施設を適切に運営する能力を有する者とされている。家庭支援専門相談員は，社会福祉士，精神保健福祉士，乳児院で乳幼児の養育に５年以上従事した者などとなっている。

・児童養護施設：施設長，児童指導員，嘱託医，保育士，個別対応職員，家庭支援専門相談員，里親支援専門相談員，栄養士，調理員，心理療法担当職員（心理療法が必要な児童が10人以上の場合）などを配置する。実習設備を設けて職業指導を行う場合，職業指導員を配置する。子どもに直接関わる児童指導員，保育士の職員は２歳児未満児1.6人につき１人以上，３歳未満児２人につき１人以上，３歳以上の幼児４人につき１人以上，それ以上の子ども5.5人につき１人以上それぞれ配置する。看護師は乳児1.6人に１人以上配置する。

　施設長は，精神保健，または小児保健に関し，学識経験を有する医師や社

会福祉士，児童養護施設に3年以上勤務した者などで，かつ児童養護施設の運営に関し，必要な知識を習得させるための研修を受けた者であって，人格が高潔で識見が高く，施設を適切に運営する能力を有する者とされている。家庭支援専門相談員は，社会福祉士，精神保健福祉士，児童養護施設で児童の指導に5年以上従事した者などとなっている。児童指導員は，社会福祉士や精神保健福祉士，社会福祉主事任用資格保持者などとなっている。

・児童心理治療施設：施設長，精神科または小児科で相当の経験ある医師，心理療法担当職員，児童指導員，保育士，看護師，個別対応職員，家庭支援専門相談員，栄養士，調理員などを配置する。心理療法担当職員は児童10人につき1人以上，児童指導員および保育士の総数は児童4.5人につき1人以上それぞれ配置される。

　施設長は，精神保健，または小児保健に関し，学識経験を有する医師や社会福祉士，児童心理治療施設に3年以上勤務した者などで，児童心理治療施設の運営に関する研修を受けた者で，かつ人格が高潔で識見が高く，施設を適切に運営する能力を有する者とされている。家庭支援専門相談員は，社会福祉士，精神保健福祉士，児童心理治療施設で児童の指導に5年以上従事した者などとなっている。

・児童自立支援施設：施設長，児童自立支援専門員，児童生活支援員，嘱託医，精神科の経験を有する医師または嘱託医，個別対応職員，家庭支援専門相談員，栄養士，調理員などを配置する。心理療法の必要がある児童が10人以上の場合，心理療法担当職員を配置する。実習設備を設け，職業指導を行う場合，職業指導員を配置する。児童自立支援専門員，および児童生活支援員の総数は児童4.5人につき1人以上配置する。

　施設長は，精神保健に関し，学識経験を有する医師や社会福祉士となる資格を有する者，児童の自立支援事業に5年以上従事した者などで，児童自立支援施設の運営に関する研修を受けた者となっている。家庭支援専門相談員は社会福祉士や精神保健福祉士，児童自立支援施設において児童の指導に5年以上従事した者などとされている。児童自立支援専門員は精神保健に関して学識経験を有する医師や社会福祉士，養成学校を卒業した者などとなって

いる。児童生活支援員は保育士や社会福祉士，児童自立支援事業に3年以上
従事した者となっている。

・母子生活支援施設：母子支援員（母子生活支援施設で母子の生活支援を行う者），
嘱託医，少年指導員，調理員，心理療法担当職員（心理療法の必要がある母子
が10人以上の場合）を配置する。配偶者からの暴力を受けたことなどにより個
別に特別な支援を行う必要がある母子については，個別対応の職員を置く。
母子支援員は母子20世帯未満に2人以上，母子20世帯以上に3人以上配置す
る。少年指導員は母子20世帯以上に2人以上配置する。
　施設長は精神保健，または小児保健に関して学識経験を有する医師や社会
福祉士，母子生活支援施設に3年以上勤務した者，講習課程の修了者などで，
母子生活支援施設の運営に関する研修を受けた者で，かつ人格が高潔で識見
が高く，施設を適切に運営する能力を有する者となっている。母子支援員は
社会福祉士や精神保健福祉士，保育士などとなっている。

・福祉型障害児入所施設：嘱託医，看護師，児童指導員，保育士，栄養士，調
理員，児童発達支援管理責任者，心理指導担当職員（心理指導の必要がある児
童5人以上の場合），職業指導員（職業指導を行う場合）を配置する。

・医療型障害児入所施設：医師，看護師，栄養士，理学療法士，作業療法士，
児童指導員，保育士，調理員，心理指導担当職員，児童発達支援管理責任者
を配置する。

・福祉型児童発達支援センター：嘱託医，児童指導員，保育士，栄養士，調理員，
児童発達支援管理責任者，機能訓練担当職員を配置する。難聴児を通わせる
場合，言語聴覚士を置く。重症心身障害児を通わせる場合，看護師を置く。

・医療型児童発達支援センター：医師，看護師，栄養士，理学療法士，作業療
法士，児童指導員，保育士，調理員，心理指導担当職員，児童発達支援管理
責任者を配置する。

3）障害者福祉

・施設長（管理者）：社会福祉士や社会福祉主事任用資格を有し，社会福祉事業
に2年以上従事した者，講習会修了者などとなっている。就労継続支援に関
しては，企業を経営した経験を有する者も要件に含む。

- 相談支援専門員：相談支援事業所従事者のうち，一人は相談支援専門員を配置する。一定の実務経験を有し，都道府県知事が行う相談支援従事者初任者研修を受講した者となっている。5年に1回以上，相談支援従事者現任研修を受講する義務がある。基本相談支援や計画相談支援（サービスなど利用計画の相談），地域相談支援（地域移行支援・地域定着支援）の相談を行う。
- 生活支援員：障害者の福祉の増進に熱意があり，障害者の日常生活を適切に支援する能力を有する者となっている。
- 就労支援員：職場実習のあっせん，求職活動の支援および就職後の職場定着のための支援など，障害者に関する就労支援の経験を有した者が行うことが望ましいとされている。
- サービス管理責任者：障害者支援の実務経験が一定年数以上で，相談支援従事者初任者研修の講義，および都道府県知事が行うサービス管理責任者研修を修了した者となっている。療養介護，生活介護，自立訓練，就労移行支援，就労継続支援A型，就労継続支援B型，共同生活援助の事業に配置される。利用者，または障害児の保護者の日常生活全般の状況および希望などを踏まえ，個別支援計画の作成，利用者や家族への内容の説明，個別支援計画の交付，モニタリング，個別支援計画の変更を行う。
- サービス提供責任者：居宅介護や重度訪問介護，同行援護および行動援護，重度障害者等包括支援の訪問系事業で配置される。居宅介護，重度訪問介護では介護福祉士や実務者研修修了者，居宅介護職員初任者研修修了者などが要件である。このうち，行動援護では上記に加え，実務経験5年以上，同行援護では上記に加え，同行援護従事者養成研修の受講が要件となっている。利用者，または障害児の保護者の日常生活全般の状況や希望などを踏まえ，個別支援計画の作成やモニタリング，個別支援計画の変更を行う。また，関係機関との調整や従業者に対する技術指導などのサービス内容の管理も行う。

4）高齢者福祉
- 地域包括支援センター：保健師（または経験のある看護師），社会福祉士，主任介護支援専門員を配置する。担当する主な業務は，保健師は予防給付・介護予防のマネジメント，社会福祉士は総合相談・支援や虐待防止・権利擁護，

主任介護支援専門員（主任ケアマネジャー）は地域ケア支援や包括的・継続的ケアマネジメントとなっているが，これらの3職種が一つのチームとして協働して対応する。

・特別養護老人ホーム（介護老人福祉施設）：施設長，医師，生活相談員，介護職員，看護職員，栄養士，機能訓練指導員，介護支援専門員（ケアマネジャー）を配置する。施設長は社会福祉士や社会福祉主事任用資格を有する者，社会福祉事業に2年以上従事した者などとされている。生活相談員は社会福祉士や社会福祉主事任用資格を有する者などとされ，入所者100人に常勤の者1人以上を配置する。

・生活相談員：生活全般に関わる相談に応じ，必要な助言や指導，各種関係機関との連絡調整，利用者の支援計画の立案などを行う。

5）地域福祉

・企画指導員：全社協に配置される。人格が高潔で思慮が円熟し，社会福祉の増進に理解と熱意を有し，かつ社会的信望がある者で，社会福祉士や社会福祉主事任用資格を有する者などが要件である。そして，全国の民間社会福祉活動の推進方策について総合的な調査，研究，企画立案や広報，指導，その他の活動を行う。

・福祉活動指導員：都道府県，または指定都市の社協に配置される。人格が高潔で思慮が円熟し，社会福祉の増進に理解と熱意を有し，かつ社会的信望がある者で，社会福祉士や社会福祉主事任用資格を有する者などが要件である。都道府県，または指定都市の区域における民間社会福祉活動の推進方策について調査，研究，企画立案や広報，指導，その他の活動を行うほか，市町村社協の指導や育成を行う。

・福祉活動専門員：市町村社協に配置される。人格が高潔で思慮が円熟し，社会福祉の増進に理解と熱意を有し，かつ社会的信望がある者で，社会福祉士や社会福祉主事任用資格を有する者などが要件である。市町村の区域における民間社会福祉活動の推進方策について調査，企画，連絡調整を行うとともに広報，指導，その他の実践活動の推進を行う。

・日常生活自立支援事業専門員：実施主体（都道府県・指定都市社協）には責任

者，事業の企画および運営に携わる職員，専門員，生活支援員を配置する。基幹的社協などには専門員（原則常勤）と生活支援員（非常勤）を配置し，援助を提供する。専門員は基幹的社協などに常駐し，相談の受付や申請者の実態把握，本事業の対象者であることの確認業務，支援計画作成，契約締結業務，生活支援員の指導などを行う。生活支援員は専門員の指示を受け，具体的な援助を提供する。

6）生活保護

・**救護施設**：施設長，医師，生活指導員，介護職員，看護師または准看護師，栄養士，調理員を配置する。

・**更生施設**：施設長，医師，生活指導員，作業指導員，看護師または准看護師，栄養士，調理員を配置する。

・**施設長**：生活保護施設の社会福祉士や社会福祉主事任用資格を有する者，社会福祉事業に2年以上従事した者などとされている。施設の利用者に対し，管理規定に従って必要な指導をすることができる。保護の変更，停止，または廃止を必要とする事由が生じた際，すみやかに保護の実施機関に届け出なければならない。

・**生活指導員**：社会福祉士，社会福祉主事任用資格を有する者などとなっている。

7）司　法

・**更生保護施設**：保護観察に付されている者や更生緊急保護の対象者を保護する。被保護者を宿泊させ，食事の提供，SST（社会生活技能訓練），酒害・薬害教育などを行う。施設長，補導主任（生活指導，相談），補導員，調理員などを配置する。

・**地域生活定着支援センター**：2009（平成21）年より都道府県に設置された。高齢，または障害を有するなど福祉的な支援を必要とする矯正施設退院・退所予定者に対し，退院・退所後に適切な福祉サービスにつなげるなど，退院・退所後の生活の安定や社会復帰に向けた相談支援を行う。職員は6人を基本とし，社会福祉士や精神保健福祉士などの資格を有する者，またはこれらと同等に業務を行うことが可能と認められる者となっている。

要点整理

☐ 各施設の施設長および各機関の管理者の資格要件について

☐ 生活保護施設に配置される専門職について

☐ 児童福祉施設（乳児院，児童養護施設，児童心理治療施設，児童自立支援施設，母子生活支援施設，福祉型障害児入所施設，医療型障害児入所施設，福祉型児童発達支援センター，医療型児童発達支援センター）に配置される専門職について

☐ 児童指導員，児童自立支援専門員，家庭支援専門相談員，里親支援専門相談員，児童発達支援管理責任者の要件について

☐ 障害者施設・機関に配置される専門職（相談支援専門員，生活支援員，就労支援員，サービス管理責任者，サービス提供責任者）の要件について

☐ 高齢者施設・機関（地域包括支援センター，特別養護老人ホーム等）に配置される専門職の要件について

☐ 社会福祉協議会等に配置される専門職（企画指導員，福祉活動指導員，福祉活動専門員，日常生活自立支援事業専門員）の要件について

☐ 司法福祉の施設・機関（更生保護施設，地域生活定着支援センター）に配置される専門職について

実習対策

☐ 実習先の職員がそれぞれどのような国家資格や配置要件を有しているのか，社会福祉士の有資格者がどの程度配置されているかを確認する。施設・機関全体の人員配置について把握し，組織体制や各委員会などについて把握する。夜間の人員体制についても確認する。

☐ 施設・機関内の，社会福祉士の業務内容および求められている役割について把握する。経験年数に応じた業務内容の変化や，求められる知識や技術について把握する。

レポート・卒論対策

☐社会福祉士が各施設で担う役割について，法律上で定められている職名，要件，業務内容を整理する。施設・機関の人員配置基準や運営基準を調べる。

☐卒論の場合「社会福祉士の業務内容に関する施設・機関の比較」，「施設・機関における社会福祉士の配置状況」などが例示として考えられる。

就活対策

☐医療機関と福祉施設を持っている法人や，高齢，障害，児童のうち複数の分野に携わっている法人では，法人内の異動により，さまざまな領域に携わることができる。

☐地域包括支援センターや障害者相談支援事業所に，新卒者が配属されることは稀である。数年の経験を有する場合が多い。

☐医療ソーシャルワーカーや介護老人保健施設の支援相談員は，入職後すぐに当該部署に配属されるが，特別養護老人ホームの生活相談員は，数年の介護職としての経験が求められることが多い。

☐通所サービスや特別養護老人ホームなどの相談員は，介護業務や送迎業務などを兼務することが多い。

☐障害者福祉領域，特に就労支援サービスでは，直接支援と間接支援とが明確に分かれていない。

（4）諸外国と日本の動向

1）諸　外　国

①　アメリカ（アメリカ合衆国）　　アメリカにおける基本的なソーシャルワーク資格には，1955年に設立された全米ソーシャルワーカー協会（NASW：National Association of Social Workers）による認定資格，および各州が設定している公的ソーシャルワーク資格の二つがある。このうち，全米ソーシャルワーカー協会はアメリカで最も古い権威のあるソーシャルワーク資格を認定する組織で，全米ソーシャルワーカー協会が認定するソーシャルワーク資格は高齢者や緩和ケア，医療保健，家族，依存症などの多様な専門分野へと広がりをみせている。全米ソーシャルワーカー協会は会員資格が必要な専門ソーシャルワーク資格（PSWC：professional social work credentials），およびすべての有資格ソーシャルワーカーが取得可能な高度実践専門資格（APSC：advanced practice specialty credentials）を認定している。

　この全米ソーシャルワーカー協会の専門ソーシャルワーク資格にはACSW（academy of certified social workers）とDCSW（diplomate in clinical social work）の2種類があり，ACSWの認定要件は，ソーシャルワーク教育協議会（CSWE：Council on Social Work Education）が認定した大学の社会福祉学修士を取得すること，2年間の実務とスーパービジョンを受けた経験，20時間の継続教育などである。また，DCSWの認定要件はソーシャルワーク教育協議会が認定した大学院修士課程での臨床コース（20時間）の受講，4,500時間，かつ3年間の臨床経験，30時間の専門継続教育などである。

　これに対し，高度実践専門資格は2000年から資格の認定が始まり，高齢者分野（老年学），ホスピスと緩和ケア，ケースマネジメント，依存症など複数の専門分野へと拡大している。現在，高度実践専門資格として認定されている専門分野は9分野で，専門資格によって異なるが，ソーシャルワーク教育協議会が認定した教育機関での社会福祉学修士または社会福祉学士の取得，専門分野での1年間（1,500時間）から2年間（3,000時間）の実務経験とスーパービジョンを受けた経験，20時間の継続教育などが認定要件となっている。

　一方，全米50州およびコロンビア特別区，アメリカ領バージン諸島，グアム，

90 第3章 相談援助の基盤と専門職

表3-2 公的ソーシャルワーク資格の基準

学士（Bachelors）	卒業時に社会福祉学士を取得
修士（Masters）	実務経験のない社会福祉学修士
高度なジェネラリスト（Advanced Generalist）	社会福祉学修士と2年間のスーパービジョンを伴う実務経験
臨床（Clinical）	社会福祉学修士と2年間の臨床ソーシャルワークの実践経験

※学士および修士の学位はソーシャルワーク教育評議会（CSWE）によって認定された養成課程で取得する必要がある。

出典）全米ソーシャルワーカー協会HP, 2017より筆者訳・作成.

北マリアナ諸島には公的ソーシャルワーク資格制度があり，非営利団体であるソーシャルワーク評議会（ASWB：Association of Social Work Boards）が資格試験の実施，資格の申請・登録などを管理している。この公的ソーシャルワーク資格は州によって違いはあるが，資格試験の合格や継続教育などが要件とされており，学士，または修士の学位，実務経験の有無などの基準によって分類されている（表3-2）。

　日本の社会福祉士資格制度と大きく異なる点はアメリカの多くのソーシャルワーク資格は大学院修士課程修了を要件[35]としており，一定の実務やスーパービジョンを受けた経験，毎年，あるいは2年の更新期間，継続教育の受講などが要件となっていることである。

　②　イギリス（グレートブリテンおよび北アイルランド連合王国）　イギリスでは1971年に設置された中央ソーシャルワーク教育訓練協議会（CCETSW：Central Council for Education and Training in Social Work）が認定ソーシャルワーク資格（CQSW：certificate qualification in social work）のコース修了者に資格を付与していた。その後，この認定ソーシャルワーク資格は1987年にケアワーク

---

[35]　たとえば，NASWの専門ソーシャルワーク資格（PSWC）の資格認定には高度実践専門資格（APSC）の高齢者分野（老年学），ホスピスと緩和ケアなどの一部を除き，修士の取得が必要である（全米ソーシャルワーカー協会HP）。

資格であるソーシャルサービス資格（CSS：certificate in social service）と統合し，1994年からディプロマ・イン・ソーシャルワーク（DipSW：diploma in social work）となった。中央ソーシャルワーク教育訓練協議会は2001年に廃止され，総合ソーシャルケア協議会（GSCC：General Social Care Council）へと移管し，2012年から保健・ケア専門職協議会（HCPC：Health and Care Professions Council）がソーシャルワーク資格の管理を引き継いでいる。また，2017年に子ども及びソーシャルワーク法（Children and Social Work Act 2017）が制定され，この法律によってSocial Work Englandと呼ばれる新しいソーシャルワーク資格の管理部門が設置され，ソーシャルワーカーの基準を定めるとともに教育訓練基準も改正される予定である。

　一方，イギリスの職業資格はこれまで資格授与機関が認定を行っていたが，資格認定水準のばらつきや内容の重複などの課題があるため，1986年，全国職業資格（NVQ：national vocational qualifications）が導入された。その後，1997年に教育資格と職業資格・職業関連資格を一つの枠組みに統合した全国資格枠組み（NQF：national qualification framework）が構築され，現在，資格単位枠組み（QCF：qualifications and credit framework）に移行している。

　この，資格単位枠組みはレベル（エントリーレベルからレベル8まで）と単位数（credit value）と呼ばれる単位にもとづいて構成されており，資格単位枠組みのシステムではAward，Certificate，Diplomaの3種類の資格を得ることができる。このうち，Awardは1から12単位（10時間から120時間の学習）が必要で，初めて資格を取得する場合や入門者，職業訓練等に適している。Certificateは13から36単位（130時間から360時間の学習）が必要で，業務の中核となる複数のテーマの学習に適している。最上位の資格であるDiplomaは37単位（370時間以上の学習）が必要で，キャリアにとって必要となる総合的な学習に適している。この資格単位枠組みのシステムは学習者のペースで資格を取得することができるようになっている。

　③　スウェーデン（スウェーデン王国）　スウェーデンのソーシャルワーク資格はソシオノーム（socionom）と呼ばれ，大学で社会福祉専門職教育課程を修了した者に与えられる称号である。福祉国家であるスウェーデンでは教育を

重要な社会政策として位置づけており，国立を基本とする大学の教育内容や教育水準は一定に保たれている。このため，国家試験による資格認定ではなく，大学における専門教育を経てソシオノームの資格を得ることが可能である。また，ソシオノームが所属する労働組合（職能団体）である学術連盟SSR[*36]（Akademikerförbundet SSR）にはソシオノーム認定制度（socionomauktorisation）がある。審査はソシオノーム認定委員会（Nämnden för Socionomauktorisation）によって行われ，申請には社会福祉学の学位（socionomexamen），3年間の実務経験，外部監督者による適性証明書が必要であり，適性評価は申請者を知る同僚2人によって行われる[*37]。

　ソシオノームの職場は国や地方自治体等の公共施設・機関が中心で，社会サービス法（Socialtjänstlagen 2001：453）にもとづく業務を担うコミューン[*38]（kommun）の社会サービス・センター[*39]（social servicecentral）に配置されるケースワーカーが中心となるが，一般病院・保健センターなどの保健・医療，スクールソーシャルワーク，障害福祉，職業ソーシャルワーク，犯罪者更生保護など多様な分野が職域とされている。

　一方，近年では2年以上の実務経験を経て，アルコール・薬物依存を対象としたクリニカル・ソーシャルワークや高齢者・学校・児童家庭ソーシャルワークなどの専門分野における修士号を取得するなど，ソシオノームの専門化も進んでいる。

　厚生労働省「2016年　海外情勢報告」によると，欧州における難民の危機を受け，スウェーデンへの難民申請の増加が課題となっており，難民の社会統合や就労支援の強化など，ソシオノームの職域は拡大していくことが予想される。

　④　オーストラリア（オーストラリア連邦）　オーストラリアのソーシャルワーク資格は法律で規定された国家資格制度ではなく，オーストラリアソーシャルワーカー協会（AASW：Australian Association of Social Workers）によって

＊36　スウェーデンソーシャルワーカー全国連合（Sveriges Socionomers Riksförbund）
＊37　Nämnden för Socionomauktorisation HP, 2017.
＊38　日本の市町村に当たるスウェーデンの基礎自治体。
＊39　日本の福祉事務所に当たるコミューン内の社会サービス担当部署。

4．相談援助における専門職の概念と範囲　　93

定められた，「オーストラリアのソーシャルワーク教育と認定基準」*40を満た
す大学のソーシャルワークコースを修了し，社会福祉学士，または修士を取得
することでソーシャルワーカーの認定資格を得ることになる。このオーストラ
リアソーシャルワーカー協会はソーシャルワーク教育の原則を定めるととも
に，継続専門教育（CPD：continuing professional development），資格を取得した
ソーシャルワーカーの認定などを実施している。認定ソーシャルワーク資格に
は認定ソーシャルワーカー（accredited social worker）と精神保健分野の専門知
識を有する認定精神保健ソーシャルワーカー（accredited mental health social
worker）があり，認定を受けるためには同協会が認定した大学の社会福祉学の
学位（学士または修士），協会の会員資格，倫理規定の順守，毎年の継続専門教
育受講などが必要となる。

　また，オーストラリアソーシャルワーカー協会は上級認定資格として，上級
ソーシャルワーク実践資格認定制度の開発を進めている。オーストラリアにお
いてもソーシャルワーク実践は社会政策や社会的な権利擁護，スクールソーシ
ャルワーク，がん患者など多様な分野へと拡大しており，ソーシャルワーカー
がこれらの課題に対応していく必要性が高まっている。このため，オーストラ
リアソーシャルワーカー協会は各専門分野における高度なソーシャル実践に必
要な技術や知識，能力などを明確化した能力枠組み（capability framework）を
作成し，上級資格認定制度を確立していくことをめざしている。こうした上級
資格認定制度と実践にもとづく高度な職業訓練は知識と技術に一貫性を与える
と同時に，ソーシャルワークの信頼性および専門性の向上に寄与するものとし
て期待されている。

　⑤　韓国（大韓民国）　　韓国は日本と同様，国家資格としてソーシャルワー
ク資格（社会福祉士）が制度化されている。具体的には，1970年に社会福祉事業
法が制定され，大学で社会福祉を専攻する，または実務経験5年以上の者を対
象とした社会福祉事業従事者資格が導入され，1983年の同法改正によって社会

---

*40　AASW：Australian Social Work Education and Accreditation Standards（ASWEAS）
　　2012 V 1.4 Revised January 2015.

福祉士へと名称を変更し，1級から3級までに区分された。その後の基準緩和や資格要件の変更に伴い，養成機関や社会福祉士の増加が社会福祉士の質の低下を招くとの危惧を受け，教育の質や専門性の低下を防ぐため2003年から社会福祉士1級取得のための国家試験が実施され，2009年度から年間8時間以上の継続教育が義務づけられている。

なお，韓国の社会福祉士の国家資格等級は以下のとおりである。

① 社会福祉士1級
　・社会福祉士1級の受験資格を取得し，国家試験に合格した者
② 社会福祉士2級
　・大学または大学院で指定科目を履修して卒業した者
　・指定教育訓練機関で12週以上の社会事業に関する教育訓練を受けた者
　・社会福祉士3級取得後，3年以上の実務経験を有する者
③ 社会福祉士3級
　・学歴または実務経験に応じ，指定教育訓練機関において指定期間以上の社会事業に関する教育訓練を受けた者
　　短期大学：12週間以上
　　高等学校・専門学校・3年以上の実務経験者：24週間以上
　　職務等級8級以上であって，福祉関係法に規定する社会事業の公務員
　　（実務経験3年以上）：4週間以上

2）日　　本

日本のソーシャルワーク資格は1987（昭和62）年，社会福祉士及び介護福祉士法が制定され，社会福祉専門職の国家資格が制度化された。その後，2007（平成19）年に法律が一部改正され，教育内容や資格取得方法などの見直しが行われた。

資格の取得方法は，これまで行政職については5年以上の実務経験があれば国家試験の受験資格を取得することができたが，改正後，4年以上の実務経験と短期養成施設等での6か月以上の養成課程を履修することを義務づけた。また，一定の実務経験を有する社会福祉主事が社会福祉士国家試験の受験資格を得られるよう，社会福祉主事養成機関（原則2年）を修了後，同法第7条第4号

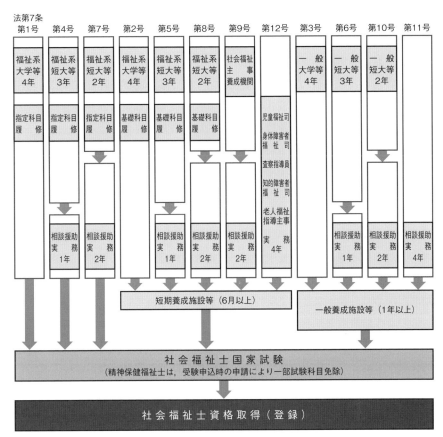

図3-1　社会福祉士国家試験受験資格取得ルート
出典）社会福祉振興・試験センターHP, 2017.

の厚生労働省令で定める施設（指定施設）で相談援助の業務に従事し，社会福祉士短期養成施設など（6か月以上）を修了すれば受験資格を得られるルート（第9号）が新設された（図3-1）。

　社会福祉士養成課程については一般養成施設および短期養成施設は教育カリキュラムに新たな分野を追加し，教育時間数をそれぞれ1,050時間から1,200時間（一般養成施設：修業年限1年以上），600時間から660時間（短期養成施設：修業

年限6月以上）へと拡充された。また，これまで大学や短期大学などによってば
らつきがあった演習や実習の教育内容，時間数，教員要件などについて一般養
成施設，および短期養成施設と同様の基準を定めた。この改正によって資質の
向上の責務が同法第47条の2に規定され，「社会福祉及び介護を取り巻く環境
の変化による業務の内容の変化に適応するため，相談援助又は介護等に関する
知識及び技能の向上に努めなければならない」と規定された。

　また，同法の成立時，「より専門的対応ができる人材を育成するため，専門社
会福祉士及び専門介護福祉士の仕組みについて早急に検討を行う」ことが衆参
両院で附帯決議され，資格取得後の継続教育として認定社会福祉士および認定
上級社会福祉士の2種類からなる認定社会福祉士制度が認定社会福祉士認証・
認定機構によって，2012（平成24）年度から運用されている。認定社会福祉士
取得のためには認定社会福祉士認証・認定機構の認定審査に合格し，認定社会
福祉士登録機関（日本社会福祉士会）に登録する必要がある。また，登録には有
効期間があり，5年ごとに更新の手続きが必要となっている（表3-2）。

　このように北米やヨーロッパ諸国のソーシャルワーク資格は大学院修士課程
の修了が要件とされることが一般的で，独立したソーシャルワークの国家資格
制度だけではなく，歴史や権威ある認定資格や共通の資格制度によって運用さ
れており，医師や弁護士などのようにソーシャルワーカーとして個人開業して
いるものも多く，ソーシャルワーカーの認知度は高い。これに対し，日本や韓
国などのアジア諸国は4年制大学の卒業レベルで国家試験を課している資格制
度で，他領域（介護支援専門員や保健師など）の専門職との区別が曖昧で，かつ
詰め込み教育的な傾向にある。

　現在，日本の医療・福祉人材の育成は大きな変革期を迎えており，厚生労働
省「新たな福祉サービスのシステム等のあり方検討プロジェクトチーム」によ
る「誰もが支え合う地域の構築に向けた福祉サービスの実現─新たな時代に対
応した福祉の提供ビジョン─」（2015）では，総合的な福祉人材を育成するため
には分野横断的な知識・技術を有し，多様な分野で臨機応変な基礎的支援が可
能な専門職の育成が求められている，としている。このため，医療・福祉分野
の資格養成課程の見直しも検討されており，看護師・理学療法士といった医療

4．相談援助における専門職の概念と範囲　97

表3-2　認定社会福祉士・認定上級社会福祉士の具体的な活動場面や役割のイメージ

	認定社会福祉士（○○分野）※	認定上級社会福祉士
活動	・所属組織における相談援助部門で，リーダーシップを発揮 ・高齢者福祉，医療など各分野の専門的な支援方法や制度に精通し，他職種と連携し，複雑な生活課題のある利用者に対しても的確な相談援助を実践	・所属組織とともに地域（地域包括支援センター運営協議会，障害者自立支援協議会，要保護児童対策地域協議会など）で活動 ・関係機関と協働し，地域における権利擁護の仕組みづくりや新たなサービスを開発 ・体系的な理論と臨床経験にもとづき，人材を育成・指導
役割	・複数の課題のあるケースへの対応 ・職場内のリーダーシップ，実習指導 ・地域や外部機関との窓口，緊急対応，苦情対応 ・他職種連携，職場内コーディネートなど	・指導・スーパービジョンの実施 ・苦情解決，リスクマネジメントなど組織のシステムづくり ・地域の機関間連携のシステムづくり，福祉政策形成への関与 ・科学的根拠にもとづく実践の指導，実践の検証や根拠の蓄積
分野	・高齢分野，障害分野，児童・家庭分野，医療分野，地域社会・多文化分野	・自らの実践に加え，複数の分野にまたがる地域の課題について実践・連携・教育

※認定社会福祉士は分野ごとの認定となる。

出典）認定社会福祉士認証・認定機構HP，2017を一部改変.

関係資格と介護福祉士・保育士などの福祉関係資格に共通する基礎課程を設置し，共通基礎課程修了後に各資格に応じた専門課程を配置する2階建ての養成課程とすることが検討されている（p.6，図1-4）。

■参考文献

1 ） 秋山智久編：世界のソーシャルワーカー　養成・資格・実践，筒井書房，2012.
2 ） 労働政策研究・研修機構編：イギリスにおける能力評価指標の活用実態に関する調査，2014.
3 ） National Association of Social Workers（NASW）HP.
4 ） Health and Care Professions Council（HCPC）HP.
5 ） 李基永「韓国の社会福祉士資格制度の現状と今後の改善の方向」，2016ソーシャルワーク，教育及び社会開発に関する合同世界会議　日韓ソーシャルワーク教育シンポジウム　報告 3 資料，2016.

要点整理

□アメリカのソーシャルワークの資格には全米ソーシャルワーカー協会（NASW）による認定資格と公的ソーシャルワーク資格の二つがある。

□全米ソーシャルワーカー協会（NASW）は専門ソーシャルワーク資格（PSWC）と高度実践専門資格（APSC）を認定している。

□イギリスでは全国共通の公的資格制度である資格単位枠組み（QCF）が導入されている。

□イギリスのソーシャルワークの資格は，Social Work Englandによってソーシャルワーカーの基準を定める予定である。

□韓国ではソーシャルワークの国家資格として社会福祉士が制度化されている。

□韓国の社会福祉士は１級から３級まであり，社会福祉士１級を取得するためには国家試験に合格する必要がある。

□日本の認定社会福祉士制度では社会福祉士取得後，一定の要件を満たすことで認定社会福祉士，または認定上級社会福祉士を取得することができる。

□認定社会福祉士を取得するためには認定社会福祉士認証・認定機構の認定審査に合格し，認定社会福祉士登録機関に登録する必要がある。

□日本の医療・福祉分野の資格は複数資格に共通する基礎課程，および資格ごとの専門課程の２階建て養成課程へと再編することが検討されている。

□総合的な福祉人材を確保・育成するため，日本では分野横断的な知識や技術を有し，臨機応変な基礎的支援が可能な人材育成が求められている。

実習対策

□実習先の実習指導者が受講した研修について，その内容や意義などに関する講義を受けたり，インタビューを実施したりする。

□看護師や介護福祉士など実習で関わる医療・福祉専門職に共通する知識や技術を把握し，社会福祉士と比較する。

□介護福祉士，看護師，栄養士などの養成課程における教育内容や実習期間などを社会福祉士と比較し，専門職養成のあり方について考察する。

□実習先の所在地にある都道府県社会福祉士会，日本社会福祉士会，日本医療社
　会福祉協会，日本介護福祉士会，日本看護協会など各専門職の職能団体につい
　て概要を把握する。
□認定社会福祉士制度について調べ，認定社会福祉士と認定上級社会福祉士の違
　い，認定制度の設立の背景や取得方法，研修内容などを理解する。

レポート・卒論対策

□参考文献に記載されている書籍やインターネットの論文検索により，諸外国の
　ソーシャルワーク資格制度や養成課程などについて調べよう。
□卒論では諸外国の資格認定機関や養成校，ソーシャルワーク職能団体のホーム
　ページを参考に日本の社会福祉士制度との国際比較研究が考えられる。

就職対策

□業界研究の一環として，就職先の研修制度やキャリア形成の仕組みを把握する。
□日本社会福祉士会，居住地の都道府県社会福祉士会，日本医療社会福祉協会な
　どの職能団体について理解しておきたい。
□認定社会福祉士・認定上級社会福祉士を取得するためにはソーシャルワーカー
　職能団体（日本社会福祉士会・日本医療社会福祉協会）の正会員であり，かつ
　相談援助業務の実務経験，研修の受講，論文，学会発表などが必要である。

5．専門職の倫理と倫理的ジレンマ　　101

5　専門職の倫理と倫理的ジレンマ

（1）専門職の倫理の概念

1）ソーシャルワークの価値・倫理の変遷

　ソーシャルワークの価値を紐解くには19世紀末まで遡る必要がある。ソーシャルワークが出てきた19世紀末は友愛訪問活動やセツルメント運動，社会改良運動などから貧困問題を解決しようとした。当時の貧困観では貧困は本人の問題とされ，救済の価値ある貧困者と価値のない貧困者に分け，貧困者の救済に値する道徳性や正直さに焦点を当て，それを強化することで貧困から脱しようとした。1920年代にはソーシャルワークは医学モデルの方向に進み，支援を必要とする者を社会の中心的価値に本人が合わせるよう，本人に対して治療的方法が試みられた。その後，社会的平等や人権，差別，抑圧といった新しい価値観がソーシャルワークに導入され，1960年に全米ソーシャルワーカー協会は最初の倫理綱領を採択した。

　1970年代後半から生活モデルが登場し，ソーシャルワークの新しい潮流となる。また，ソーシャルワークの価値や倫理に関し，バートレット（Bertlett, H.M.）がソーシャルワークにおける本質的な要素として，価値，知識，調整活動の三要素を示し，ソーシャルワーク実践のなかに価値が位置づけられた。さらに，ブトゥリム（Butrym, Z.）はソーシャルワークは価値の担う活動であると述べ，ソーシャルワークに不可欠な価値として「人間の尊重」や「人間の社会性に対する信念」，「人間の変化」をあげた。

　「価値」と「倫理」は，私たちが生活していくうえで出会うさまざまな出来事に対して判断し，行動する際の基準として最も根底になるものである。ソーシャルワークにおける価値・倫理を考える場合，この「価値」と「倫理」がソーシャルワークの実践に直接的，間接的に影響を及ぼすことを忘れてはならない。

　今，ソーシャルワークで考えておくべき価値は私たち社会を構築する社会的価値，文化的価値，集団的価値，ソーシャルワーカーや利用者が持つ個人的な価値，ソーシャルワーカーが所属する機関・施設の価値といえよう。とくに，ソーシャルワークは他の分野と比較し，とりわけ，価値と倫理を基礎として成

り立つ分野である。このため，ソーシャルワークの実践現場においては立場の違いによる価値観の相違や実践上の倫理的なジレンマに直面する事態に会い，何を優先すべきかを迷うことは多々ある。

（2）倫理綱領

倫理綱領は，専門職団体に属する人々の施設と専門性の向上を図り，社会に対し，その責任を明示するものである。レビー（Levy, C.S.）は「倫理とは価値が行動化されたものである」と述べている。倫理は行動が伴うものであり，「職業倫理」とは専門職がとるべき行動の原則となる。それをまとめたものが専門職の倫理綱領である。

倫理綱領の存在の意味について，①専門職の評判を保つ安全弁で，標準的な行動が明らかにされる，②専門職が能力および責任ある実践を高める，③消費者が悪質，かつ資質の低い実践家によって搾取されることを防ぐ，といわれている。

倫理綱領はソーシャルワーカーの日々に行動の根拠となるもので，かつソーシャルワーカーとして進むべき道しるべとなる。

巻末に国際ソーシャルワーカー連盟の倫理綱領，社会福祉士の行動規範を掲載する（pp.232-239）。

倫理綱領の項目を単なる知識として知っているだけでは意味がない。この倫理綱領に併せ，社会福祉士の行動規範の内容を実践することで，人間の尊厳を守るなどの倫理が実現することになる。行動化には，相談援助職としての専門的知識と面接技術などのスキル向上が不可欠であることも加えておく。

支援者やソーシャルワーカーは，ただ単に社会資源を提供すればよいわけではない。しかも，ソーシャルワークの基本は自立支援である。この自立支援の場合，気をつけなければならないことは効率化を求めるのではなく，利用者の真の自己決定を尊重し，かつ利用者のできる能力を最大限に引き出す支援である。その際，援助者は自立を尊重しながら，何かあった場合に対応できるよう，見守る姿勢が求められる。これが相手に寄り添う支援となる。

また，支援者には根気強さも必要で，寄り添い続ける力がクライエントを動かす原動力にもなり得る。利用者が自立したから終わりではなく，これからも

続く生活をどうみるか，さらに，専門職だけでなく，支援の輪をどう広げていくのか，そうした状況の見きわめや地域を動かす手腕も支援者には必要な技術である。

　したがって，さまざまな関わりを利用者と持つ支援者は専門職としての技術の習得を高めるだけでなく，支援者自身が持つ意図や態度，価値，倫理，姿勢に支援の判断が大きく左右される可能性が出てくることを十分理解し，ソーシャルワークの倫理綱領を学ぶことで，支援活動の質を上げることを知っておくことが大事である。

（3）倫理的ジレンマ

　ソーシャルワーカーに求められることの一つは，ソーシャルワークの価値を基礎とする人間の行動や性格についての深い理解である。これはクライエントを理解するためだけではない。ソーシャルワーカーも人間で，意識的，あるいは無意識的に動機を持ち，偏見もあり，行動についての客観的，主観的理由がある。もっとも，ソーシャルワーカーとクライエントの関係にソーシャルワーカー自身の先入観や価値観を持ちこむことは，ソーシャルワーカーとクライエントの関係をゆがめることになる。とくにソーシャルワーカー自身が問題を内在させている，また，それが解決していない場合，クライエントの問題解決を援助することが難しくなる。このようなことを防ぐため，自己覚知（self-awareness），自己理解，客観的態度が必要になってくる。自分自身を知ることは最も重要なことであり，また，最も難しいことでもある。自己理解を深めるためにはスーパービジョンや交流分析，エンカウンターなどの方法により，自分の心の動きを知ることも必要になる。

　倫理的ジレンマについて，川島隆彦は次のように分類している。

① 自分の価値観とソーシャルワーク倫理のジレンマ

② 自分の価値観とクライエント（利用者）の価値観のジレンマ

③ 自分の価値観と同僚・他の専門職の価値観のジレンマ

④ 自分の価値観と所属する組織の価値観のジレンマ

⑤ ソーシャルワーク倫理同士のジレンマ

⑥ 社会環境（時間・資源の制限）

104　第3章　相談援助の基盤と専門職

　家族とともに自宅での生活を希望している高齢者に対し，在宅介護サービス
の不足で施設入所を勧めるしかないという場合，人権上の観点や主体性の尊重
という倫理に反することになり，倫理的ジレンマが生じる。また，家族と高齢
者の価値観の相違から生じるジレンマをも考えられる。このほか，クライエン
トの希望を十分に満たすことができない制度や政策とのジレンマ，プライバシ
ーに関する守秘義務がある一方，情報開示を求められる場合などにもジレンマ
となる。
　このような倫理的ジレンマのなか，ソーシャルワーカーはクライエントの生
活を支えるため，支援を続ける。そこにボランティアと専門職との違いがあり，
人間の尊重をベースに，クライエントに向き合い続けることが求められる。
　あるソーシャルワーカーの実践から考えよう。

【事例1】　Aさん（65歳・男性）
　ガン末期により身体機能が落ちてきた一人暮らしのAさん。Aさんは自
分の最後をホスピスではなく，在宅でと望んだ。その時，Aさんが語った
内容は以下である。「自分のペースで好きなように生活できる在宅生活を
望むのは，どうしても介護してもらうことになると介護者（他者）のペー
スになり，どんなにすぐれた介護者であっても他人なので，100％自分にマ
ッチングするわけではありません。どのように時間がかかっても自分のペ
ースでゆっくりやりたいのです。」
　その後，Aさんの身体機能が落ちるなか，どうやったら自宅での一人暮
らしを続けられるか，が支援者間での課題であった。Aさんの思いを実現
するため，支援者たちはさまざまな社会資源やサービス，機器を導入した。
Aさんに関わる支援者たちは在宅生活を支えたいと頑張ったが，気になっ
たのはシーツにたばこの焦げ跡がみられるようになったことであった。た
ばこの危険については，支援者とAさんの間で何度も話し合いが行われ
た。しかし，Aさんがたばこをやめることはなかった。
　ある日，Aさんはたばこの火の不始末が原因で火事（ぼや）を起こし，亡
くなってしまった。たばこについて心配していたことが現実になったので

ある。ソーシャルワーカーはAさんに残された日々が少ないことやAさんとの関係が崩れ，一人暮らしができなくなることをためらい，たばこについて踏み込んだ対策ができなかったことを後悔した。在宅での限界がわかっていたのに何もできなかったという後悔。Aさんの娘は，ソーシャルワーカーに最後までAさんらしく笑顔で生活できたことが大事だったと語った。しかしソーシャルワーカーの心は本当にこれでよかったのかと，今でも揺れている。

　これはAさんが生きていたときにはAさんの自立心，自尊心をみんなで支えた，よいケースとなるが，Aさんの死によって支援者としての倫理的ジレンマが強調されたものである。

　では，倫理的ジレンマにソーシャルワーカーが陥ったとき，何ができるのかを考えたい。このようなケースの場合，だれがどのような考え方をしているのか，それがどのような価値観にもとづき，どのような結果を導き出そうとしているのか，整理する必要がある。このような整理を行うことで，ソーシャルワーカーがこれから取り組もうとする援助の根拠が明確になる。それが倫理的ジレンマの状況から抜け出すきっかけとなる場合もある。

【事例2】　Bさん（82歳・女性）

　Bさんは一人暮らしで，Bさんの一人娘であるCさんは他県に暮らしている。「家族に面倒をかけたくない」がBさんの日ごろからの口癖だった。

　ある日，Bさんは骨折して入院した。治療後，リハビリに励んでいる。医師からは退院時には杖を使えば歩けるまでに回復するだろう，ということだった。それを聞き，Bさんは家族の世話にならなくてすみそうだと胸をなで下ろした。

　退院の見込みが出たころ，Bさんの娘Cさんから病院の医療ソーシャルワーカーに連絡が入った。「母を引き取りたいと思っているが，準備が整うまで老人保健施設に入所するよう，説得してくれないだろうか」ということだった。

Cさんは，Bさんの妹さんから「Bさんを一人で放っておいて何をしているのか」と強く言われたとのことであった。これをきっかけにCさんは夫と子どもと相談し，何とかBさんを引き取りたいと準備を始め，子どもが独立する予定の半年後，部屋を用意できるという段取りまでつけたとのことだった。

病院の医療ソーシャルワーカーは，Bさんの安全のためには家族と同居する方がよいと考えた。そして，それまでは老人保健施設に入るのも悪くないと思い，Bさんに老人保健施設への入所を説得する方法を考えている。しかし，在宅で生活したいと思っているBさんのことを考えると，本当にそれでよいのかという思いもある。

これを整理すると，Bさんは「家族に面倒をかけたくない」，「自宅で自立した生活をしたい」と望んでいる。この考えの根底には自立生活で得られる「Bさんの尊厳」と家族に負担をかけたくない，という「Bさんの自尊心」という価値観がみえる。

Cさんは，叔母からいわれた同居だが，その後，自分の意思で家族を説得し，同居の段取りをつけた。しかし，すぐには難しいので老人保健施設にと施設入所を望んでいる。この考えの根底には子どもが親の面倒をみるのは当然という「親孝行」的な考えや家族を説得した「自負心」と「責任感」がみえる。

病院の医療ソーシャルワーカーは，安全を確保する面からBさんの同居を望んでおり「保護的な責任感」がみえる。「家族介護」が安全という価値観もみえ，Bさんの老人保健施設への入所を説得しようとしているが，迷いもある。

このジレンマを整理することによってみえてきたことは，①Bさんの思いを娘のCさんが理解しているかは不明である，②CさんのBさんに対する気持ちや同居を希望する本当の理由も不明である，③BさんとCさんの考え方，価値観は一致していないのではないかということである。このような状況で，病院のソーシャルワーカーがCさんの立場でBさんに施設入所を説得するのはいかがなものか。Bさんの持つ自立や尊厳，自尊を実現するため，ほかの可能性があるのではないか。このため，病院の医療ソーシャルワーカーに迷いが生じた

と考えることができる。

　そこで，今後の援助の方向性を考えると，医療ソーシャルワーカーがすべきことは，①Bさんの希望する在宅での生活の可能性の確認，②在宅生活で使える社会資源の見直し，③Bさんのストレングスの確認と将来への希望の聞き取りである。

　医療ソーシャルワーカーは本人や家族の意見が割れているとき，それぞれの思いがどのような価値観や生活状況から出てきているのかを本人からしっかり聞き取ること，また，身体状況や生活力の評価は医師やリハビリスタッフから情報を得ることで，客観的根拠を持って考えることが可能になる。客観的な第三者としての視点は，家族関係等の問題を解決するときに役に立つのである。

　このような倫理的ジレンマの解決の指針となるのが「ソーシャルワーカーの倫理綱領」であり，行動規範であり，バイステックの七原則などの基本原則である。

■参考文献
1）川島隆彦：価値と倫理を根底に置いたソーシャルワーク演習，中央法規出版，2002.
2）川島隆彦：支援者が成長するための50の原則，中央法規出版，2006.
3）フレデリック・G. リーマー著，秋山智久監訳：ソーシャルワークの価値と倫理，中央法規出版，2001.
4）Z.T. ブトゥリム著，川田誉音訳：ソーシャルワークとは何か，川島書店，1986.
5）磯野真穂：医療者が語る答えなき世界，筑摩書房，2017.

108　第3章　相談援助の基盤と専門職

要点整理

□クライエントを取り巻く環境にはさまざまな価値が存在する。

□ソーシャルワーカーはクライエントだけでなく，所属組織や行政，同僚，専門性，社会に対する義務を負っている。

□倫理綱領の理解に加え，ソーシャルワーク実践に伴う倫理的ジレンマについて，事例を読みながら理解を深めることが必要である。

□倫理綱領のうち，倫理基準の「Ⅰ．利用者に対する倫理責任」の項目の一つに「利用者の利益の最優先」が規定されている。利用者本位の考え方は社会福祉士の価値や理念として位置づけられる。

□社会福祉士は，相談援助において援助の判断や介入の根拠，援助の効果や費用についての説明を関係者や社会に対して行う必要がある。これらの説明責任をアカウンタビリティという。

□「ソーシャルワークにおける倫理―原理に関する声明」は2004年，オーストラリアのアデレードで開催された国際ソーシャルワーカー連盟と国際ソーシャルワーク学校連盟の総会で承認された。

□「ソーシャルワークにおける倫理―原理に関する声明」では，「1．序文」「2．ソーシャルワークの定義」「3．国際規約」「4．原理」「5．専門職の行動」の5項目で構成されている。

□日本社会福祉士会は1998（平成10）年，国際ソーシャルワーカー連盟に正式加入している。

□社会福祉士の行動規範は，社会福祉士の倫理綱領にもとづき，社会福祉士が社会福祉実践において行うべき行動を示したものである。

実習対策

□実習先のソーシャルワーカーがどのような職業倫理を持って利用者に向き合っているか，観察し，考えよう。

□施設入所されている利用者に対し，施設だからできることや在宅だからできることを考え，本人の望む生活を実現するためにはどのような支援が考えられる

か，考えよう。

☐実習先の施設の利用者を対象として事例研究を行う。援助対象者を決め，なるべく多く関わりながら利用者の考え，ニーズを把握する。家族と関わることができれば話を聞き，利用者の持つニーズとストレングスを考え，家族の役割を考察しよう。そのうえで，援助計画を立て，実施して再アセスメントしてみよう。

レポート・卒論対策

☐新聞記事を検索し，ソーシャルワーカーの支援がわかるようなもの，また，裁判になった課題を把握し，ソーシャルワーカーの職業倫理について考えてみよう。

☐在宅生活をしている認知症高齢者が電車事故を起こした場合の裁判について，調べてみよう。

☐認知症高齢者が起こした事故について調べ，家族の責任をどう考えたらよいのか，ソーシャルワーカーの視点で考えてみよう。

☐児童虐待，障害者虐待，高齢者虐待などの虐待被害者だけでなく，加害者の状況をしっかり調べ，両者への支援をどのように考えるか，考えてみよう。

就活対策

☐ソーシャルワークの倫理綱領や社会福祉の行動規範はソーシャルワーカーとして働く人たちにとっての基盤となる。このため，しっかり読み，利用者に寄り添う支援とは何かについて考えよう。

☐就職先を考える場合，新人教育をどのように行っているかについてもよく調べよう。職場内研修だけなのか，職場外研修は行っているかなどを聞いてみよう。

☐入所施設での就職を考える場合，夜勤の日数について事前に聞いておくと就職後の生活のイメージがつく。

6 総合的，包括的な援助と多職種連携（チームアプローチなど）の意義

（1）ジェネラリストの視点にもとづく総合的，包括的な援助の意義と内容

1）多職種・多機関による包括的支援体制

これからの医療福祉システムの構築に欠かすことができない多職種連携は，疾病を抱えた患者や障害のある人々の複雑，かつ多様な課題とニーズを解決するため，保健医療福祉の各分野の専門職が協働し，より質の高い保健医療福祉サービスを実践することである。

近年の医療の高度化や専門化により，多様な専門職が連携して協働することが必要となってきた。急性期，回復期，維持期といった病期による施設の機能分担が進み，維持期のケアやリハビリテーションは主に介護保険で提供されるようになった。これにより各期の専門的サービスを一貫して提供するには施設間のサービス連携，すなわち，複数の施設が連携して切れ目なく，サービスを提供することが求められるようになった。

多職種連携は医療分野にとどまらず，福祉や介護の分野においても必須なものとなった。介護保険制度の導入により，これまで福祉と医療に分かれていた高齢者サービスを統合し，提供できるようになり，利用者のニーズに応じ，医療分野と福祉分野の専門職が連携し，サービスを提供する必要性が一層高まったといえる。

このように医療福祉環境が大きく変化していくなかで求められるようになったのが，住み慣れた地域で安心して暮らすことのできるよう，医療・介護・福祉サービスが包括的，継続的に提供できる体制を整える地域包括ケアである。「社会保障国民会議」の最終報告書（2008年11月）では，「医療の機能分化を進めるとともに急性期医療を中心に人的・物的資源を集中投入し，できるだけ入院期間を減らして早期の家庭復帰・社会復帰を実現し，同時に在宅医療・在宅介護を大幅に充実させ，地域での包括的なケアシステムを構築することにより利用者・患者のQOL（生活の質）の向上を目指す」とある。今後の医療福祉システムは在宅での医療や福祉サービスの充実によって地域社会に根ざしたもので

あるべきとし，だれでも「住み慣れた地域」で「慣れ親しんだ人々」とともに暮らし続けることを支援するものである。こうした方向性のもとで，関係するさまざまな社会資源と人材が連携し，利用者のニーズに応じ，役割を分担しながら有機的に機能することがこれからの課題である。

保健医療福祉サービスの利用者のニーズには個別性があり，多様性がある。単一の職種が一つの方法で受け止めることは困難であっても，チームであれば，あるいはさまざまな異なった専門性を持つ職種と連携すれば可能となる。利用者の求めを中心にしたサービス体系の構築，利用者の権利性にもとづく「利用者主体」のサービス提供において多職種連携は必須である。

病院や施設のなかにはさまざまな職種がチームをつくり，連携・協働している。チームのメンバーは尊重し合い，理解し合い，情報交換を密にしながら助け合い，自分の役割を遂行している。各施設内や機関内には異なる専門職がおり，そこでの専門職連携を行っているが，さらに，利用者の生活支援の側面からは，異なる機関に所属する職員同士が連携・協働している。

地域には病院や社会福祉施設，保健医療福祉の行政機関や民間の支援団体などがある。また，民生委員や自治会の役員，近隣やボランティアとも連携・協働する。

たとえば，退院支援では病院の専門職に加え，介護サービス事業所のケアマネジャーや主治医（かかりつけ医）である診療所の医師，訪問看護事業所（ステーション）の訪問看護師がメンバーとなってチームをつくり，多職種連携を行う。退院後，自宅での療養生活ではケアマネジャーと主治医（かかりつけ医），訪問看護師，デイサービスなどを提供する介護保険施設の介護福祉士，訪問介護のホームヘルパーなどで在宅支援のチームをつくり，多職種連携を行う。この結果，利用者は病院にいても自宅においても同じように尊重され，一貫した支援が受けられるのである。

この多職種連携においては，個々の専門職の視点よりもむしろチームとしての視点を重視する。多くの専門職が互いの領域の技術を持ち寄ることに終始するのではない。また，利用者のニーズに対する共通の価値観にもとづく理解が共有されていないと，利用者の利便性や権利性について十分な配慮が行われな

い。多様な専門職が互いの専門領域の手法を尊重しつつ連携し，協働することによって自らの専門領域が持つ可能性と限界を明らかにすることができ，相互に補完し合いながら提供することにより，サービスの質が向上する。

2）フォーマル，インフォーマル

保健医療福祉のニーズを持つ人々の支援は疾病の治療や一時的な保護にとどまらず，継続的な生活支援であり，QOLの改善・向上をめざした支援である。多様化・複雑化したニーズを持った人々の支援を実現するには専門分化した多職種が集結し，家族や地域住民とも協働し，当事者と一緒に取り組まなければならない。

専門職は本人の持つ社会関係がどのようなサポートを担っているか，また，どのようなサポートを必要としているかをアセスメントし，見きわめたうえ，フォーマルなサービスやインフォーマルなサービスを組み合わせたソーシャルサポートネットワークを形成していくことが求められる。

フォーマルなサービスとは公的制度，行政機関，病院や社会福祉施設などの専門機関および専門職を指す。これに対し，インフォーマルなサービスとは人や物を含めた患者会などの当事者グループ，断酒会などの自助グループ，自治会や町内会，ボランティアなどを指す。

生活支援とは，本人の取り巻く社会関係を踏まえ，本人の人生観を尊重しながら主体的な生活を送るため，必要な支援をさまざまな人々のネットワークによって行うことである。そのためには本人や家族だけではなく，地域へのアプローチが必要であり，これらは統合的に展開されることが求められる。

このように地域を基盤として個別支援や地域支援の統合に不可欠なものがさまざまな人や資源を結びつけるネットワーキングである。ネットワークには個別レベルと地域レベルがあり，いずれも何をニーズとしてとらえ，どのような支援の方向性を見いだすかにより，ネットワークのメンバーが大きく異なる。

このネットワークのメンバー選定にあたっては，それぞれがどのような役割を果たすのか，明確にしておかなければならないことから，ネットワーキングの前提として，既存のネットワークが果たしている機能のアセスメントが必要である。また，構築したネットワークを維持・調整していくためには情報共有

の仕組みを明確にしておくことが求められる。具体的には，活動の記録様式や情報伝達の流れ，またインフォーマルな人々が含まれている場合，クライエントのプライバシーへの配慮などについてルールを明確にしておく必要がある。

3）社会資源との協働体制

① 地域連携クリティカルパス

2007（平成19）年の第五次医療法改正で，地域の医療計画が新たに定められ，がん，脳卒中，小児救急などの事業別に地域の医療連携体制を構築する仕組みが法制化された。急性期から回復期，維持期を経て在宅に至るまで，患者に切れ目のない医療を提供するために医療施設間の機能分担と業務連携の確保が目標に掲げられた。

地域医療を具体的に実現するためのツールとして，地域連携クリティカルパスがある。1990年代に日本の病院に導入され，診療の標準化や業務改善，チーム医療強化に効果を上げた。従来のクリティカルパスは一つの病院の診療計画表であり，入院から退院までで完結するが，引き続き療養が必要な場合も多い。医療施設内クリティカルパスを拡張する形で整備されつつある地域連携クリティカルパスは，急性期病院から回復期施設を経て，在宅医療へ可能な限り早期に移行する診療計画を作成し，それを経由するすべての医療機関で共有するものである。同時に，一人の患者の診療計画表であり，発症から入院，転院して自宅に戻るまでの経過を追うものである。

発症から急性期治療までは急性期病院で行い，回復期病院に転院して引き続き治療やリハビリテーションを行う。退院後は必要に応じて老人保健施設に入所し，自宅に戻ってからは主治医を持ち，介護保険サービスおよび生活支援サービスを受ける。急性期から生活期に至る切れ目のない治療を継続するためには，発症したときの状況や治療内容，治癒経過，リハビリテーションの経過などの情報を関係者一同が共有しておく必要がある。そこで，地域の医療関係者が協議を重ね，主要な疾病ごとに診療計画表をつくる。施設ごとの治療経過に従い，診療ガイドラインにもとづいて治療内容や達成目標を定め，できる限り早く自宅に戻れるような計画を作成し，治療を担当するすべての医療施設が共有してこのパスを使用する。

② 地域包括ケアシステム

　高齢者が住み慣れた地域で安心して暮らすためには介護・保健・福祉・医療の各領域，さらに地域住民の助け合いなどのインフォーマル・サポートを含めたさまざまな支援をネットワーク化し，高齢者を継続的，かつ包括的にケアする必要がある。

　厚生労働省は2009（平成21）年，「地域包括ケア研究会報告書～今後の検討のための論点整理～」において，2025年には高齢化率が30％を超えると推測し，団塊の世代が後期高齢者に到達することから地域包括ケアシステムの構築をめざすべき，としている。ここでいう地域包括ケアシステムとは，おおむね30分以内に駆けつけられる日常生活圏域で地域の特性や個々人のニーズに応じ，医療・介護・生活支援などのさまざまなサービスが適切に提供できるような地域での体制である。地域包括ケアを提供するための前提として，自助・互助・共助・公助の役割分担を踏まえたうえで，自助を基本としながら互助，共助，公助の順で取り組んでいくこと，互助としての家族や地域の役割を重視すること，コーディネートの主体としての地域包括支援センターの機能を強化することなどが提言されている。

　地域包括支援センターは2005（平成17）年の介護保険法の改正に伴い，創設された公益事業である。介護予防マネジメントや総合相談，権利擁護などを担う中核機関とし，介護や医療，ボランティアによるサービスなど必要な支援が継続的に提供されるよう，調整する役割を担う。虐待防止や早期発見，介護予防活動も行う。設置主体は市町村で，中学校通学区域に１か所の設置が目安となっている。センターには保健師（または経験のある看護師）や社会福祉士，主任介護支援専門員が必置である。

　担当する主な業務は，保健師は予防給付や介護予防のマネジメント，社会福祉士は総合相談・支援や虐待防止・権利擁護，そして主任介護支援専門員は地域ケア支援や包括的・継続的ケアマネジメントとなっているが，これらの３職種が一つのチームとして協働して対応する。

　地域包括支援センターは，市町村が設置した地域包括支援センター運営協議会の意見を踏まえ，適切，公正，かつ中立な運営を確保する。協議会の委員は

介護サービスおよび介護予防サービスに関する事業者および職能団体（医師，歯科医師，看護師，介護支援専門員，機能訓練指導員など），介護保険サービスの利用者，介護保険の被保険者，介護保険以外の地域の社会資源，権利擁護や相談事業などを行う関係者，地域ケアに関する学識経験者など，地域の実情に応じて市町村長が選定する。

　個別の課題を地域の課題として共有し，検討する地域ケア会議は，行政職員や地域包括支援センター職員，介護サービス事業者，医療関係者，民生委員，住民組織などから構成される会議体で，主催，設置・運営するのは地域包括支援センター，または市町村である。このように地域包括支援センターは地域の支援ネットワーク構築の役割も担っている。

　③　今後の課題

　連携，ネットワーキングには多様な知識や技術が必要である。近年，福祉ニーズが多様化，複雑化，高度化しており，分野横断的，かつ包括的，総合的に対応していくことが求められている。また，家族や地域内の支援力が低下しているという状況のなかで，高齢者や障害者，児童，生活困窮者などすべての人が世代やその背景を問わず，共に支え合い，高め合う地域社会にしていくことが求められている。

　現在，各福祉分野において支援の包括化，地域連携，ネットワーキングを推進しているが，厚生労働省は2015（平成27）年9月，「新たな時代に対応した福祉の提供ビジョン」において，地域の状況に照らした共生型の地域社会に向けた全世代・全対象型地域包括支援体制の構築を示した。包括的な相談支援システムでは高齢，障害，児童，生活困窮などの分野を横断し，支援調整から資源開発まで行う。同時に，雇用や農業，教育などとも連携する。総合的な支援の提供においては多世代交流・多機能型の福祉拠点の整備を推進している。併せて，これらの新しい支援体制を支える総合的な人材の育成も行う。

　このような地域包括支援体制を可能とするためには，福祉分野を横断的に対応できるコーディネートの人材の育成が必要となる。それだけに，社会福祉士については複合的な課題を抱える者の支援において，その知識や技能を発揮することが期待されている。

4）ソーシャルサポートネットワーク

① チームアプローチ

今日，クライエントが抱える生活問題やクライエントのニーズに対して，各分野の専門職が別々に関わるのではなく，異なる機関や分野で働く社会福祉士同士，あるいは他の職種や関係者との連携・協働によるチームアプローチが求められている。

このようなクライエントの状況やニーズに応じた援助を可能にする協力体制を各関係者に働きかけ，援助目標を共有しながら，各自の役割や責任を明確にしたうえで相互の信頼関係を前提に連携・協働し，援助活動を進めていくことはソーシャルワーカーの重要な機能である。

クライエントのニーズに応えるべく，生活問題の解決・改善，QOLの実現をめざし，必要なときに適切にすみやかに社会資源を利用者に提供できるよう，チームケアにより効果・効率的に専門職間の連携や連絡・調整・サービスの統合を図る。保健医療福祉の専門職間の連携だけでなく，近隣やボランティアなどのインフォーマルサポートなども含める。さらに，既存の社会資源間だけでなく，クライエントの利益に必要な支援を新たに開発し，ソーシャルサポートネットワークの構築を図ることが必要である。

複雑で多様な社会生活上の問題を抱える人々の支援のためには，職員間の連携，あるいは異なる専門職間での連携は不可欠である。医師や看護師などの医療・保健分野の専門職との連携に加え，児童虐待への対応やクライエントの権利擁護の活動などにおける警察や弁護士，司法書士，行政書士などの司法関係職種との連携，スクールソーシャルワークにおける学校教員などとの連携・協働，さらには，地域における安定した生活支援のためには専門職同士だけでなく，近隣住民や民生委員，ボランティアなどとの連携も必要である。

② 地域における支援とネットワーク

ネットワーキングは，各種の関係機関とのつながりをつくることととらえられる。サービス提供機関の連携や協力，当事者や住民の組織化がある。さまざまな機関や人を結びつけることで一人の利用者の生活を支えたり，特定の利用者集団の支援を行っていくことは，ソーシャルワーカーの重要な支援方法であ

る。また，クライエントの状況やニーズに応じた援助を可能にする協力体制を各関係者に働きかけ，援助目標を共有しながら各自の役割や責任を明確にしたうえで，相互の信頼関係を前提に連携・協働して，援助活動を進めていくこともソーシャルワーカーの重要な機能である。

　個人や家族の安定した生活を地域で支えるためには地域に存在する施設や機関，また，医療，保健，福祉など各種のサービスやその従事者，地域住民による組織やボランティア団体などが相互に連携してネットワークを形成し，有効に機能することが求められる。地域における人々の生活支援に取り組むソーシャルワーカーは，クライエントへの効果的な援助という目標に向かって協働するネットワークの構築と，その有効な運用を促すネットワーカーとしての働きが期待される。機関や施設においては，提供するサービスや援助内容の改善，およびその質の向上のため，また，地域住民が安心して暮らせる地域づくりをめざして遂行される機能である。それだけに，ソーシャルワーカーには地域全体の社会資源に精通していることなどが求められる。

　このほか，地域を基盤とした個別支援や地域支援の統合のため，さまざまな人や資源を結びつけるネットワーキングの技術がソーシャルワーカーには求められている。保健医療福祉の専門職や専門機関のネットワークだけでなく，近隣やボランティアなどのインフォーマルサポートなどを含めた，地域ぐるみのソーシャルサポートネットワークの構築を図ることも求められる。さまざまなサービスについて，利用者の視点での改善や地域における新たな社会資源の開発を促したり，住民の組織化など地域全体の福祉の推進のための機能も求められる。同時に，地域における社会資源の開発などを目的に，特定の集団の訴えを代弁し，その権利を擁護していく役割も持ち，クラスアドボカシー，コースアドボカシーなどといわれている機能も重要である。

　このようにソーシャルワーカーは，クライエントの立場からの要求を代弁し，要求を社会資源の開発や制度の改善へと反映させていくことが求められるのである。

　さらに，地域の偏見や差別意識のために社会的に抑圧された状態にある人々がいる場合，ソーシャルワーカーには住民への啓発活動や制度的な取り組みを

促す働きが求められる。だれもが地域社会の一員としての権利と機会が保障される社会への変革を促していく機能である。また，地域における福祉問題が発生していたり，住民のニーズが満たされていなかったりする場合，住民が主体となってそれらの問題の解決に取り組むことが重要になる。いずれにせよ，すべての住民が地域で孤立することなく情報交換などを通し，相互に支え合える人々とのつながりを持つことが求められる。

　③　ミクロから，メゾ，マクロへの展開

　ネットワークには個別レベルと地域レベルがあり，ニーズや支援の方向性によってそのメンバーは異なる。メンバーの役割を明確にしておくためには，それぞれが果たしている機能のアセスメントが必要である。また，構築したネットワークを維持・調整していくためには，情報共有の仕組みを明確にしておくことが求められる。具体的には，活動の記録様式や情報伝達の流れ，また，インフォーマルな人々が含まれている場合，クライエントのプライバシーの配慮などについてルールを明確にしておく必要がある。

　サービス担当者会議や個別支援会議などの個別の事例を検討する場合，多様な関係機関などが集まり，課題の解決に向けた支援の内容やそれぞれの機関などの役割，今後の支援の方向性を確認する。援助の目標，方法など共通の基盤に立つことが重要となる。ニーズの変化や新たなニーズに伴い，随時，開催するための連絡・調整が必要となる。個別のチーム内の合意形成や役割の調整を確保していくことである。社会福祉士にはこのようなチームアプローチを可能とする調整の能力が求められているのである。

　また，個人のニーズと地域の社会資源をつなぐにあたり，社会資源の改善などを働きかけたり，ニーズに応じた社会資源が不足している場合，社会資源の開発を提言していくことが重要となる。社会資源の開発のためには個人のニーズが地域のニーズとして受け止められることが必要となり，これは地域のネットワークにつながる活動となる。その際，地域ケア会議や地域自立支援協議会など地域レベルの会議を活用していくことも必要となる。これらは何らかの困難を持つ人々の地域生活支援における共通の目的，情報を共有し，具体的に協働する中核をなすものである。

個別の支援会議などで見いだされるニーズを同じような状況にある多くの利用者のニーズとして共有化する必要性を感じ，このニーズを集約し，地域の住民レベルまで広く共有していくことが求められる。つまり，個別のニーズ（ミクロレベル）から同様のニーズの集約（メゾレベル）へ，さらに地域のニーズ（マクロレベル）への展開である。このため，地域のニーズに対し，関係機関が協働して解決に向けて取り組むネットワーク構築の場として，地域ケア会議や地域自立支援協議会などが有効に活用されることが求められる。

個別の支援会議で個々のニーズに対する支援体制を構築するプロセスにおいて役割分担と協働関係が蓄積され，ネットワークの構築につながり，地域支援体制の充実につながる。個別の支援会議を地域レベルの会議のベースとなるものとしてとらえることが重要である。

（2）ジェネラリストの視点にもとづく多職種連携の意義と内容

1）職種間・機関間の相互関係

多職種連携とは，保健医療福祉の現場で複数の領域の専門職が利用者が抱える問題を解決するため，共通の目標を設定し，専門性を発揮しつつ協働することを意味する。健康の増進や疾病の予防，病気の診断と治癒，障害の回復，活動の向上，社会参加，高齢者の介護，児童養護，地域ケアなどに関する多様なチームアプローチにおいてめざすことはQOLの向上である。多様化，複雑化，高度化したニーズを持つ人々の支援を実現するには専門分化した多職種が集結し，家族や地域住民とも協働し，利用者とともにその支援実施に取り組まなければならない。

主な形態は，機関内の多職種連携および地域における機関間の連携である。機関内の多職種連携としては診断チームや治療チーム，リハビリテーションチーム，介護福祉チームなどがある。機関間のサービスの連携は複数の機関の専門職がチームとなり，医療や福祉のサービスを包括的，継続的に提供するものである。また，地域においては当事者グループやボランティア，地域住民なども含め，利用者を中心に住みやすいコミュニティをつくり上げるための連携も必要となる。

利用者の多様なニーズに対し，複数の専門領域の支援者が別々に支援活動を

展開するよりも情報や支援計画，方針，目標などを共有しながらチームとしての支援活動を展開することがよりよい援助につながる。

　専門職の連携によるチームアプローチは利用者を中心に複数の専門職の相互作用を基盤とする協働により，利用者の生活を支援する活動である。個々の専門職の視点だけでなく，チームとしての視点を重視し，生活の質（QOL）の改善・向上をめざした支援という共通の価値観が共有される。

　チームとは共通の目標を達成するため，一緒に仕事をする人たちのグループである。多職種チームには相互作用性と役割開放性の大小にもとづく三つのモデルがある。役割開放性とは，ある専門職固有のサービスを意図的，かつ計画的に他の専門職が行うことを指す。以下に多職種チームの三つのモデルを示す。

　「マルチディシプリナリー・モデル」ではアセスメントやプランニング，サービスの提供が別々に行われ，チームとしての協働・連携が十分に行われていない。相互作用性も役割開放性も小さい。各職種の専門性が強く要求されるような急性期の治療場面でみられる。

　「インターディシプリナリー・モデル」では他職種とのコミュニケーションに重点が置かれ，アセスメントやプランニング，サービス提供などに多職種による協働・連携が密に行われていることが特徴である。相互作用性が大きく，役割開放性は小さい。具体的な社会復帰の目標をめざす職種間の密なコミュニケーションにもとづき，連携が求められる回復期リハビリテーションでみられる。

　「トランスディシプリナリー・モデル」では多職種による協働・連携の相互作用性と役割開放性がともに大きい。地域生活支援や地域包括ケアでみられる。

　利用者のニーズに応じて必要なチームが形成され，その時々に求められる保健，医療や福祉のサービスを提供する。このため，ニーズの変化に応じ，チームの構成や役割もまた変化し対応する必要がある。

２）利用者・家族の参画

　専門職がすべての問題を本人や家族に代わって解決するのではなく，本人が自ら解決できるよう，支援することが重要である。

　自立した生活とは，必要な支援を受けながらも本人の意思決定が尊重されていることが重要である。自立生活支援には本人の意思表示や自己決定，自己選

択というプロセスが不可欠である。しかし，障害などにより自らの意思を十分に表現できなかったり，周りに対する遠慮から本心とは異なった選択がされたりする場合もある。このような人々への支援にあたっては真に望んでいることは何かを引き出し，そのニーズを支援に生かすため，本人とともに選択し，ともに決定する視点が求められる。利用者の真のニーズを把握し，そのニーズにもとづいた支援となるため，ソーシャルワーカーは意思決定への支援を行い，この視点をチーム内で共有することが必要である。

3）職種間・機関間の意思形成など

多くの職種の専門職が専門領域を確立するなかで，それぞれの専門性の視点からのアプローチを主張，強調する傾向を克服し，利用者のニーズに寄り添いながら多様な専門職が効果的に連携し，協働する必要がある。多様な専門職が互いの専門領域の手法を尊重しつつ連携し，協働することにより，自らの専門領域が持つ可能性と限界を明らかにすることができ，さらに，相互に補完し合いながら提供できるサービスが向上し，その質を高めることが可能となる。専門職が互いを尊重し，理解したうえで，次のことに留意しながらチームとしての意思形成を行うことが求められる。

①　パートナーシップ　　協働するチームメンバーは，互いに相手を支援する相互支援，他職種との（コミュニケーション能力の一部）関係者と信頼関係を築き，対等な関係を維持する姿勢や態度が必要である。すなわち，相手を尊重したり，協働を促進したりする態度，自分の役割を果たし，協働の相手に貢献する，自分の権限を相手に委譲するなどである。メンバー一人ひとりの持つ力以上のチーム力が形成される。

②　情報共有　　正確な最新情報を常に多職種で共有することが患者や利用者に最善の保健医療福祉を提供することにつながる。社会資源に関する情報の収集は相談者の問題解決のために行うが，同時に多職種のスタッフに対する情報提供も重要である。また，必要なときにタイミングよく活用できるよう，収集した情報の管理も重要である。他職種からの情報収集はそのケースの必要に応じ，実施する。その際，各職種の専門性を理解しておくことが効果的な情報収集へとつながる。他職種から情報提供の依頼を受けた場合，依頼された目的

についても正確に理解しておく。いつ，どこで，だれがどのような援助を行うか，という日常的な情報やチームメンバーの状況など，協働するためにどのような情報が必要なのかを判断し，伝達し合うことが必要である。自分の専門領域では当たり前に使う専門用語が他の分野では使われなかったり，同じ用語でも意味合いが異なることもある。

　③　ディスカッションによる合意形成　　ディスカッションをするなかで互いの考え，価値観の違いや共通性に気づき，他の専門領域への理解が深まる。そして，他の専門領域に対比させながら自分の専門領域の役割が明確になる。また，チーム内での自分やメンバーの役割にも気づくことになる。発散と収束を何度も繰り返しながらメンバー全員が納得できるまで話し合い，合意形成に至ることが大切である。

　ディスカッションはコンフリクト（対立，葛藤，衝突）が生じやすい場面である。回避しようとして意見がまとまらないのにもかかわらず，表面的な合意をしようとすると問題が潜在化してしまう。解消しないまま話し合いを進めると納得した結論に導くことが困難になり，チームが分裂する危険もある。コンフリクトは内容の対立が原因のようにみえるが，実際には専門分野の文化や価値観が対立している場合がある。互いの違いを理解し合う共感的理解により価値観を変えるのでなく，受け入れる。コンフリクトを解消しようと協力する過程があることにより，互いの専門性を理解する。

　④　グループダイナミクスの理解　　グループにおいては構成メンバーの相互交流により段階的に同士としての一体感が生まれたり，役割分担が定められたり，衝突が起こったりすることがある。グループ自体が生き物のように変化していくことがメンバーの思考や行動に大きな影響を与え，グループ活動は促進的にも抑制的にも均衡的にもなりうる。このようなグループにおける人間関係の相互作用であるグループダイナミクス（集団力学）に対する理解も必要となる。段階的に場を同じくする者同士としての一体感が生まれたり，中心的に活動する人と従属的な立場の人などの役割分担が定められたり，分裂やサブグループの発生がみられたりすることがある。グループ全体が生き物のように変化していくことがメンバーの思考や行動に大きな影響を与え，グループ活動は促

進的にも抑制的にも均衡的にもなり得る。このようなグループの特性やグループと個人の関連性などを実践的に明らかにしたグループダイナミクスの理論は集団構造の理解，複数での意思決定の法則性を踏まえたアプローチ，組織や人材の開発，諸活動の業績向上などに活用されている。

4）他職種の理解

多職種連携の基盤となるものに生命の尊厳と人間の尊厳，QOLの向上，インフォームド・コンセント，インフォームド・チョイス，自己決定，自立支援，全人間的理解などがある。利用者のニーズに寄り添いながら多様な専門職が効果的に連携し，協働することは各専門職倫理に含まれていることを理解する必要がある。

① 医　師　　医の倫理綱領（日本医師会，2000年）では「4．医師は互いに尊敬し，医療関係者と協力して医療に尽くす」と示している。医師の職業倫理指針（日本医師会，2016年第3版）では「7．医師とその他の医療関係者　(1)他の医療関係職との連携：医療の専門化・多様化に伴い医療に関連する学問領域も発展し，薬剤師や看護師をはじめさまざまな医療関係職種が生まれ，専門的知識・技術を発揮しながら医療チームを形成し，現代の医療を支えている。また，地域包括ケアシステムの構築が喫緊の課題となっており，介護を要する高齢者，病気や障害を抱えて施設や在宅で生活する人々への対応，さらには地域住民の健康の維持・増進を図るために，医療職と福祉職，介護職との連携も不可欠になっている。このように多職種の人々と協働して良質な医療を進めるに当たって，まず医師はこれらの職種の業務内容と法的責任を正しく理解し，これらの人々の立場と意見を尊重しながら出される意見を真摯に受け止め相互協力を進めるべきである。チーム医療において，医師はチームメンバーとの意見交換を踏まえ，自らの専門的知識や価値観ならびに法律に照らし，医療提供にかかわる意思決定についてリーダーシップと責任をもつ必要がある。また，患者情報の保全を図り，無資格者が医療行為に及ぶことがないよう注意を払うことが必要である」と示している。

②管理栄養士　　管理栄養士・栄養士倫理綱領（日本栄養士会，2014年改訂）では「2．管理栄養士・栄養士は，人びとの人権・人格を尊重し，良心と愛情

をもって接するとともに,「栄養の指導」についてよく説明し,信頼を得るように努める。また,互いに尊敬し,同僚及び他の関係者とともに協働してすべての人びとのニーズに応える」と示している。

③　薬剤師　薬剤師倫理規定（日本薬剤師会,1997年改訂）では「第5条　最善尽力義務:薬剤師は,医療の担い手として,常に同僚及び他の医療関係者と協力し,医療及び保健,福祉の向上に努め,患者の利益のため職能の最善を尽くす」「第7条　地域医療への貢献:薬剤師は,地域医療向上のための施策について,常に率先してその推進に努める」「第8条　職能間の協調:薬剤師は,広範にわたる薬剤師職能間の相互協調に努めるとともに,他の関係職能をもつ人々と協力して社会に貢献する」と示している。

④　看護師　看護者の倫理綱領（日本看護協会,2003年）では「9.看護者は,他の看護者及び保健医療福祉関係者とともに協働して看護を提供する。看護者は,看護及び医療の受け手である人々に対して最善を尽くすことを共通の価値として協働する。看護者は,この共通の価値のもと,他の看護者及び保健医療福祉関係者と協力関係を維持し,相互の創意,工夫,努力によって,より質の高い看護及び医療を提供するように努める。また,看護者は,協働する他の看護者及び保健医療福祉関係者との間に,自立した専門職として対等な関係を構築するよう努める。すなわち,お互いの専門性を理解し合い,各々の能力を最大限に発揮しながら,より質の高い看護及び医療の提供をめざす」と示している。

⑤　理学療法士　日本理学療法士協会倫理規程（2012年改正）では「遵守事項3.理学療法士は,他の関連職種と誠実に協力してその責任を果たし,チーム全員に対する信頼を維持する」と示している。理学療法士の職業倫理ガイドライン（同協会,2012年改正）では「5.インフォームド・コンセント（説明と同意）　2)説明においては,医師およびチームメンバー（スタッフ）と協調して連携のうえ,診療や指導の方針と説明の範囲を確認しておかなければならない」「6.処方箋受付義務　5)保健・福祉の分野にあっては,医師を含むチームメンバー（スタッフ）と連携を保ち協調をもって協力して対象者への相談と指導にあたる」「16.良好なチームワーク　1)理学療法士相互間,および診療や相談指導

に係わるすべての専門職種との連携を保つ。　2)チームにあっては，個々のメンバーが互いに尊敬しあい，相互の協力を図る。　3)チームで知り得た情報をすみやかに共有して，治療の継続を目指す」と示している。

　⑥　作業療法士　　日本作業療法士協会倫理綱領（1986年）では「6. 作業療法士は，他の職種の人々を尊敬し，協力しあう」と示している。作業療法士の職業倫理指針（同協会，2005年）では「第5項　専門職上の責任　2. 専門職上の責任：専門職としての知識や技術の習得・研鑽に励み，他職種との緊密な連携を保ち円滑で効果的な作業療法サービスを対象者に提供する。併せて自己能力の範囲内で責任をもって業務を行うこととする」「第10項　職能間の協調1. 他職種への尊敬・協力：作業療法士の職域は拡大しており，保健・医療・福祉および教育の分野にまで広がっている。対象者のニーズも多様化しており，このニーズに応えるためにも，多職種が参加するリハビリテーションサービスでは，職能間の情報の共有を基にしたチームの協力が重要である。作業療法士は，他の専門職が担っている役割の重要性を認識し，他職種を尊敬し，協力する姿勢をもたなければならない。　2. 他専門職の権利・技術の尊重と連携：それぞれの専門職には，付与された権利・権限があり，また，その職種にしかできない技術を有している。作業療法士は，治療・援助・支援の過程における独善的な判断・行動を戒め，適切な委託・協力を他職種に求めるべきである。他職種の権利・権限，技術を尊重し，連携することが重要な職業規範である。

　3. 関連職との綿密な連携：作業療法士は，医学的な側面のみでなく，対象者を取り巻く環境やその中で暮らしている人の生活を支援する職種である。そのため，関連する職種・関係者との幅広い連携が欠かせない。医師，歯科医師，看護師，保健師，理学療法士，言語聴覚士，義肢装具士，介護福祉士，社会福祉士，ホームヘルパー等々のほか，行政職との連携も重要である。これらの人々と広範なネットワークを築くことで，リハビリテーションサービスをより実効性のあるものにすることができる。また，職能間の交流を通して相互に信頼関係を築くことが重要である」と示している。

　⑦　言語聴覚士　　言語聴覚士法において，「（連携等）第43条　言語聴覚士は，その業務を行うに当たっては，医師，歯科医師その他の医療関係者との緊

密な連携を図り，適正な医療の確保に努めなければならない。　2　言語聴覚士は，その業務を行うに当たって，音声機能，言語機能又は聴覚に障害のある者に主治の医師又は歯科医師があるときは，その指導を受けなければならない。

3　言語聴覚士は，その業務を行うに当たっては，音声機能，言語機能又は聴覚に障害のある者の福祉に関する業務を行う者その他の関係者との連携を保たなければならない」と規定している。

日本言語聴覚士協会倫理綱領（2012年）では「3．同職種間・関連職種間の関係性に関する倫理　⑤言語聴覚士は，互いに尊敬の念を抱き，関連職種関係者と協力し，自らの責務を果たすとともに，後進の育成に尽くす」と示している。

⑧　視能訓練士　　視能訓練士法で「（他の医療関係者との連携）第18条の2　視能訓練士は，その業務を行うに当たっては，医師その他の医療関係者との緊密な連携を図り，適正な医療の確保に努めなければならない」と規定している。倫理規程（日本視能訓練士協会，2002年）では「4．視能訓練士は，他の関連職種と協力してチーム医療の一員として貢献する」と示している。倫理綱領（同協会，2002年）では「1．視能訓練士は，チーム医療（コメディカル）の一員として，広く人びとの心身の健康に寄与します」「4．視能訓練士は，種々の視覚障害を持つ人びとに共感的態度をもち，さらに関連分野とのコミュニケーションをはかります」と示している。

⑨　臨床検査技師　　日本臨床衛生検査技師会倫理綱領（1991年）では「会員は，医療人として，医療従事者相互の調和に努め，社会福祉に貢献する」と示している。

⑩　診療放射線技師　　診療放射線技師法で「（他の医療関係者との連携）第27条　診療放射線技師は，その業務を行うに当たつては，医師その他の医療関係者との緊密な連携を図り，適正な医療の確保に努めなければならない」と規定している。綱領（日本放射線技師会（現・日本診療放射線技師会），1997年）では「わたくしたちは，チーム医療の一員として行動します」と示している。

⑪　歯科衛生士　　IFDH（国際歯科衛生士連盟）倫理綱領（2004年）では「序文：歯科衛生士は，他のヘルスケアの専門家と協力し，誠実に尊敬の念をもって業務を遂行する」「3　歯科衛生士と共働者：歯科衛生士は，口腔衛生にかか

わる同僚および他の関係職能を尊敬し，相互協調に努める。歯科衛生士は，患者のケアにおいて，協力して働くヘルスケアの専門家の技術と知識を認め合う。歯科衛生士は，患者の健康に矛盾する，不適切なケアが他の口腔ケアの専門家によってなされているときは，患者の権利を守る」と示している。

要点整理

- [ ] 地域において包括的に医療福祉の支援を提供するシステムが求められており，多職種多機関連携の理解および技術の習得が，各専門職において必要とされている。
- [ ] フォーマル，インフォーマルな社会資源によるソーシャルサポートネットワークを構築し，多様で複合的なニーズに対応する。
- [ ] 地域連携クリティカルパスおよび地域包括ケアシステムにおける協働体制を確認する。
- [ ] 多職種チームには，相互作用性と役割開放性の大小に基づく三つのモデルがある。
- [ ] 本人の意思決定支援を行い，支援のプロセスにおける本人・家族の参画を促進する。
- [ ] 職種間，機関間の意思形成に必要な，パートナーシップ，情報共有，合意形成，グループダイナミクスについて理解する。
- [ ] 各専門職の倫理規定に示された理念（人間の尊厳，QOLの向上，自己決定，説明責任など）を共有する。

実習対策

- [ ] 実習先で開催されるサービス担当者会議，入所判定会議，ケースカンファレンスなどへの同席，また，機会があれば地域ケア会議，運営推進会議といった広範囲での連携場面へ同席する。各会議の目的と意義を整理し，出席者の属性や所属機関およびそれぞれの役割を把握する。
- [ ] 各職種によるレクチャーを受けたり，リハビリテーション場面の見学を行うことによって，他職種の役割や専門知識・技術を把握する。施設・機関における各職種の役割は，領域ごとに異なり，同一施設種別でも各施設ごとに若干異なるため，事後学習において他の実習施設と情報共有を行う。
- [ ] 総合的な支援計画と，各職種のプランニングとの関連性を把握する。たとえばサービス等支援計画と個別支援計画との関連性，さらに個別支援計画とリハビ

リテーション計画等との関連性などを把握する。

☐医療機関や介護老人保健施設からの在宅復帰の際には，退院・退所に向けて段
階に応じた支援目標と支援方針を多職種で協議の上で設定することを学ぶ。情
報共有と検討を繰り返している様子や，本人・家族との共有の様子を観察する。

☐地域移行支援では，長期入院からの退院支援，長期入所からの退所支援におい
て，地域の医療機関や福祉サービスとの連携により，地域移行をスムーズにす
ることを学ぶ。地域定着支援では，地域における医療福祉の専門機関および住
民を含めたインフォーマルな機関との多機関連携を学ぶ。

レポート・卒論対策

☐医療機関内，施設内での多職種連携の他に，地域医療，地域包括ケア，地域自
立支援の中の多機関連携・多職種連携についてまとめる。さまざまな場面で連
携が必要な関係機関，関係職種を整理する。

☐卒論の場合，「地域包括ケアにおける多機関連携」「退院支援における多職種連
携」「多機関連携による地域自立支援ネットワークの構築」「専門職養成教育課
程における職種間連携教育の意義」などが例示として考えられる。

就活対策

☐多職種多機関連携は，医療福祉の仕事において必須である。あらゆる施設・機
関で，チームアプローチを行う適性が求められる。

☐論文のテーマや，面接での質問項目として，「多職種によるチームケアの意義」，
「多機関連携についての具体的なイメージ」などを想定し，準備しておく。

（3）専門職資格の定義・役割，制度の背景と現状，今後の見通し

1）社会福祉士

① 定義・役割　社会福祉士とは，「専門的知識及び技術をもって，身体上若しくは精神上の障害があること又は環境上の理由により日常生活を営むのに支障がある者の福祉に関する相談に応じ，助言，指導，福祉サービスを提供する者又は医師その他の保健医療サービスを提供する者その他の関係者との連絡及び調整その他の援助を行うことを業とする者」（社会福祉士及び介護福祉士法第2条第1項）で，名称独占の資格である。社会福祉士の役割は利用者の立場に立ち，専門的な知識や技術をもって福祉に関する相談に応じ，保健・医療・福祉など関係機関と連携し，本人や家族を総合的・包括的に支援をすることである。

② 制度の背景と現状　社会福祉士は，急速に進行する高齢化と多様化，複雑化，高度化している福祉ニーズに対し，適切なサービスを提供する供給体制の多様化とともに，社会福祉事業に従事する専門職の確保や資質の向上が求められ，1987（昭和62）年，介護福祉士とともに資格制度が法制化された。社会福祉基礎構造改革以降，社会福祉士の業務や義務規定などが見直され，福祉サービスの契約制度における権利擁護などの利用者支援，地域包括支援センターなどにおける地域を基盤とした相談援助，地域福祉計画の策定などの行政ニーズへの対応など活躍の場が広がってきている。

　具体的には，高齢者や障害者，児童，貧困者，多様で複合的な課題を抱える本人や世帯，地域社会から孤立状態にあるケースなどの課題の解決に向け，個別支援に加え，地域を基盤とした総合的・包括的支援が求められるようになった。このため，他の専門職や関連機関・団体と連携・協働，コーディネートが期待されている。

　このような背景から社会福祉士のキャリアアップを支援する仕組みとして，実践力を認定する認定社会福祉士制度が2012（平成24）年度に創設され，認定社会福祉士と認定上級社会福祉士が設定された。

③ 今後の見通し　地域共生社会の実現に向け，だれもが住み慣れた地域で安心して生活できるよう，地域福祉の推進が求められている。このため，地域を基盤としたソーシャルワークの機能が重要視され，高度な知識と技術を持

ち，信頼と実践力のある社会福祉士の活躍が期待されている。研修制度の充実やキャリアアップに加え，社会福祉士の信頼性と社会的な認知度の向上をめざし，社会福祉士の配置基準の見直しや社会福祉士の任用・活用の促進などが求められる。

2）精神保健福祉士

① **定義・役割**　精神保健福祉士法（1997年）において，「精神保健福祉士の名称を用いて，精神障害者の保健及び福祉に関する専門的知識及び技術をもって，精神科病院その他の医療施設において精神障害の医療を受け，又は精神障害者の社会復帰の促進を図ることを目的とする施設を利用している者の地域相談支援の利用に関する相談その他の社会復帰に関する相談に応じ，助言，指導，日常生活への適応のために必要な訓練その他の援助を行うことを業とする者」（第2条）とされている。精神保健福祉士として国家資格化される以前，精神科ソーシャルワーカーという名称で，主に精神科病院に勤め，精神障害者に対し，ソーシャルワークに当たっていた。

② **制度の背景と現状**　日本における精神科ソーシャルワーカーの前身は，1948（昭和23）年，千葉県の国立国府台病院に配置された「社会事業婦」とされているが，当時は精神科領域でのソーシャルワーク業務が十分に確立されていなかった。1950年代中ごろから各地の行政機関や精神科病院に徐々に採用され始め，1964（昭和39）年に日本精神医学ソーシャルワーカー協会（現・日本精神保健福祉士協会）が発足した。その後，紆余曲折を経て1997（平成9）年，精神保健福祉士法が制定され，精神保健福祉士が誕生した。

現在，精神保健福祉士の活躍の場は精神科病院や行政，司法，教育，労働，福祉サービス事業所などと幅広くなっている。その背景には高齢者や障害者，児童，外国人，性的違和感のある人などに対する理解や制度の充実化，メンタルヘルスの課題を抱えやすい社会が精神保健福祉士の専門性を求める状況になったことにある。

③ **今後の見通し**　現代は，多様な要因によりストレスを抱えやすい社会である。それは決して望ましいことではないが，現代社会が抱える課題の解決に精神保健福祉士の持つ専門性がより活かされる社会となったのであろう。そ

の背景には労働安全衛生法の改正（2014年）により，職場のメンタルヘルスが重視されたことや子どもの貧困対策，児童虐待やDV（ドメスティック・バイオレンス）の予防，アルコール問題の対応，うつや自殺の予防，認知症高齢者の増加などがある。今後，従来の精神科病院での活動に限定されることなく，母子保健分野など，さらに幅広い領域で活躍する場が出てくることが期待されている。

3）介護福祉士

① **定義・役割**　介護福祉士は，社会福祉士及び介護福祉士法に規定される名称独占の資格である。2007（平成19）年，2011（平成23）年の同法改正により「専門的知識及び技術をもって，身体上又は精神上の障害があることにより日常生活を営むのに支障がある者につき心身の状況に応じた介護(喀痰吸引等を含む。)を行い，並びにその者及びその介護者に対して介護に関する指導を行うことを業とする者」（同法第2条第2項）と定義されている。

日常生活を送ることが困難な高齢者や身体障害者，精神障害者などに対し，専門的な知識や技術を用いて食事や入浴，排泄などの身体介護を行う。また，介護を行う家族に対し，介護方法や生活動作の指導，介護に関するさまざまな相談に応じることとされている。

② **制度の背景と現状**　介護福祉士は1987（昭和62）年にできた制度である。資格化された背景は高齢化社会と核家族化が進行し，家庭や地域が持っている介護能力が低下したことから，多様な介護ニーズに対応できる質の高いケアを提供できる福祉人材の確保が求められたことがある。

介護現場における問題の一つに，介護職員による喀痰吸引や経管栄養を行うなどの医療行為が常態化している，という現状があった。そこで，2011（平成23）年の法改正により，2016（平成28）年1月以降の国家試験合格者から医師の指示のもとで行われる一部の医療行為や喀痰吸引，経管栄養を行うことができるようになった。

③ **今後の見通し**　社会保障審議会福祉部会福祉人材確保専門委員会による報告書「2025年に向けた介護人材の確保」2015（平成27）年2月によると，国家試験の受験の義務化を2017（平成29）年度より5年をかけて漸進的に導入し，

2022年度以降の養成施設卒業生については，国家試験に合格することを資格取得の要件とすることが示されている。また，これからの介護福祉士に必要な資質（介護実践力，改革・改善力，マネジメント能力，多職種協働を進める能力など）について検討が必要との見解がとりまとめられている。資格化された創設期の身体介護から，高齢者や障害者の生活全般に関わる暮らしを社会福祉士などの多職種と連携して支え，さらには一部の医療行為を行うなど介護の高度な専門性が求められる。

4）保 育 士

① **定義・役割**　「登録を受け，保育士の名称を用いて，専門的知識及び技術をもって，児童の保育及び児童の保護者に対する保育に関する指導を行うことを業とする者」（児童福祉法第18条の4）と定義され，その役割として「児童に対する保育」と「保護者に対する保育に関する指導」の2点が示されている。

② **制度の背景と現状**　保育士資格の前身である保母の資格の歴史は古く，児童福祉法の完全施行直前の1948（昭和23）年に公布された児童福祉法施行令第13条に初めて規定された。当時，他の社会福祉専門職資格は法令に規定されておらず，保母の資格はその先駆けであった。1999（平成11）年の児童福祉法施行令の改正により，保母から保育士へと名称変更された後，2003（平成15）年の児童福祉法改正により名称独占の専門職として国家資格となった。これに伴い，守秘義務および信用失墜行為の禁止が義務として規定された。また，保育士の援助対象を児童と保護者とし，保護者への保育指導が保育士の業務として新たに規定されるとともに，その知識・技能の修得が努力義務として示された。さらに，働く場として「児童福祉施設」という文言が削除された。従来，保育士は児童福祉施設において保育に従事する者とされていたが，昨今の核家族化や共働き家庭の増加，子どもの貧困など子どもおよび子育て家庭の置かれた状況や地域社会の変化などから，保育の対象がすべての子どもおよび子育て家庭へと拓かれたことによる。

2015（平成27）年施行の子ども・子育て支援新制度において創設された地域子ども・子育て支援事業では，利用者支援事業や地域子育て支援拠点事業など13の支援メニューが設定され，保健・医療・福祉など関係機関と連絡・調整し，

多様な保育ニーズに応えることが期待されることから，社会福祉士や保健師および看護師，スクールソーシャルワーカなど多職種連携が一層重視される。

③　**今後の見通し**　待機児童の解消などのため，保育士の確保が急務とされており，保育士試験の年2回実施や潜在保育士の再就職支援の強化など，量的な拡充が図られる一方，多様化する保育ニーズに応えるため，質の向上も必須である。各種研修機会を充実させることにより，保育士としての専門性の向上と処遇改善をめざし，2017（平成29）年，「保育士等キャリアアップ研修ガイドライン」（厚生労働省）が定められ，専門職としての一層の自己研鑽が求められている。

5）看護師・准看護師

①　**定義・役割**　看護師は，保健師助産師看護師法に規定される業務独占の国家資格である。同法では，看護師は「厚生労働大臣の免許を受けて，傷病者若しくはじょく婦に対する療養上の世話又は診療の補助を行うことを業とする者」（第5条）と定められている。准看護師は，都道府県知事から免許が交付され働くことができる。看護師は，病気や障害を持つ人への日常生活のケアや医師が診療する際の診療の補助を行う。准看護師も看護師と同様，ケアや医療の補助を行うが，看護師と違い，准看護師は医師や看護師からの指示を受け，業務を行う。

②　**制度の背景と現状**　従来，保健婦助産婦看護婦法では女性は「看護婦」，男性は「看護士」と性別で名称を定めていた。しかし，2002（平成14）年3月に施行された「保健婦助産婦看護婦法の一部を改正する法律」により，「看護師」と男女の区別のない名称へと改められた。

現在，医療技術の進歩や少子高齢社会の到来に伴い，看護師のニーズは高まっているにもかかわらず，医療現場における看護師不足の問題が深刻になっていると指摘されている。この看護師不足を改善するため，労働条件の改善と看護職員養成数の拡大が進められている。

また，介護保険制度などの在宅ケアの推進を背景に，医療機関だけでなく，社会福祉施設や訪問看護ステーション，学校など活躍の場は広がっている。

③　**今後の見通し**　2004（平成16）年3月，厚生労働省から「新たな看護

のあり方に関する検討会」報告書が公表された。それによると，療養支援の専門家としての看護や医師などとの連携のあり方，看護教育の課題と対応，在宅医療の推進とその環境の整備など，新たな看護の見通しが示された。従来よりも質の高い公的なサービスとしての看護が期待されている。加えて，看護師は療養支援や在宅看護とともに，国内外の自然災害や紛争時，その地域の人々の健康や生命を守るための国際看護活動が求められる。

6）医療ソーシャルワーカー（MSW）

① **定義・役割**　保健医療分野で働く社会福祉の専門職である。近年は複数の機能を持つ医療機関（病院・診療所）のみならず，介護老人保健施設や地域包括支援センターなど地域における介護・在宅の領域にも配置が及んでいる。仕事の内容や役割として，病気や障害に伴い，患者やその家族が抱える経済的，社会的，心理的な問題の解決や調整を行う。その視点は生活者の視点であり，身体的な回復をめざす医療者とともにチームで対応する。

② **制度の背景と現状**　大正期，病で困窮する人々の救済のために生まれた医療社会事業に端を発する。戦後，1953（昭和28）年，全国組織として職能団体が結成され，その後，職業上の倫理・価値基準を記した「医療ソーシャルワーカー倫理綱領」の採択（1961（昭和36）年）を経て，1989（平成元）年，業務の内容や方向性が客観的に文章化された「医療ソーシャルワーカー業務指針」が制定された。倫理綱領と業務指針については時代の大きな変化のなかで改訂が行われているが，人間の平等と尊厳を守ること，人権と社会正義の実現と平和の擁護，利用者の利益・自己実現のための支援という根本的な原則は，医療ソーシャルワーカーの実践や行動を支える原理でもある。

現在，職業上の基礎資格は社会福祉士で，現場臨床を経験するなかで精神保健福祉士，介護支援専門員の資格を有する者も増えてきている。病院内の医療チームのなかでのマネジメントやコーディネーター的な役割も担う。とりわけ，退院支援は患者の入院当初からできるだけ関わり，回復の過程を経て，どのような形で自宅や職場に戻っていくことができるか，あるいはできるだけ長い期間，住み慣れた地域でその人らしく自立した生活を送りうるか，といった総合的な退院計画と継続的な支援を必要とする。当事者とその家族のニーズをもと

に社会資源（法律・制度・サービス）との調整やその開発も重要である。

③　今後の見通し　　2006（平成18）年以降，診療報酬のなかで社会福祉士の業務が算定要件として加えられ，社会的評価や認知も進みつつある。団塊世代が75歳以上を迎える2020年以降，医療と介護の連携・予防は地域医療において喫緊の課題である。病院内外を含め，地域レベルで多職種とのネットワークをつくり，当事者と家族をつないでいく医療ソーシャルワーカーへの期待と責任は大きい。

なお，認定医療社会福祉士をはじめとした質の向上のための整備が進んでいる。

7）スクールソーシャルワーカー（SSW）

①　定義・役割　　文部科学省（2008年）によると，「問題を抱えた児童生徒に対し，当該児童生徒が置かれた環境へ働き掛けたり，関係機関等とのネットワークを活用したりするなど，多様な支援方法を用いて，課題解決への対応を図っていくこと」とされ，学校を拠点に関係機関と連携し，子どもやその家族を支援する役割がある。

②　制度の背景と現状　　日本におけるスクールソーシャルワーカー（SSW）の最初の活動は，1986（昭和61）年，埼玉県所沢市の試みとされている。当時の日本は高度経済成長のひずみから子どもたちを取り巻く生活環境が大きく変化し，校内暴力や非行，不登校などの課題が顕在化していた。このような課題の解決方法の一つとしてSSWの働きが期待された。それ以前の1950（昭和25）年には高知県で福祉教諭制度という名称で，主に同和地区に在住する子どもたちの学習保証を目的として福祉教諭が配置されていた。この取り組みはソーシャルワークを基盤とする子ども支援ではなかったが，福祉的な支援を行ったという点で国内におけるSSWの起源とする見方もある。

SSWの活動が盛んになったのは2000（平成12）年以降で，児童虐待などの課題が顕在化した時期である。具体的には，2000（平成12）年に兵庫県赤穂市，2001（平成13）年に香川県，2002（平成14）年に茨城県結城市がSSWの活動を開始した。そして，2005（平成17）年に大阪府がスクールソーシャルワーカー配置事業を開始した。

そこで，政府もようやく重い腰を上げ，2008（平成10）年，文部科学省が15億円の予算を投じ，「スクールソーシャルワーカー活用事業」を研究事業として全国展開した。もっとも，政府による急な事業展開であったことは否めず，社会福祉士や精神保健福祉士でない者がSSWの業務を担うことになり，専門性の担保という点から大きな課題が浮き彫りになった。

　③　今後の見通し　　同省は2014（平成16）年，学校を子どもの貧困対策におけるプラットホームとし，SSWをそのキーマンとして位置づけ，2019年度までにすべての中学校区に計1万人のSSWの配置を目標として掲げている。非行や子どもの貧困対策，いじめ対策，児童虐待対策などにおいても子どもとその環境へのアプローチを行うSSWの活動が期待されていることから，子ども支援におけるSSWの役割は今後，一層増すものと考えられる。

8）生活保護ケースワーカー

①　定義等

　(1)　**法律の規定**（社会福祉法第15条：組織）　　福祉事務所ケースワーカーは法的には「現業を行う所員」であり，「福祉に関する事務所（福祉事務所）には，長及び少なくとも次の所員（指導監督を行う所員＝査察指導員，現業を行う所員）を置かなければならない」と定められている。

　(2)　**資格と業務**（同法第15条等）　　社会福祉主事等の資格を有し「援護，育成又は更生の措置を要する者等の家庭を訪問し，又は訪問しないで，これらの者に面接し，本人の資産，環境等を調査し，保護その他の措置の必要の有無及びその種類を判断し，本人に対し生活指導を行う等の事務をつかさどる」となっている。

　(3)　**社会福祉主事の資格等**（同法第19条）　　都道府県知事・市町村長の補助機関である職員として20歳以上で次の各号のいずれかに該当するものから任用されるとして，①大学などで厚生労働大臣指定の社会福祉に関する科目を修めた卒業者　②都道府県知事の指定する養成機関，または講習会課程の修了者③社会福祉士およびその他と定められている。

　(4)　**所員（現業員）の定数等**（同法第16条等）　　「現業を行う所員の数は各事務所につき，各号に掲げる数を標準として定める」として，①都道府県福祉事

務は被保護世帯数が390以下は6とし，65を増すごとに一を加えた数，②市・区福祉事務所は被保護世帯数が240以下は3とし，80を増すごとに一を加えた数と定められている。

② **現　状**（2016（平成28）年10月，厚生労働省＝市部・郡部計）
- 生活保護担当現業員（常勤）の有資格者割合：社会福祉主事74.2％，社会福祉士4.6％，精神保健福祉士0.5％，計79.3％
- 生活保護担当現業員（常勤）の経験年数：1年未満25.4％，1年以上3年未満37.9％，3年以上5年未満20.7％，5年以上15.9％

③ **今後の見通し**　社会福祉主事資格の74.2％中，大学の法学部や経済学部などの卒業者で大臣指定の三科目履修者も多く含まれ，経験年数は3年未満が63.3％など，経験豊かな専門性のある人材が不足しているといえる。一方，在宅精神障害者，高齢者など日常的に支援が必要な被保護者・世帯が増加しているため，今後，ますます専門性のあるケースワーカーが必要である。

9）司法ソーシャルワーカー

① **定義・役割**　高齢者や障害者，児童など法的な悩みや相談，あるいは家庭裁判所における家事事件や少年事件の当事者に対し，支援を行うソーシャルワーカーである。このため，その業務に当たってはプライバシーや個人情報の保護，業務上，知り得た秘密の保持がとくに義務づけられている。

② **制度の背景と現状**　司法ソーシャルワーカーは，一般に2000（平成12）年に制度化された介護保険法の施行に伴う民法の改正にもとづく成年後見制度として，判断能力が減退している認知症高齢者や知的障害者の身上保護や財産管理などと中心に，権利擁護に努めるソーシャルワークとして注目されている。

具体的には，家裁では家裁調査官や家事調停委員，在野では司法書士が中心としてその業務に従事しているが，成年後見制度の普及に伴い，社会福祉士や精神保健福祉士，行政書士，税理士，社会保険労務士，公認会計士，弁護士なども関心を寄せているが，法律学や社会保障論，社会福祉学，ソーシャルワークなどの専門的な知識や技術を必要とする。このため，これらの資格を有するといってもただちに利用者の期待に応えられるわけでない。

しかし，重要なソーシャルワーカーであるため，矯正施設や厚生保護施設な

どに社会福祉士が配置され，司法ソーシャルワークに従事しつつある。また，日本社会福祉士会は2015（平成27）年，日本弁護士連合会（日弁連）と連絡協議会を設け，養成講座を開講するなど本格的な実践に向け，検討に着手している。

このほか，法学部を有する大学や社協，自治体のなかには成年後見制度に絞ったボランティア（市民後見人）を養成すべく，研修事業に着手して広く人材を輩出し，身近な地域で司法当局が所管する事件に至らず，問題を解決すべく，その普及に努めているところもある。

③　今後の見通し　　今後，本格的な少子高齢社会および人口減少のなか，権利意識を有する団塊世代が後期高齢者の仲間入りをするほか，障害者の権利擁護や親族同士をめぐる介護，遺産相続，児童生徒のいじめや教員による体罰などの事案の増加が予想されるだけに，司法ソーシャルワークに対する期待は大きいものと思われる。

10）介護支援専門員

①　定義・役割　　介護支援専門員（ケアマネジャー）は2000（平成12）年に施行された介護保険法に規定されている，居宅介護支援事業所や介護保険施設の必置資格で，介護支援サービス（ケアマネジメント）を行う専門職である。同法では，介護支援専門員は「要介護者等からの相談に応じ，要介護者等がその心身の状況等に応じ適切なサービスを利用できるよう市町村，サービス事業者等との連絡調整等を行う者であって，要介護者等が自立した日常生活を営むのに必要な援助に関する専門的知識・技術を有するものとして介護支援専門員証の交付を受けたもの」（第7条第5項）と定義されている。

介護支援専門員は要介護・要支援を受けた人やその家族からの相談に応じ，必要な情報を提供する。また，ケアマネジャーとして，公平中立の立場で介護サービス計画（ケアプラン）を作成するとともに，心身の状況に応じ，適切なサービスを利用できるよう，市町村やサービス事業者，社会福祉施設などと連絡調整し，具体的な社会資源と結びつけていく業務を行う。また，市町村から委託を受け，要介護認定の認定調査を代行し，介護保険給付額の管理業務なども行う。

②　制度の背景と現状　　介護支援専門員は介護保険制度のスタートと同時

期に，ケアマネジメントの中核的な役割を担う職種として創設された。また，2006（平成18）年の介護保険法改正において主任介護支援専門員が設けられた。主任介護支援専門員を地域包括支援センターに配置することが義務づけられ，地域課題の把握や地域づくり，地域の介護支援専門員の人材育成などの役割を果たすことが求められている。2012（平成24）年の同法改正では地域包括ケアシステムによる在宅・居住系サービスにおける介護と医療の連携，入院・退院・在宅復帰を通じ，切れ目のない継続的支援を強化するための新たなサービスメニューの創設，連携加算などが加えられた。

　③　今後の見通し　　高齢者を地域で支える地域包括ケアシステムを構築，推進し，地域共生社会の実現をめざすにあたり，要介護者などやその家族，サービス事業所間，医療職をはじめとする多職種との連携の要として，介護支援専門員の役割は今後，さらに高まることが予想される。

■参 考 文 献
1 ）鎌倉克英「これからの社会福祉士」，地域ケアリング，18(5)，2006，pp.6-13.
2 ）橋本正明「認定社会福祉士制度の構築」，地域ケアリング，15(5)，2013，pp.6-16.
3 ）柏女霊峰「保育士資格の法定化と保育士の課題」，淑徳大学総合福祉学部研究紀要，41，2007，pp.1-18.
4 ）厚生労働省：保育士等キャリアアップ研修の実施について（雇児保発0401第 1 号平成29年 4 月 1 日）.

第4章 相談援助の理論と方法

1 人と環境の交互作用（システム理論）

（1）ソーシャルワークにおける人と環境とは

　ソーシャルワークは，クライエントの社会生活上の問題を解決・緩和し，場合によっては予防することで，人々の社会生活機能を増大させる。このため，ソーシャルワークでは，人であるクライエント（個人，家族，小集団・組織，地域社会）と環境（資源システム，社会資源）との交互関係に焦点を当てている（表4-1）。つまり，この交互関係そのものは“人々の社会生活”を意味しており，ソーシャルワークでは個人や家族，小集団・組織，地域社会において社会生活

表4-1　ソーシャルワークにおけるクライエントと環境や資源との関係

「人と環境との関係の問題」としてケースワークの対象をとらえた 　　　　　　　　　　　　　　　　　　　　　　　—リッチモンド（Richmond, M.E.）
「ソーシャルワークが関心を向け責任をとるのは，人間と環境との交換の結果に関する知識と価値を最大限十分に，また自由に活用していけるよう，社会生活機能を理解していくところにある」 　　　　　　　　　　　　　　　　　　　　　　　—バートレット（Bartlett, H.M.）
ソーシャルワークは「人々と資源システムとの連結や相互作用に焦点がある」 　　　　　　　　　　　　　—ピンカス（Pincus, A.）とミナハン（Minahan, A.）
「人々のもっている内的な資源と彼らの生活状況での外的な社会資源を合致させることがソーシャルワークの仕事であり，人々の問題状況は，諸資源のギブ・アンド・テイク関係のなかで生じる交互作用過程（transactional process）の結果 　　　　　　　　　　　　　　　　　　　　　—ジャーメイン（Germain, C.B.）ら
「個々人は身体・心理（認知も含む）および情緒的な要素で構成されるシステムとしてとらえられる。同時に，個人は多様な外部のシステムである家族，拡大家族，仲間，職場ないしは学校，地域社会と相互作用しているものとしてとらえられる」 　　　　　　　　　　　—ジョーダン（Jordan, C.）とフランクリン（Franklin, C.）

出典）筆者作成.

上の問題が生じていたり，もしくは生じるおそれがある場合，そのクライエントとそれを支えるべき環境の間での交互関係がうまく機能していない結果としてとらえ，両者の関係を"逆機能"から"正機能"に変化させていくのである。

ソーシャルワークがとらえる人と環境との関係は人が環境に影響を与えたり（医学モデル），環境が人に影響を与える（社会モデル）といった原因と結果にもとづく相互関係ではない。これは人と環境が相互に影響し合っている関係で，それを交互作用関係としてとらえるもの（生活モデル）である。

ソーシャルワークにおいては個人と社会の関係に焦点を当て，個人や社会の変化を導き出すためにも，人と環境との相互関連性に視点を置く。個人と社会，その両者が変化することで人々の生活問題が解決でき，さらには福利（ウェルビーイング）を増進することで質の高い生活が促進される。

このようななか，2000年，カナダのモントリオールで国際ソーシャルワーカー連盟（IFSW）と国際ソーシャルワーク学校連盟（IASSW）の総会が開催され，ソーシャルワークが再定義された。

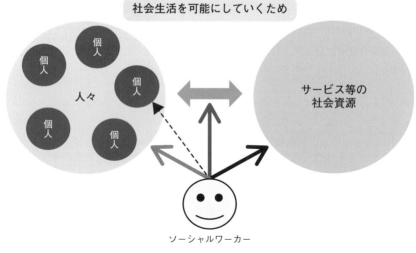

図4-1　ソーシャルワークのイメージ

出典）筆者作成.

1．人と環境の交互作用（システム理論）　143

　思うに，ソーシャルワークは人と環境との相互作用する場面に焦点を当て，支援するものである。さらに，人と環境との多様で複雑な交互作用に焦点を当てる，としている。つまり，クライエントが資源を核とする環境との関係で問題が生じた場合，それを解決・援助することに向け，ソーシャルワーカーはまずは「問題が生じている関係そのものに目を向けて調整する」。そして，「環境の修正や開発を行う」，さらに，「クライエント側の対処能力を高める」ことにより，クライエントの社会生活における問題を解決・緩和していく[1]のである。

（2）人と環境のとらえ方とは

　ソーシャルワークにおける「人」のとらえ方ではクライエントとして総称される人を“クライエント・システム”とし，これには個人や家族，小集団・組織，地域社会が相当する。これらは一つの支援のなかで，個人と家族，家族と地域社会といったいくつかの対象が重複することもある[1]。

　ソーシャルワークにおける「環境」のとらえ方として，環境という概念は時には資源システムや社会資源に置き換えられる。ソーシャルワークを展開させていくなかで，個人，家族，小集団・組織，地域社会といったクライエント・システムの複雑多岐にわたる社会生活ニーズに対し，適切な社会資源を結びつけたり，社会資源を開発したり，クライエント自身の能力を高めたりすることにより，人々の社会生活問題を解決することになる。

　一方，ソーシャルワークにおける社会資源とは「ソーシャル・ニーズを充足するために動員される施設・設備，資金や物資，さらに集団や個人の有する知識や技能を総称していう」[2]ものとされ，「物的資源（金銭や物資，施設や設備，制度などを含む）」と「人的資源（知識や技能，愛情や善意，情報や地位が内包される）」に分けられる。また，これら社会資源は金銭で給付される現金給付と物で給付される現物給付にも分けられる。現金給付はすべて物的資源に相当し，現物給付については物的資源による物的な各種サービスだけでなく，相談や介

＊1　社会福祉士養成講座編集委員会編『相談援助の理論と方法Ⅰ（第2版）（新・社会福祉士養成講座7）』中央法規出版，2010，p.30.

＊2　中村優一，岡村重夫，阿部志郎，三浦文夫，柴田善守，嶋田啓一郎編『現代社会福祉事典（改訂新版）』全国社会福祉協議会，1988，p.225.

144　第4章　相談援助の理論と方法

表4-2　人と環境との相互連関性からみたソーシャルワークの過程

アセスメント	社会生活上の困難な現状や背景を明らかにすること
援助計画の作成	社会生活問題の解決のために，援助目標に照らしながら処方箋をつくること
援助計画の実施	処方箋にもとづいてソーシャルワーカーとクライエントが共同で行動すること
事後評価	社会生活問題がどの程度解決ないし緩和したかを測定すること

出典）社会福祉士養成講座編集委員会編：相談援助の理論と方法Ⅰ（第2版）（新・社会福祉士養成講座7），中央法規出版，2010，p.44より筆者作成．

護・家事といった人的資源も含まれる。つまり，ソーシャルワークにおいては，クライエント自身の内的な資源と外部にある社会資源を合致させることで，クライエントのニーズの充足を図っていくことになる。

　次に，ソーシャルワークの過程はいずれのクライエントであろうと共通した援助過程が存在する。問題状況についてのアセスメント（事前評価），援助目標の設定と援助計画の作成，援助計画の実施，事後評価による終結，ないし再アセスメントへのフィードバックで，この内容が継続的，重層的に進展しながら行われる（表4-2）。

　ソーシャルワークの機能について，人と環境との相互連関性からみると，人と環境を調整する機能，人の対処能力を強化する機能，環境を修正・開発する機能に整理され，作成された援助計画を実施した結果として，どのようにソーシャルワーカーが機能したか，示すことができる。

　以上のように，ソーシャルワークとは対象となる個人や家族，小集団・組織，地域住民のニーズと社会資源を連結，調整することである。さらに，ソーシャルワーカーは単にニーズと社会資源を結びつけるだけでなく，クライエント側の対処能力を高め，社会資源の開発に努めることが重要となる。また，ソーシャルワーカーの役割についても時代とともに変化してきており，個人が援助の中心であった時代から，小集団・組織や地域社会への支援も包摂している現状ではソーシャルワーカーの役割も拡大してきている。

（3）システム理論とは

　すべての生命（存在）は必ず何らかの環境に取り囲まれており，その環境と交互作用しながら生存を維持しつつ生活している。

　この交互作用とはそれぞれの相互作用により，それが以前とは異なった形での変容を遂げることを意味し，相互作用は他の相互作用によって影響を受けることから，人と環境における要素間の累積的な相互作用ともいえる。このため，ソーシャルワークにおいては対象を人とその環境，さらにはそれぞれの関係性（相互作用）からなる交互作用の視点で把握することにより，援助していく。

　なお，ここでの環境とは単なる空間としての環境だけではなく，人間の思考という範囲や人間が関係を維持していく能力の領域までもが含まれている。

　いずれにしても，人と環境の関係が相互に，さらには交互に作用し合うことにより，その一方が無影響のままに変化せず，存在することはできないことから，人と環境は分離しているのではなく，一つの統一体として存在し，それを把握していく方法をシステム理論という。ここでのシステムとは相互作用する要素の集合体と定義され，システムの維持・存続・発展にとって必要な機能要件としてAGIL理論がある。AGIL理論とはシステムは四つの機能分化した下位システム（A・G・I・L）を備えることで維持・存続・発展する，という考え方である（表4-3）。

　このようなシステムの階層性における人と人との関係性（複数の人間の行為）にもとづいた「社会システム」がソーシャルワークの対象としてのシステムであるといえる。このため，ソーシャルワークの実践においては，「人とその環境」の交互（相互）作用に焦点を当てつつ，システム理論的なパースペクティブにもとづいた展開が求められている。

表4-3　AGIL理論

A ― 適応（Adaptation） G ― 目標達成（Goal attainment） I ― 統合（Integration） L ― 潜在性（Latency；維持と緊張処理）

出典）筆者作成．

2 相談援助の対象

（1）相談援助の対象の概念と範囲

　相談援助（ソーシャルワーク）とは，社会生活上の諸困難（生活のしづらさ）を
かかえる人々の相談に応じ，さまざまな制度やサービスなどの社会資源を活用
しながら，クライエントとともに困難な状況を改善し，多くの人々が安定した
生活を送ることができるよう，援助する活動である。

　ここでの生活上の困難は，社会環境との摩擦や環境自体の持つ問題や各環境
要因の不調和などが原因で生じている，と考えられる。このため，人々を直接
援助するだけでなく，人々を取り巻く環境（家族，地域，制度など）にも働きか
け，生活のしづらさを引き起こす社会環境を改善していくのである。そして，
さまざまな社会とのつながりのなかで，安定した生活を送ることができるよう
にするためにも人間とその周辺の環境要因をシステムとしてとらえ，それを相
談援助の対象として考えることが必要となる。つまり，ソーシャルワークにお
いては個人と環境との関係に焦点を当て，その人を心理的に支え，各種制度や
サービス，友人・知人や近隣との自然発生的なつながりを活用しながら生活の
安定を図っていくのである。

　相談援助（ソーシャルワーク）の対象とは，対象者が抱える関係性や課題など
を意味しており，社会の仕組みからみたソーシャルワークの対象領域はミク
ロ・メゾ・マクロに分類される。小領域のミクロソーシャルワークとは生活問
題を抱えている個人や家族，グループ（小集団）を直接援助するミクロレベル
での取り組みである。これに対し，中領域のメゾソーシャルワークとはミクロ
レベルの問題を地域社会の共通課題としてとらえて地域社会を援助対象とする
メゾレベルの取り組みとされる。大領域のマクロソーシャルワークでは，メゾ
レベルの取り組みを地方自治体や国に政策対応を求めていくマクロレベルの取
り組みとなる。

　そこで，ソーシャルワークの対象を社会福祉の援助が向けられる相手として
みると，子どもや青少年とその家族の不安，子どもを見守る大人たちの苦悩，
押しつぶされそうな環境にある障害者たち，病気に苦しむ人，住み慣れた地域

から切り離された高齢者，路上に投げ出された労働者たち，地域社会から孤立していく外国人，差別され続けてきた人々など，現代社会に生きる多くの人々が困難に直面していることがわかる（表4-4）。

これら社会福祉の諸問題が深刻化することにより，地域のなかで生活することが難しい立場の人々がソーシャルワークの対象となる（図4-2）。また，ソーシャルワークの対象者には問題に気づいていない人，問題を我慢している人，どのような資源やサービスがあるかを知らない人，必要な資源がない人や不足している人なども含まれる。

そこで，ソーシャルワーカーは現代に生きる人々の問題解決における，かけがえのない支援者として存在する。現代社会におけるソーシャルワーク実践としては，川村隆彦が次のようにまとめている[3]。

- 虐待やいじめ，不登校，引きこもりで苦しむ子どもたちやその家族に向き合い，彼らを支援する。
- 少年犯罪に巻き込まれ，道を見失っている青少年を再び元の道に連れ戻そうとする。
- ストレスのため，アルコール依存症や他の病気で苦しむ大人たちと向き合い，暴力や家庭崩壊を防ごうとする。
- 虐待された女性たちを保護する。
- さまざまな障害のある人々の地域での自立生活を支援する。
- 病気を抱える人々の社会復帰を助ける。
- 身体機能の低下や認知症となった高齢者とその家族にサービスを提供し，地域でともに生きる道を模索する。
- 貧困となった人々の問題に耳を傾け，再び誇りを持って働けるように支援する。
- 偏見や差別に苦しむ外国人の権利が守られるよう，代弁する。

私たちが社会生活を営むうえで感じる基本的要求には経済的安定，職業的安定，家族的安定，保健・医療の保障，教育の保障，社会参加ないしは社会的協

---

*3　川村隆彦『事例と演習を通して学ぶソーシャルワーク』中央法規出版，2003，p.14.

148　第4章　相談援助の理論と方法

表4-4　現代社会におけるソーシャルワークの対象

「子ども，青少年，その家族が苦しみながら助けを求めている」

　　家庭環境での虐待（暴力・ネグレクト）など
　　学校環境ではいじめ・不登校など
　　地域社会における暴力・非行・麻薬・性犯罪・自殺など

「子どもを見守るはずの大人も苦悩している」

　　社会的ストレスからくるアルコール依存，さらには家庭崩壊・離婚など
　　リストラによる貧困や経済的な生活不安など
　　配偶者の暴力・暴言・虐待などのDV（ドメスティック・バイオレンス）

「押しつぶされそうな障害者たちの姿が見える」

　　働く場や活動の場において，自立が見えない保護的環境や自宅・施設内での限られた生活など
　　精神障害者に対する風当たりなどの偏見や差別

「病気がもたらす社会的・精神的な痛みに苦しむ患者たち」

　　難病と呼ばれる原因不明の病気に苦しむ人，がんや白血病などの死に至る病気に苦しむ人，エイズなどの強烈な偏見・差別を伴う病気に苦しむ人，糖尿病などの生活習慣病に苦しむ人，アルコールにからむ病気に苦しむ人の社会的・精神的な痛み

「住み慣れた地域から切り離された高齢者の姿」

　　脳血管障害や認知症のため，住み慣れた地域での生活から切り離され，施設や病院での生活を余儀なくされている高齢者
　　介護疲れに陥った高齢者だけの夫婦が悲観して自殺するという現象

「路上に投げ出された労働者たちの叫び」

　　経済的な不況により，路上に投げ出され，ホームレスとなってしまった多くの労働者たち
　　不況のあおりを受けてリストラにあうことで行き場のない状況となり，将来への不安や悲観により，さらに人間としての誇りを見失うことで働く・生活する意欲さえも奪われる

「地域社会から孤立していく外国人」

　　言葉や文化の違いという壁がからくる不安や悩み，さらに偏見や差別のなかでの不安定な労働環境
　　現実の困難さと将来への不安から夢をあきらめ，さらには犯罪に巻き込まれることもあり，ますます貧困に陥る

「差別され続けてきた人々」

　　元ハンセン病患者たちは，長い偏見と差別の歴史であり，依然として故郷に足を踏み入れることのできない状況もみられる

出典）川村隆彦：事例と演習を通して学ぶソーシャルワーク，中央法規出版，2003, pp.12-14より筆者作成.

2. 相談援助の対象 149

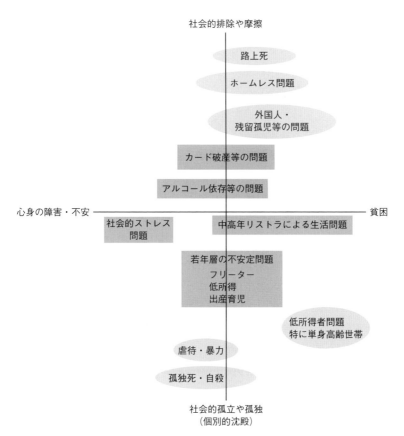

図 4-2　現代社会における社会福祉の諸問題

※横軸は貧困と，心身の障害・不安に基づく問題を示すが，縦軸はこれを現代社会との関連で見た問題性を示したもの。
※各問題は，相互に関連しあっている。
※社会的排除や孤立の強いものほど制度からも漏れやすく，福祉的支援が緊急に必要。
出典）厚生省社会・援護局企画課：「社会的な援護を要する人々に対する社会福祉のあり方に関する検討会」報告書（平成12年12月8日　審議会議事録），2000.

同の機会，文化・娯楽の機会（p.1参照）などがあげられるが，社会生活を営む
うえで生じるこれらの要求が充足されていない状態となる場合，ソーシャルワ
ークの対象となる。

　ライフステージごとにみてみると，乳幼児期では，子どもが健やかに成長で
きる環境をどのように整えるのかなど，家庭における子育てを社会全体で支援
していくことが求められる。

　学齢期においては，低所得により進学を希望することができないといった経
済的な問題がある場合や，病気や障害などで学習課題が達成しにくい状況にあ
る場合などにおいても，学習機会の保障が求められる。さらには，いじめの問
題や不登校・引きこもりなど学校環境に適応できないなどの問題にも対応が必
要となる。

　思春期から青年期においては，子どもたちが行動する範囲や交友関係も広が
り，時間帯の変化とともに活発化することで，さまざまな問題・混乱を起こす
ことも考えられる。さらに，労働環境への適応とともに先行きが不透明な社会
をどのように生き抜いていくのか，安定した生活を求め将来設計のあり方やそ
の不安についての対応も必要となる。

　結婚や子育て期では，結婚そのものが一つの選択肢となり，結婚と子育ての
それぞれの場合におけるその後の生活のあり方や将来への対応が求められる。
また，子どもを産むかどうかの選択においては，子育てにおける母親の孤立と
孤独に対する不安の軽減とともに，仕事と生活の調和（ワーク・ライフ・バラン
ス）の実現が必要である。また，待機児童への対策，児童虐待への対応，経済
的な不安の解消といった子育て環境の整備と，さらには次世代育成において希
望の持てる取り組みが必要となってくる。

　高齢期では，老後において希望をもてる自立した生活をめざし，家族の介護
負担を軽減するための介護保険制度の活用とともに，年金制度をはじめとした
社会保障システムの見直しが必要となる。さらに，看取りの問題や介護人材の
不足など介護の社会化に伴う少子高齢社会における福祉的支援のあり方が問わ
れている。

（２）ソーシャルワークがとらえるニーズ

　相談援助の対象を「社会生活上の基本的要求」が充足されていない状況とすれば，ソーシャルワーカーはクライエント自身のニーズを把握していくための方法が必要となる。

　ソーシャルワークとはクライエントのニーズが充足できない場合，社会資源との調整を図り，クライエントの社会生活機能や新しい社会資源をつくり出す能力を高めるよう，支援することととらえ，クライエントのニーズが充足されることにより，人々の生活の質（QOL）が高まることを目的としている。つまり，ソーシャルワークの目的とはクライエントのニーズを達成，解決，緩和し，さらに社会生活機能を増大させることであり，そのためにもソーシャルワーカーは「人と環境との相互連関性」の視点を認識しつつ，ニーズを導き出すことが重要である。

　クライエントが社会生活をしていくうえで解決すべきニーズは社会生活ニー

表4-5　ソーシャルワークにおけるニーズのとらえ方

社会的目標を達成するために不可欠な要素 　①　食，住，健康といった肉体上の福祉 　②　情緒的・知的な成長の機会 　③　他者との関係 　④　精神的なニーズへの対応 　　　　　　　　　　　　　　　　　　　　　　　　　　　―トール（Towle, C.）
ニーズをとらえることの複雑さ 　「人々のニーズを理解するためには，人間の発達，人間の多様性，社会システム理論の三つの知識が不可欠である。これら三つの考えは，人間のニーズを異なった観点からとらえ，人間の複雑な状況を考察するうえでの基礎を提供してくれる」 　　　　　　　　　　　　　　　　　　　　　　　　―ジョンソン（Johnson, L.C.）
ニーズとは 　「人間が社会生活を営むために欠かすことのできない基本的要件を欠く状態」である。 　　　　　　　　　　　　　　　　　　　　　　　　　　　　　　　―三浦文夫

出典）筆者作成.

ズとサービス・ニーズの二重構造となっている。さらに，社会生活ニーズとサービス・ニーズは連続しており，両者のニーズが満たされることで人々の社会での生活が可能となる。

　ソーシャルワークにおける社会生活ニーズとは人々が社会生活をしていくうえで解決すべき課題のことであり，ソーシャルワーカーが社会生活ニーズをとらえることにより，問題の解決や緩和につながっていく起点となる。つまり，「社会生活遂行上での困っている状態」とその状態を「解決（維持）するべき目標・結果」を併せた二つの側面で構成されたものが社会生活ニーズとなる。

　そこで，まずはクライエントの身体機能的，精神心理的状況と社会環境的状況について理解・整理し，そこから社会生活を遂行するうえで困っている状態，およびその状態を解決（時には維持）するべき目標・結果を導き出していく。さらに，クライエントの状況と社会環境的な状況が関連し合って社会生活ニーズが生じているため，クライエントの身体機能的な状況が同じであっても，精神心理的な状況や社会環境的な状況に違いがあれば社会生活ニーズは異なったものとなる。また，クライエントによっては複数の社会生活ニーズが存在し，社会生活ニーズが一つであることの方が少ない。そのため，ソーシャルワークでは人々の社会生活の全体性に着目し，人と環境を関連づけ，社会生活ニーズをとらえることが求められる。

　ソーシャルワークにおけるサービス・ニーズとは，人々が求める社会資源としてのニーズで，「保健・医療・福祉ニーズ」ともいえる。

　ソーシャルワークにおいては，このサービス・ニーズを満たすため，具体的，かつ的確な社会資源に結びつけ，人々が力をつけること（エンパワメント）につながる。さらに，必要な社会資源を開発・調整したりすることで，人々の地域社会での生活全体を支援することができるようになる。このようにサービス・ニーズをとらえることで，クライエントの社会生活を支援するとともに提供されるサービス量の確保と質の向上における制度面での政策立案や計画案を導き出し，施策化につなげていくことになる。

　サービス・ニーズとは個々の具体的なサービスやサポートの利用や開発・修正に対する要求であり，かつ具体的な社会資源の利用方法・内容についての要

求である。

- ・経済的な安定を求めるニーズ
- ・就労の機会を求めるニーズ
- ・身体的・精神的な健康を求めるニーズ
- ・教育・文化・娯楽の機会を求めるニーズ
- ・居住の場に対するニーズ
- ・家族や地域社会での個別的生活の維持に対するニーズ
- ・公正や安全を求めるニーズ

つまり，社会生活を遂行するうえでのサービス・ニーズは，人々が社会生活を行っていくうえで必要となる，社会資源の全体像とのフィードバックのなかで形成されている。このため，サービス・ニーズを充足するものとして社会資源をとらえることができる[4]。

3 さまざまな実践モデルとアプローチ

（1）治療モデル

治療（矯正）モデルは予防的およびリハビリテーション的モデル，組織モデルとも呼ばれ，小集団に参加する個人の矯正や治療を目的としている。また，治療モデルは客観的証拠（エビデンス）を重視したもので実証主義に裏づけられているが，利用者が限定された特定の人だけではなく，生活環境が異なるなど，援助対象者の拡大に伴い，対処できない場面が多くなった。

治療モデルアプローチとはソーシャルワーカーが行う実践を一連の過程を踏むものとしてとらえ，医師による診断の結果から特定された，原因としての社会環境の改善，およびクライエントのパーソナリティの治療的改良を目的とする実践モデルをいう。

（2）生活モデル

生活モデルアプローチは，ジャーメイン（Germailm, C.B.）とギッターマン（Gitterman, A.）によって提唱されたケースワークのモデルである。生態学の理

---

[4] 同上（[1]），p.43.

論を援用し，利用者を環境との交互作用関係にある生活の主体者としてとらえ，援助者は個人と環境との接点に介入するものとした。人と環境との相関関係と，それを基盤として展開される人の日常生活の現実に視点を置き，ソーシャルワークを行うとすることであり，生態学（エコロジー）の立場を基盤としている。

　ソーシャルワークでは，精神医学の影響を受けた伝統的な医学モデルの理論が支配的であったが，援助対象の拡大に伴い対処できない点が表面化してきた。このようにして医学モデル（治療モデル）に反省や批判が加えられ，人と環境との関係やクライエントの生活実態に合わせた生活モデルの理論にもとづくソーシャルワークの体系が模索されることとなった。

　ソーシャルワークにおける人と環境との関係は人が環境に影響を与えたり（医学モデル），環境が人に影響を与える（社会モデル）といった原因・結果にもとづく相互関係の把握ではなく，人と環境が相互に影響し合っている相互作用関係としてとらえられる生活モデルの考え方を意味する。生活モデルの特色は①クライエントの問題に焦点を当てること，②短期間の処遇，③対処の方法に重点が置かれる，④多様な介入の方法をクライエントに合わせて応用し，活用するなどがあげられる。

（3）ストレングスモデル

　援助者の持っている「強さ」（能力・意欲・自信・志向・資源など）に焦点を当て，援助していくことをいう。こうした援助を行うことにより，要援助者が自ら問題を解決していく力を高めることにもつながる。

　サレエベイ（Saleebey, D.）によれば，ストレングスとは人間は困難でショッキングな人生経験を軽視したり，苦悩を無視したりせず，このような試練を教訓にし，耐えていく能力である復元力を基本にしているとしている。このため，ストレングスアプローチは長所，あるいは強さに焦点を当て，その人の残存能力の強みを評価するもので，クライエントの弱点や問題点のみを指摘し，その不足や欠点を補う従来の否定的なクライエント観からの脱却を図るものである。

（4）心理社会的アプローチ

　心理社会的アプローチとは，ホリス（Hollis, F.）によって1960年代に提唱され

た実践アプローチである。ホリスはアメリカの社会福祉の研究者で，精神分析や自我心理学，力動精神医学をケースワークのなかに応用し，『ケースワーク-心理社会療法』を著した。診断派に立ちつつも，「状況のなかの人」という視点をもとにクライエントの社会的側面の援助を含め，心理社会的アプローチを確立した。とくに家族関係の課題や精神医学的な課題，医療的な課題などの解決に用いられる。人と環境，あるいはその両方に変化を起こさせることを目的とする。

　心理社会的アプローチを提唱したハミルトン（Hamilton, G.）はアメリカの社会福祉の研究者で，診断主義ケースワークの理論的体系化をした。ケースワーク過程の中心を「ワーカー・クライエント関係を意識的に，また，統制しつつ利用することにある」とし，クライエントに変化と成長を遂げる能力のあることの自覚を促すことを強調した。

（5）機能的アプローチ

　機能的アプローチは，クライエントが持つ意思の力を十分に発揮できるように促す実践アプローチである。クライエントが援助者や機関のサービスを活用できるように，パーソナリティの健康な部分に焦点を当て，人間が持つ意思の力を十分に発揮できるよう，援助することを中心として展開される。

　ロビンソン（Robinson, V.）はアメリカの社会福祉の研究者で，機能的アプローチを提唱した。クライエントの成長や変化をもたらす「成長の過程」に注目したクライエント中心の立場をとり，機関の機能を重視した。

（6）問題解決アプローチ

　問題解決アプローチとは，個別援助技術（ケースワーク）において，クライエントとケースワーカーがまず意識的，段階的に当面解決していくべき問題に焦点を絞りながら，その特定問題の諸事実を明らかにしていくなかで，クライエントの問題の緩和・改善やその解決に向かっていく組織だったアプローチのことである。利用者が問題解決に向けての動機づけや対処能力を高め，そのための機会を積極的に活用することを中心にすえ，利用者自身の問題解決に対する主体性を考慮した援助方法をいう。

　パールマン（Perlman, H.H.）によって示された問題解決アプローチは，人の

生活は問題解決過程であるという視点に立ち，自我心理学を導入し，かつ動機づけ―能力―機会という枠組みを中心に構成されている。パールマンの問題解決アプローチの特色は，クライエントを社会的に機能する主体的な存在としてとらえる点，およびケースワークを施設・機関の機能を担った援助者と問題を担っているクライエントの役割関係を通じ，展開される問題解決の過程としてとらえる点にある。

（7）課題中心アプローチ

課題中心アプローチはリード（Reid, W.J.）とエプスタイン（Epstein, L.）によって開発・提唱されたもので，標的とする問題を確定し，その問題を解決していくために取り組むべき課題を設定し，期間を限定して計画的に進めていく方法である。

個別援助には問題そのものに対処する方法と，問題を持つ人自身に重点を置き対処する方法とに大別できるが，課題中心アプローチとは問題そのものに対処する方法のことを指す。具体的な課題を設定し，利用者と援助者の協力により短期間（2～4か月）で取り組む点が特徴といえる。課題中心アプローチは，パールマンの問題解決アプローチの影響を受け，それを基盤として発展した。

（8）危機介入アプローチ

危機介入アプローチは，アグレア（Aguilera, D.C.），メズイック（Messick, J.M.），セルビイ（Selby, V.C.）によって理論化された。精神保健分野などで発達した危機理論をケースワーク理論に導入したもので，危機に直面して情緒的に混乱しているクライエントに対し，適切な時期に積極的に危機に介入していく援助方法である。

危機に直面している個人や家族に対し，積極的に働きかけることにより，その危機状態を脱することを目的とする援助方法であり，危機理論にもとづいて実践の体系が構築され，他領域で応用されるようになった。この援助理論はソーシャルワークにも導入され，一つのモデルを形成するようになった。「危機」には，発達に伴う予期できる危機，死別や事故などの予期できない危機，自然災害等による危機に分類できる。クライエントの問題状況によってはきわめて有効な援助方法となる。これまでに獲得した対処方法では乗り越えられない困

難に直面し，不安定な状態（危機状態）に陥った利用者に対し，積極的・集中的な援助を行い，危機状態から抜け出すことを目的にする援助モデルをいう。

（9）行動変容アプローチ

　行動変容アプローチ（行動修正モデル，行動変容モデル）は，条件付きの理論から発展した学習理論をケースワーク理論に導入したもので，正や負の刺激を与えることによる条件反射の消去，あるいは強化により，特定の症状の解決を図るものである。クライエントの抱える問題に焦点を置き，変化すべき行動を観察することによって問題行動が除去されたり，修正されたりすることを目標にすえた考え方・方法をいう。

■参考文献

1）川村隆彦：事例と演習を通して学ぶソーシャルワーク，中央法規出版，2003.
2）田中英樹，中野伸彦編著：ソーシャルワーク演習のための88事例―実践につなぐ理論と技法を学ぶ，中央法規出版，2013.
3）社会福祉士養成講座編集委員会編：相談援助の理論と方法Ⅰ（第2版）（新・社会福祉士養成講座7），中央法規出版，2010.
4）社会福祉士養成講座編集委員会編：相談援助の理論と方法Ⅱ（第2版）（新・社会福祉士養成講座8），中央法規出版，2010.
5）福祉臨床シリーズ編集委員会編，柳澤孝主，坂野憲司責任編集：相談援助の理論と方法Ⅰ（社会福祉士シリーズ7　ソーシャルワーク），弘文堂，2009.

要点整理

□「システム理論」は，ソーシャルワークにおける援助の対象としての個人・集団・地域社会をシステムとしてとらえ，システム全体は諸要素より成り立っているという考え方である。

□ソーシャルワークの理論には，システム理論やエコロジカルアプローチなどの「状況を理解するための理論」と問題解決アプローチや課題中心アプローチなどの「実際に援助を行うための理論」がある。

□ホリス（Hollis, F.）は，「状況の中の人」という視点をもとにクライエントの社会的側面の援助を含めた心理社会的アプローチを確立した。

□問題解決アプローチとは，人の生活は問題解決の過程であるという視点に立ち，「動機づけ―能力―機会」という枠組みを中心に構成されている。

□危機介入アプローチとは，危機状態に直面し，情緒的にも混乱しているクライエントに対して，積極的かつ早急に介入する短期処遇の方法である。

□エンパワメントアプローチとはクライエントにある力（パワー）に着目し，その力を引き出して積極的に利用し援助する技法であり，生態学的視点に基礎づけられる。

□ナラティブ・アプローチとはクライエントの語る物語（ドミナント・ストーリー）を通して援助を行うものであり，クライエントが新たな意味の世界（オルタナティブ・ストーリー）を創り出すことで問題状況から決別させる。

□ソーシャルワークにおけるその他の実践モデルやアプローチには，機能的アプローチ，行動変容アプローチ，家族システムアプローチ，解決志向アプローチ，実存主義アプローチ，フェミニストアプローチ，ユニタリーアプローチなどがある。

実習対策

□実習では，人と人との関わりを重視したソーシャルワークを体験することになる。そこではクライエントのみならず，システム全体をとらえたソーシャルワーク実践について学び，人と環境の交互作用に焦点をおいて実践をとらえるこ

ととアセスメントの重要性について理解する。

□実習内容を充実したものとするためには，事前の準備が重要な要素となる。実習を行うにあたって事前にテキストなどで調べ，まとめておく。例：実習施設についての概要，根拠となる法制度，そこで働く専門職についてなど。

□実習体験には個人差がある。実習先の状況などによっては，実習計画にあるソーシャルワーク実践をすべて実施することができない場合もある。そこで，実習計画が綿密に練られているかどうかを自己で点検し，個別の状況にあったものに修正していく必要がある。

レポート・卒論対策

まずは，福祉に関するニュースに関心を持つこと。そして，人々の抱える問題に対する意識化とともに，社会的な課題に対して取り組む力を身につける。そのためには，福祉についての探究心を持ち，正しい知識と確かな技術をもとに，社会への働きかけ（ソーシャルアクション）につなげていくことが求められる。

・社会的課題への取り組みの意義と課題
・ソーシャルワーク実践力の向上への取り組み（スーパービジョンのあり方）
・エンパワメントアプローチによるソーシャルワークの効果について

就活対策

□レジデンシャルソーシャルワーカーをめざす者は，ケアワークとの関係性について理解しておくこと。そのうえでチームケアの実践において，他職種の理解に努めること。そこでは，ソーシャルワーカーとしてのアイデンティティを確立していくことが求められる。よって，分野や種別，施設・事業所の特性について十分に調べ，マッチングを意識した就職活動をすること。

□フィールドソーシャルワーカーをめざす者は，社会福祉協議会や地域包括支援センターなどの職員として，地域ニーズの把握に努め，地域支援における他機関との連携による多職種の包括型アウトリーチ支援へとつなげていくことが求められる。

160 第4章 相談援助の理論と方法

4 相談援助の過程

（1）受理面接（インテーク）

1）ケース発見

ソーシャルワークでは相談援助の対象となる個人をクライエントと呼ぶ。このクライエントには集団やコミュニティなども含まれる。このクライエントが何らかの生活上の課題を抱え，その課題をソーシャルワーカーなど相談機関への相談によって解決しようとする。その際，クライエントは自ら相談機関に連絡することや，訪ねようと能動的に動くことが一般的である。

一方，クライエントが自ら生活上の課題を感じていない場合，ソーシャルワーカーはその課題状況を発見し，クライエントに認識してもらうことから援助を開始する場合もある。このような過程を経て，クライエントが何らかの援助の対象となる場合，「ケース」と呼ばれる。

クライエントは二つの類型に分類できる。一つは，ボランタリーなクライエントである。ここでいうボランタリーとは「自ら進んで」という意味で，クライエント自身，あるいは家族などの生活課題を感じながらも自分たちでは課題解決が困難であると認識し，ソーシャルワーカーなどの専門職に自発的に相談しようとする人たちのことを指す。

もう一つは，インボランタリーなクライエントで，「自発的ではないクライエント」という意味である。このクライエントはさらに二つの類型に分けられる。一つは，専門職など他者に相談することに拒否感や反発感を抱く場合である。この場合は，相談することに拒否的，あるいは反発的な感情を話し合うことのできる関係に至るまで，傾聴や非審判的な態度で臨む必要がある。もう一つは，相談援助の意味や目的を理解していない場合である。この場合，まずソーシャルワーカーは何を行う専門職か，理解していないことも考えられるため，クライエントとの信頼関係の構築に留意しつつ，ソーシャルワーカーは何を行う専門職か，また，専門職に相談することの利点（メリット）を伝え，理解を促す必要がある。このようなインボランタリーなクライエントには次項で取り上げるアウトリーチの視点で関わることが重要である。

2）受理面接とは

受理面接はインテーク，あるいは初回面接とも呼ばれ，相談援助過程における最初の段階である。これは，何らかの生活課題を抱えるクライエントとソーシャルワーカーが初めて出会う段階である。このため，クライエントが抱える生活課題に関する相談を「受け付ける」という意味で受理面接といわれ，援助関係の基盤を構築することになる。

受理面接の場面にはクライエント本人や家族が相談機関へ直接出向く場合（来所面接）と電話による相談がある。また，近隣住民や民生委員，あるいは他の相談機関などから紹介される場合などもよく行われる。

クライエント本人や家族から援助の申し出はないが，ソーシャルワーカーが自ら地域に出向き，クライエントを発見する方法もある。これをアウトリーチという。アウトリーチの定義は，日本では根本博司[5]の狭義・広義の定義がよく活用されるが，ここでは詳細で包括的な意味合いを含む久松信夫ら[6]の定義をあげておく。すなわち，「自発的に援助を求めようとしない場合や，客観的にみて援助が必要と判断される問題を抱えている高齢者や家族などを対象として，援助機関や援助者の側から積極的に介入を行う技法・視点である。さらに，その対象者の抱える問題解決の促進に向けて潜在的なニーズの掘り起こし，援助を活用するための動機づけや情報・サービス提供，地域づくり等の具体的な援助を提供するアプローチ」のことである。この定義における"高齢者"を"クライエント"と置き換えてもよい。このようなアウトリーチの実践により，ソーシャルワーカーとクライエントが初めて出会い，相談援助過程が始まる場合もある。

3）受理面接の内容

受理面接の内容として，①ニーズの把握，②主訴とニーズの確認，③援助機能の説明と援助利用の確認がある。このうち，①ニーズの把握はクライエント

---

[5]　根本博司「援助困難ケースと向き合うソーシャルワーカーの課題」『社会福祉士』7，2000，pp.129-139.

[6]　久松信夫，小野寺敦志「認知症高齢者と家族へのアウトリーチの意義；介護保険制度下における実践の役割と条件」『老年社会科学』28(3)，2006，pp.297-311.

が抱える生活問題は何か，解決すべき生活課題は何かを把握することである。その際，さらなる生活課題の重篤化を未然に防ぐことや，地域にある生活ニーズを積極的に掘り起こすことも重要である。

②主訴とニーズの確認において，主訴とはクライエント本人や家族が面接者に一番言いたい訴えや援助してほしいことである。その主訴から面接者は，困っている内容や状況の概要，緊急性の有無，クライエントや家族の基本属性（家族構成，年齢，職業など）や生活状況の概要などを尋ねる。その際，一般的には「受理面接シート」や「フェイスシート」と呼ばれる定式化された面接用紙を使用することが多い。クライエントや家族が困っていることや，訴えたいことについて話してもらうため，積極的に相談内容に耳を傾け，質問を交えながら相談内容を整理し，主訴とニーズを確認する。

③援助機能の説明と援助利用の確認では，これまでの受理面接においてクライエントの主訴や解決すべき内容について，援助者はその課題を援助者や所属機関が援助できるかどうか，援助可能な範囲を説明し，援助が可能な場合，援助者の機関で援助を利用するかを確認する段階である。その際の留意点として，クライエントが抱える生活課題は多様化，複雑化していることもあり，単一の機関のみで有効な援助を提供できるとは限らないことである。このため，必要に応じて他機関との連携や紹介が求められる。

4）受理面接におけるソーシャルワーカーの視点

受理面接におけるソーシャルワーカーの視点で最も重要なことは傾聴による受容と共感である。これはクライエントとの関係において信頼にもとづく人間関係において最も重視しなければならないため，この場合の信頼関係とはソーシャルワーカーの誠実さを基盤とした受容関係といえる。さらに，クライエントの話に耳を傾け（傾聴），クライエントの立場から生活課題を理解するよう，共感することが重要である。

また，クライエントの抱える課題は個別の状況としてとらえる個別化の姿勢をとらなければならない。この点は，それ以降の援助関係や展開に大きな影響を与えるものであるため，留意する必要がある。なぜなら，受理面接はクライエントのニーズを把握し，援助の見通しを検討するものであるため，個別化の

姿勢をとらなければ適切な援助の見立てがつけられないからである。

　同時に，クライエントが抱えている生活課題に緊急に対応すべきか，判断することが行われる。この背景には，客観的にみてクライエントの周辺で緊急に対処すべき事態が起きているにもかかわらず，当事者が気づいていない場合，あるいは相談することに躊躇している場合が考えられるため，ソーシャルワーカーには課題を把握し，緊急性を判断する能力と，ニーズを掘り起こす能力を高めることが求められる。

　さらに，クライエントは初めて出会うソーシャルワーカーに相談をすることについて，自らが抱えている生活課題が解決されるのかどうかも含め，大きな不安や恐れを抱いている場合もある。このため，クライエントの相談の秘密は厳守され，かつ相談場所のプライバシーへの配慮などを行うことも重要である。

5）受理面接における技術

　受理面接において重要なことは，クライエントと援助者との間における信頼関係を通し，展開される「専門的援助関係（ラポール）」である。このため，クライエントと援助者の適切で良好な関係を築くことは相談援助の基本的姿勢である。とくに受理面接はクライエントと援助者が初めて出会う場面であるため，専門的援助関係の構築は重要，かつ不可欠である。

　この専門的援助関係を築くため，コミュニケーションが欠かせない。コミュニケーションには言語的コミュニケーションと非言語的コミュニケーションがあるが，両方を適宜活用しながらクライエントとの専門的援助関係を深めていかなければならない。とくにクライエントの表情やしぐさ，視線などの非言語的に表す態度を観察しながら，援助者は面接を展開することが重要である。

6）受理面接で使用する記録用紙

　受理面接では，「受理面接シート」や「フェイスシート」と呼ばれる定式化された記録用紙を活用することが一般的である。これらのシートに盛り込まれる項目は次のようなものがある。

　①基本的事項（担当者氏名，援助開始日と終了日，利用者氏名，生年月日，年齢，住所，連絡先，紹介経路，相談内容，家族状況，生活歴，職歴，経済状況，日常生活動作（ADL），主治医と診療科，現在の病歴・既往歴・経過，活用している社会制度

など），②主訴（面接開始時，クライエントが主に何に困って援助を求めてきたのか，記載する内容），③事前評価（アセスメント）を記載する項目，④援助計画（援助の方針や必要な社会資源を盛り込む項目），⑤終結時の総括（援助終了時の状況を記載する項目）がある。このほか，援助の経過を記録する「経過観察（モニタリング）シート」があるため，適宜記録を記入しておく。

（2）事前評価

1）事前評価とは

　ソーシャルワークにおける事前評価はアセスメントともいわれる。事前評価，またはアセスメントとは前段階の受理面接（インテーク）において収集し，把握したクライエントの生活課題にまつわる情報に加え，さらにくわしい情報を収集し，把握した生活課題に関する情報を分析し，クライエントのニーズを明らかにすることである。その際，クライエントや家族などが抱えている生活課題にまつわる解決すべき課題を援助者のみの視点でみるのではなく，本人や家族とともに検討することが重要である。

2）事前評価の内容

　事前評価の主な内容はクライエントの生活課題に関わる情報の収集と分析，ニーズを明確にし，それを共有することである。そのうえで，援助の最終的な目標と達成する必要がある課題を設定し，クライエントと援助の契約を結ぶことになる。事前評価はクライエントと課題を取り巻く状況を多面的にみる段階であるため，クライエントの主訴や心理・社会面における情報，身体・健康面における情報をはじめ，クライエントや家族と地域環境や社会参加の状況などの情報を収集し，把握する必要がある。このようなクライエントを取り巻くさまざまな状況は時間の経過とともに，また，援助の展開によって変化することも多いため，事前評価は必要に応じ，繰り返して行われる。

3）事前評価におけるソーシャルワーカーの視点

　事前評価におけるソーシャルワーカーの視点のキーワードとして，クライエントのストレングスをとらえる視点，エンパワメントや自己決定，アドボカシーなどがあげられる。ソーシャルワークは，クライエントが抱える生活課題に焦点を当て，そこに重点をおいた情報収集となることが多い。事前評価ではク

ライエントの持つストレングス（強さ，能力，可能性など）に焦点を当て，クライエントの目に見えない能力を活用し，安定した生活の維持・向上を支援する視点を持つことが重要である。つまり，「できない部分」ではなく，「できる部分」や意欲を持っている側面に焦点を当てることである。ストレングスと関連の深いエンパワメントは，クライエント自らの持つ内的な力を引き出す支援で，クライエントが主体的に生きる姿勢を選択し決定を促すことである。その際，クライエント自身が自己決定することを支援することも重要である。それは自ら選択した生活にクライエントが責任を持つことであり，自立を促す重要な機会でもある。このため，事前評価の段階から生活の主体者として自分の生活について考え，決定する過程にクライエントに参加を促す必要がある。

　一方，クライエントのなかには自らニーズを表明したり，うまく意思表示したりすることが困難な人も存在する。その場合，ソーシャルワーカーが代わってクライエントのニーズを表明すること，あるいは代弁や権利擁護を行うアドボカシーの視点を持つことが重要である。

4）事前評価における技術

　① 記録の技法　　ソーシャルワークにおける記録の目的はクライエントの利益や自立支援をめざし，より適切な支援を行うため，援助過程を振り返り援助者が内省しつつ，支援を展開するためである。事前評価においては事前評価（アセスメント）シートなど定式化された用紙を使用することが多く，受理面接で得た情報をもとに，さらに詳細な内容（健康状態，職業，経済，住居，社会的交流，利用中の制度やサービスなど）や生活歴，家族歴などを記録する。その際，マッピング技法（クライエントを中心に関わるさまざまな人や社会資源を記号，線を用い，相互関係を図式化する技法）を用い，ジェノグラム[7]やエコマップ[8]を活用し，ソーシャルワークが扱う「人と環境の交互作用」の視点からクライエントの生活課題を分析していく。

---

[7]　Genogram：Generation mapともいい，家族関係図といわれる。時間的経過のなかで家族関係の特徴，重要な出来事（病気，結婚，離婚，死亡など）を図式化する。

[8]　Ecological mapの略で，課題を抱える個人や家族とその周囲の関係者や社会資源との関係を図式化したもの。

② 観察の技法　　事前評価では，クライエントを多角的に観察する必要がある。まず，クライエントの感情や気持ちは，抱えている生活課題の状況や課題となるまでのさまざまな経験に対し，表れることが考えられるため，その点を留意してクライエントをとらえる必要がある。また，クライエントの言語による内容からその意味や意図を観察するだけでなく，非言語によるコミュニケーション（視線，表情，しぐさ，態度，声の調子など）に注意して観察して応答することも重要である。

（3）支援計画

1）支援計画とは

支援計画はプランニングともいわれ，受理面接で得た情報をもとに事前評価により，生活課題を解決する目標を定め，その目標の達成に向けた支援計画を作成することである。支援計画を行う意義は以下の内容があげられる。

①支援の方向性を確認し，整理することにより，支援すべき項目の優先順位を明確化する。②クライエントが抱える生活課題を解決するには支援期間がどの程度必要と見込まれるのか，見通しをつける。③支援を実施するにあたり，だれが何をいつ，どのように行うか，明確にし，関係者間で共有することにより，関係者の役割が明確になる。④支援計画を書式化された書面にし，関係者間で共有することによりクライエントや家族も含めた関係者と共通認識を持つことができる。⑤支援を振り返る際，支援の進捗状況の把握とその評価やクライエントの成長過程が把握できる。⑥支援の担当者が変更になった場合などに支援計画があることで，継続した支援が展開できるなどがある。

2）支援計画の内容

支援計画の主な内容として，クライエントを中心とした支援の目標や実際の支援内容を検討し，組み立てていくこと，その際，フォーマルおよびインフォーマルな社会資源の活用，関係機関への連絡調整，個別のケースカンファレンスなどによる支援計画の共有があげられる。

まず，支援の目標や支援内容を検討し組み立てていくことは，事前評価において導き出したクライエントをめぐる生活課題の分析を通し，クライエントのニーズを充足するための最終的なゴール（着地点）は何か，また，それにもと

づく長期目標を検討し，次に中間的な目標である短期目標を検討する。その際，ソーシャルワーカーはクライエント本人や家族とともに検討し，組み立てていく場を設けること，すなわち，クライエントの参加・協働が重要な視点である。また，支援目標を達成するためにはどのような支援内容が必要か，検討する。その場合，具体的なサービス内容（デイサービスなど）を真っ先に検討するのではなく，あくまでもクライエント本人や家族の視点からどのような支援を必要とするのか，検討することに留意する必要がある。この支援内容を検討する場合，クライエント本人や家族の長所やできること，可能性などのストレングス，意欲を引き出しながら活用することが重要である。

　次に，検討した支援内容に沿い，フォーマルおよびインフォーマルな具体的な社会資源（サービスなど）の活用を検討し，支援計画を組み立てる。そして，ソーシャルワーカーは，検討した支援計画をクライエントや家族と共有化する。さらに，支援に必要な具体的な社会資源となるサービス提供機関に対し，クライエントに関する情報や支援計画について情報提供（情報の公開）の承諾を得たのち，サービス提供機関と連絡調整を行う。支援計画にもとづく具体的なサービス提供機関が定まったら，クライエントや家族にも参加を促し，個別のケースカンファレンスをサービス提供機関とともに開催する。このケースカンファレンスなどで支援計画・目標の再検討を行い，適宜修正や追加を行う。ソーシャルワーカーをはじめ，クライエント本人や家族，サービス提供機関の間で支援計画の確認を行い，支援計画が確定する。

3）支援計画におけるソーシャルワーカーの視点

　支援計画におけるソーシャルワーカーが持つべき視点として，エンパワメントとストレングス，アドボカシー，自己決定，自立支援，フォーマル／インフォーマルな社会資源の活用などがあるが，いずれの視点も不可欠なものである。

　エンパワメントとストレングスは，現代ソーシャルワークにおいては重要な視点として位置づけられる。ソーシャルワーカーはクライエント本人や家族の長所や今できていること，さらにはその可能性や意欲を引き出し，抱えている課題の解決に主体的に取り組めるように支援しつつ，その旨を支援計画書に落とし込み，具体的な支援内容を検討していく。その際，クライエント本人や家

族が抱えている課題の解決に消極的であったり，自信を失うなりしている場合，主体的に取り組めるように励ましたり，代弁を行って課題解決の見通しをつけられるよう，支援することが必要である。これはアドボカシーの観点からも重要で，クライエント本人や家族の権利擁護を反映させた支援計画の立案を，ソーシャルワーカーはめざさなければならない。

　また，支援の内容をクライエント本人や家族が自ら検討し，ソーシャルワーカーは支援の内容や活用する社会資源（フォーマルおよびインフォーマル）の情報提供を行い，本人や家族が提供された支援内容や社会資源の情報を選択し，支援内容の道筋がつけられるように，ソーシャルワーカーは側面的な支援をする必要がある。そのことにより，クライエント本人や家族が自分自身の課題解決に責任を持てるよう，自己決定の場面を設定する視点も欠かせない。このような過程を経て，本人や家族の自立支援を展開していくことになる。このため，自立支援とは具体的な支援内容のみで実現するだけではなく，支援計画をクライエント本人や家族が主体的に練っていく過程のなかにも存在することになる。

　ソーシャルワーカーはクライエントや家族とともに支援計画を立案していくなかで，具体的なサービスを提供する施設・機関と連絡調整を行う。その際，クライエント本人や家族が自らの意思や意向を表出しにくい場面があれば，代わって本人や家族の意思や意向をサービス提供施設や機関に代弁し，働きかけることが必要となる。そして，支援計画の内容が定まってきたら，その支援計画書をもとにソーシャルワーカーはクライエント本人や家族と全体の内容を確認する。具体的には，支援計画の方向性や内容の説明を行い，現実的で実行可能な支援計画であることを確認し，クライエント本人や家族の同意を得て（インフォームド・コンセント），共通認識を持つことが重要である。

4）支援計画における技術

　支援計画において必要な主な技術は記録と計画作成，関係機関との調整，ケースマネジメント（ケアマネジメント），ネットワーキングがある。

　記録と計画作成の技術は支援計画用紙などを用いて支援目標や支援内容を検討し，記入していくものである。支援目標や支援内容を検討する際，あらかじ

め地域の社会資源の一覧などを作成しておき，それを活用することが有効である。また，地域の社会資源の一覧にはその社会資源に関するパンフレットも同時に用意しておくと，なお検討しやすくなる。支援計画用紙の項目を単に埋めていくだけではなく，なぜ，その支援目標を立てるのか，また，なぜ，この支援内容を採用するのか，十分に吟味し，具体的な内容を検討することが重要である。この記録と計画作成の技術はソーシャルワークの視点から用いることはいうまでもないが，保健医療などからの多角的な視野を含めた計画作成の技術が求められる。

　支援計画を立案したのち，クライエントなどに具体的に介入するサービス提供施設・機関との調整を行う。サービス提供施設・機関との間でクライエント本人や家族への支援について共通認識を確認したのち，具体的な支援内容の展開のあり方や支援の回数などの調整を行う。これは相互に電話などで行われることが多いが，正確さを期するため，直接対面して行うことが望ましい。この一連の過程にはケースマネジメント（ケアマネジメント）の技術を要する。ケースマネジメントとはクライエントと社会資源（サービス）をソーシャルワーカーが連結させるためのケアの調整のことをいい，ケアマネジメントともいう。日本では，2000（平成12）年に施行された介護保険法のもとでケアマネジメントという表現の使用が一般的になった。

　サービス提供施設・機関との連絡調整ののち，クライエント本人や家族を中心とした関係機関のネットワーキングを行い，支援体制を整える。関係機関同士，支援するクライエント本人や家族にどのような関係機関が関与しているのか，ソーシャルワーカーが行ったネットワーキングを開示し，連携を強化しておく。また，ソーシャルワーカーを基点に関係機関同士の連携は日常的，かつ相互に強化に努める必要があることも忘れてはならない。

（4）支援の実施

1）支援の実施とは

　支援の実施は介入，またはインターベンションともいわれ，支援計画に沿って社会資源，サービス提供施設・機関による具体的な方法で支援を実施することである。各サービス提供施設・機関が定められた支援展開のスケジュールに

より，サービスを提供していく。ソーシャルワーカーはクライエントやクライエントを取り巻く環境に関わり，その一連の行為をいう。

2）支援の実施の内容

ソーシャルワーカーによる支援の内容は，クライエント本人や家族に直接関わる支援，および具体的なサービスを提供している施設・機関に働きかける間接的な支援がある。前者において，ソーシャルワーカーは全体的な支援が策定した支援計画に沿い，問題なく進められているか，把握する。その際，具体的な支援やサービス提供により，環境やクライエント本人や家族の内面が変化している場合には肯定的に評価し，クライエントを励ましつつ，状況によっては何らかのアドバイスを行うなど，必要な情報を提供することもある。また，具体的な支援をめぐり，困り事はないか，質問や要望はないかなど，常にクライエント本人をめぐる周囲の環境に気を配る。一方，後者において，ソーシャルワーカーはサービス提供施設・機関や関係者が適切な支援を実施展開しているのか，気を配り，状況によってはサービス提供の内容の増減や新たな資源の活用などの調整も行う。その際，支援の全体的な調整が必要な場合にはケア会議を実施するなど，あくまでもクライエント本人を軸にし，支援環境の調整を行うことになる。このようにソーシャルワーカーはクライエントやサービス提供施設・機関の両者に関わり，計画通りに支援を展開するため，積極的にコミュニケーションを図る必要がある。

3）支援の実施におけるソーシャルワーカーの視点

ソーシャルワーカーは，支援の実施においてクライエントをめぐる環境が一定の変化を来すことについて支持したり，サービス提供によって変化するクライエント本人や家族の内面を受容したりすることが重要である。これらは電話も含めた相談面接において行われる。このため，相談面接一般の留意すべき事柄を念頭におき，クライエント本人に重点的に関わる。また，支援の実施においてクライエントをめぐる内面的外面的な環境が変化し，しかも，クライエントがそれを自ら表現しにくい場合にはソーシャルワーカーはアドボカシーの観点から，クライエントの意思をサービス提供施設・機関などに代弁するなど，抱えている課題の解決や軽減に向けた直接的な支援を行う視点を持つことも重

要である。

4）支援の実施における技術

支援の実施におけるソーシャルワーカーが持つ技術は，サービス提供施設・機関や関係者との連携の技術があげられる。

具体的には，①電話や電子メール，ファクスなどを利用した文書によるもの，②定期的，または不定期（随時）にケア会議（地域ケア会議，サービス担当者会議）などを開催し，連絡調整を行うものがある。その際，ソーシャルワーカーによる連絡調整技術が重要な位置づけとなってくる。

たとえば，ケア会議を開催する際の議事進行のあり方，支援の進め方の情報交換や検討，関係者との調整の技術である。ケア会議にはソーシャルワーカー以外に，サービス担当責任者や介護職員，医師，看護師，リハビリテーションスタッフ，民生委員，自治会などの多職種や関係者が集まるため，このようなあらゆる関係者とクライエントをめぐる支援の検討や連絡調整を行う技術が必要となる。

クライエントと関わる際には面接場面における観察技法やカウンセリング技術，ケアマネジメントなどがあるが，場合によってはクライエントのニーズからソーシャルアクションの技術を要することもある。このようにクライエントとの間で執り行うミクロレベルの技術から，地域支援や地域住民を取り巻く環境を扱うメゾレベルの技術，広く社会や行政に向けた支援を展開するマクロレベルの技術など，多岐にわたる技術を要する。

（5）経過観察

1）経過観察とは

経過観察はモニタリングともいい，クライエントの具体的なサービスの利用状況に関する経過観察を行い，支援の実施が的確に円滑に展開されているのか，監視し，必要に応じ，支援計画とサービスの調整を行うことを指す。

この場合，経過観察の前提となっている考え方がある。それは支援を実施したあと，クライエントをめぐる状況に何らかの変化が起こり得ることであり，必ずしも支援計画通りに支援そのものや，課題解決へのクライエントの取り組みが円滑に進まないことがある，ということである。また，支援計画を立案し

172　第4章　相談援助の理論と方法

た際，明確にわからなかったことが支援を開始してから明確になることがあることも，経過観察を行う必要の前提となっている。このため，経過観察を行い，クライエントをめぐる状況の変化に伴い，あるいはサービスの提供上に何らかの支障が生じた場合には，事前評価（再アセスメント）を再度行い，支援計画の修正を適宜行っていくことになる。

2）経過観察の内容

　経過観察の方法には大別して二つある。一つは，クライエント本人や家族との面接である。面接では，支援が始まってから起きたクライエントをめぐる変化はあるか，また，あるとしたらどのような変化か。利用しているサービス提供施設・機関や関係者との関係で何らかの困り事はないか。支援の実施において何か質問や要望はないか，などを確認する。

　二つ目はサービス提供施設・機関や関係者からの情報提供である。クライエントをめぐる生活課題の状況は改善しているか，新たに追加すべき社会資源はあるか，サービス提供施設・機関や関係者側からみたクライエント本人や家族の生活状況に関する意見はないか，支援のネットワークにおけるクライエント本人や家族と関係機関・関係者間で何らかの課題が生じていないか，などを確認する。また，クライエントに関する支援記録などの情報を閲覧する場合（病院内のカルテや施設におけるケース記録など）や，ケアカンファレンスなどを通し，情報を得て確認する場合もある。

　この経過観察を通じ，新たに取り組むべき課題を確認した場合，再度，支援計画に戻り，支援計画内容の修正や追加を行い，支援を改めて実施することになる。また，支援が一定の成果を上げていないと確認された場合，事前評価の段階まで戻り，再度事前評価（再アセスメント）を行い，それにもとづく支援計画の策定を見直し，支援を実施し直すこととなる。

　いずれの場合も再度，経過観察を実施することになる。このように経過観察の結果から再度事前評価や支援計画の段階に戻るなど，循環する過程を経る点が特徴である。また，支援目標や支援計画が達成され，クライエントをめぐる生活課題の改善やニーズが満たされた場合，次の支援の終結と効果測定に移る。

3）経過観察におけるソーシャルワーカーの視点

　経過観察におけるソーシャルワーカーの視点は，まずクライエントへの支援をめぐる状況確認のための電話も含めた面接の際，クライエント本人や家族の観察を通し，情報を得ることにある。観察を通じ，クライエントが抱えている生活課題の解決に向け，事態が好転しているのか，確認する視点が必要である。この観察の際，クライエント本人や家族が自ら生活の変化について表現することもあるが，むしろ重要なのはクライエントをめぐる生活状況がソーシャルワーカーからみて，客観的に悪化していたり，事態が好転していなかったりしていることにクライエント本人が気づいていない場合，ソーシャルワーカーはアウトリーチの視点を活用し，取り組むべき課題の抽出を積極的に行う視点が必要である。このように支援の経過観察においても新たな課題が発生していないかどうか，また，事態が好転せずにいるかどうか，絶えずアウトリーチ視点にもとづく観察を行う必要がある。このアウトリーチはソーシャルワーカー一職種だけでなく，サービス提供施設・機関や関係者からの情報をもとに行うこともあるため，日ごろから関係者とは密に連携体制をとっておく必要がある。

　また，ソーシャルワーカーはサービス提供施設・機関や関係者とともにチームアプローチを通し，クライエントを支援していることを念頭におき，経過観察を行う。しかし，関係職種間のみでモニタリングを実施するのではなく，クライエント本人や家族の参加を促しつつ，クライエントの意見を積極的に聞いて取り入れる姿勢をとることも重要である。

4）経過観察における技術

　経過観察におけるソーシャルワーカーに必要な技術は面接と観察，クライエントとのコミュニケーション，生活課題解決や軽減をめぐる情報の把握とアウトリーチ，代弁（アドボカシー），関係機関との連携，ケアカンファレンスなどがあげられる。

　面接と観察については，クライエント本人や家族と経過観察を行うための面接技術やさまざまな視点からの観察技術が不可欠となる。支援の実施におけるクライエントをめぐる何らかの変化について，クライエント本人から直接聞き出す技術や，その変化についてクライエント自身がどのようにとらえているの

か，今後，どうしたいと思っているのかなど，本音を引き出せる技術が必要である。その際，クライエントとのコミュニケーションは欠かせないため，たとえば，不登校の子どもや認知症高齢者などクライエント特性に応じた臨機応変的，かつ専門的なコミュニケーション技術が必要である。

　また，クライエントが抱える生活課題の解決や軽減に関するクライエントをはじめ，関係者からの情報を把握する技術，客観的にみて生活課題が新たに生じていないか，あるいは深刻化していないか，積極的に関わるアウトリーチ技術も必要である。クライエントが支援の実施をめぐり，自己主張や意思表示できない場合にはコミュニケーション技術を用い，代弁やアドボカシーを展開する技術も重要である。さらに，サービス提供施設・期間などの関係機関や関係者などとのコミュニケーションである連絡調整や連携の技術も発揮しなければならない。この技術がないと支援の実施は効果的に展開しない。また，必要に応じ，ケアカンファレンスをクライエントの参加も踏まえながら関係機関や関係者とともに開催し，検討する技術が重要となる。

（6）支援の終結と効果測定

1）支援の終結と効果測定とは

　支援の終結とは，受理面接から経過観察までの一連の過程で支援目標や計画が達成され，クライエントが抱えている生活課題が解決されたとクライエント本人と家族，ソーシャルワーカーが支援を終了してもよいと共通認識を持ち，相互の合意による判断をした場合に，支援を終了することを指す。また，クライエントが他施設・他機関に送致（施設入所，退院や退所など）されたり，クライエントが死亡したりした場合も支援の終結となる。さらに，クライエント自身の生活課題は残されているものの，今後，クライエント自身で課題解決に取り組んでいくことが確認された場合も支援の終結となる場合もある。

　効果測定とは，ソーシャルワーカーのクライエントへの支援内容や支援目標，支援計画がクライエントのニーズを充足しているかどうか，その効果を測定することである。測定は，数値で測れる場合は量的な方法，数値で測れない場合は質的な方法の二つに分類できる。

2）支援の終結と効果測定の内容

支援の終結におけるソーシャルワーカーによる内容は，支援の終結の事前検討，終結のクライエントへの通知（連絡）と合意，今後のクライエントの生活の方向性の確認，支援契約の終結がある。

支援の終結の事前検討は支援の経過観察を踏まえ，クライエントが抱える生活課題が解決に至っていることを確認し，支援の終結を事前にクライエントとソーシャルワーカーが検討することである。その際，相談支援は終了するが，サービス提供は継続する場合もあり得る。

たとえば，高齢者の虐待に関し，養護者との相談支援は終了するものの，デイサービスなどのサービス提供は継続する場合があげられる。支援の終結の事前検討によって，いつ，どのように支援を終結するか，終結の時期や方法などについても，クライエントとソーシャルワーカー相互に検討し，確認する。この事前検討の結果，支援の終結の時期や方法を確認したのち，終結のクライエントへの通知（連絡）と合意を行う。ここで支援の終結の再度の確認を行い，支援の終結をクライエントに告げる。クライエントにもこの段階で支援の終結を納得のうえ，了解を得る。このあと，今後のクライエントの生活の方向性の確認を行う。

なお，支援の終結に至っても今後も相談に応じられることを伝達したり，その窓口の連絡先を伝えたり，生活課題の解決方法の見通しや今後もともに検討できる可能性を確認したりする必要がある。また，新たな生活課題が発生する可能性や解決に至った生活問題が再浮上する可能性について見通しを立て，再度，相談支援の対応が可能なことを伝えるなど，今後の支援の見通しを伝えておくことも重要である。これらの段階を踏まえ，最終的に支援契約の終結を結ぶ。

効果測定の内容はクライエント自身によるもの，ソーシャルワーカーによるもの，関係機関によるものがある。クライエント自身によるソーシャルワーカーの支援の効果測定は支援の満足度に伴うことが多い。クライエント自らが抱えている生活課題への解決能力が支援の進展とともに向上し，解決の見通しが立った場合など，ニーズが充足され課題解決に前向きに検討できるようになる

と，クライエント自身も支援の効果があったと感じることがある。ソーシャルワーカーによる効果測定は，クライエントの様子を客観的にみて行うことである。この場合，数値で表せられるものと数値で表せられないものがある。

　前者は，たとえば，「月1回程度しかデイサービスに通えなかったが，今は週1回（月4回）通うことができた」や，「グループワーク参加者の○%が生活スキルの向上があったと回答した」などがあげられる。この場合，支援の効果を「量」としてとらえられるものと位置づけられる。後者の数値で表せられないものには，たとえば，「クライエント本人の表情が明るくなり，笑顔が多くみられるようになった」や，「家族が介護に意欲をみせ前向きな姿勢になった」などがあげられる。この場合，支援の効果を「質」としてとらえることができる。関係機関による支援の効果測定もソーシャルワーカーによるものと同様で，量と質による支援の効果測定が可能なものといえ，関係機関によるものは客観性を帯びた効果測定ともとらえられる。いずれの効果測定を採用するとしてもクライエントによる主観的な側面は重視しなければならない。

3）支援の終結と効果測定におけるソーシャルワーカーの視点

　支援の終結におけるソーシャルワーカーの視点は，解決された生活課題と残された生活課題についての扱い，支援の終結にあたりクライエントが抱く不安への対処，関係機関との連携があげられる。支援の展開や経過観察により，クライエントが抱える生活課題の何が解決されて何が課題として残っているのか，クライエントとソーシャルワーカーとの間で確認する必要がある。その際，エンパワメントやストレングスの視点から，クライエントと生活課題の解決について検討することが重要である。生活課題が解決できたことを肯定的に認め，残された課題についてもクライエント自身で取り組んでいけるよう，励まし，肯定的な見通しをつけることである。

　この解決された生活課題と残された課題について，ソーシャルワーカーはクライエントとの間にインフォームド・コンセントの視点で関わることも重要である。また，支援の終結に際し，クライエントは何らかの漠然とした不安を抱くことがある。その不安をソーシャルワーカーはきちんと受け止め，受容的な姿勢で傾聴することである。支援が終結しても相談支援はいつでも再開できる

ことを示しつつ，支援の終結に向けてクライエントを励まし，今後の生活に自信が持てるよう，支持することである。さらに，クライエント単独で生活課題の解決に取り組むのではなく，関係機関も協力できることを伝え，ソーシャルワーカーは関係機関との連携に努めなければならない。このような意味から，支援の終結後も関係機関による一定の経過観察（モニタリング）が必要となってくる。この関係機関による経過観察の内容によっては，ソーシャルワーカーの支援の再開の可能性もある。

効果測定におけるソーシャルワーカーの視点は，支援の実施によってクライエントにどのような影響を与えたのか，検討すること，また，自らの役割をどのように果たせたのか，評価することが必要である。前者はクライエントへの支援によって生活課題解決に向け，どのような影響があったのか，クライエントの主観的な検討と，ソーシャルワーカーや関係機関による客観的な検討を合わせて確認する必要がある。後者は，ソーシャルワーカーがクライエントに対してだけではなく，関係機関に対しても役割をどのように発揮できたのか，評価することである。ここではソーシャルワーカー自身による主観的な評価，および関係機関の客観的な評価を合わせて検討することである。その際，クライエントの生活課題の解決に向けての役割の視点から検討することにも留意しなければならない。

4）支援の終結と効果測定の技術

支援の終結と効果測定におけるソーシャルワーカーが持つ技術として，面接技術や観察技術，インフォームド・コンセント，各種の効果測定技術がある。

支援を終結するにあたり，クライエントと対面での面接を行う際の一般的な面接技術のほか，支援の終結におけるクライエントの不安を受け止め，今後の生活の見通しをつける面接技術が必要となる。また，クライエントの言動や表情などを読み解く観察技術も欠かせない。支援の終結に際し，「終結」することのクライエントとインフォームド・コンセントを通し，合意に達する技術も必要である。さらに，効果測定においては数値で表せる測定と数値で表せない測定を行う。たとえば，量的調査（尺度を用いたり，統計学的分析など）や質的調

査（事例検討，シングル・システム・デザイン[*9]など）の技術を習得しておくことが重要である。

（7）アフターケア

1）アフターケアとは

　経過観察（モニタリング）により，クライエントが抱えている生活課題の解決や支援の目標が達成され，支援を終結後，クライエントから支援再開の要請があった場合や，ソーシャルワーカーからクライエントに定期的に生活の様子をうかがうなど，支援の終結後に何らかの方法でソーシャルワーカーがクライエントに関わることを指す。この場合，関係機関からソーシャルワーカーに支援再開の要請があった場合も含まれる。

2）アフターケアの内容

　クライエントがソーシャルワーカーとの合意のうえ，支援の終結を果たしたとしても，その後，クライエントが自分自身で社会資源をうまく活用できず，生活に行きづまることもある。このため，支援の終結時に「今後，また，困ったことがあったらいつでも相談して下さい」などと，相談支援が再開可能なことをクライエントに伝えておくことが必要となる。それによって，クライエントの不安が軽減し，安心感につながることもある。このため，クライエントと絶え間ないラポール（専門的な信頼にもとづく支援関係）を構築，維持しておく必要がある。また，サービス提供施設・機関や民生委員，近隣住民などの関係者に見守りや声かけを依頼しておくことも重要である。

　アフターケアの具体的な方法として，支援の終結後，①定期的にクライエント本人に連絡や対面し，生活状況を聞く，②サービス提供施設・機関からクライエントの生活状況を聞く，③地域住民や民生委員・児童委員などからクライエントの生活状況を聞くことなどがある。いずれの方法をとってもクライエントの生活状況を把握し，支援再開の可能性が出てきた場合，相談援助の過程の入り口である「事前評価（インテーク）」から再開することになる。

[*9]　シングル・システム・デザインとは単一事例実験計画法ともいい，ある一つの事例をもとに，特定のある行動について支援の実施によって変化（効果）があったかどうか，介入前後において測定する方法。

いずれにしても、ソーシャルワーカーは支援の終結後もクライエントとの関わりのあり方について自己覚知を行い、自身の支援のあり方を振り返っておく必要がある。

3）アフターケアにおけるソーシャルワーカーの視点

アフターケアにおけるソーシャルワーカーの視点は前項でも示したように、相談援助過程における事前評価（インテーク）から再開することとなるため、クライエント本人や家族の生活課題や生活状況などの情報収集を行うこととなる。また、クライエントからの相談を待つのではなく、アウトリーチの視点を持ち続け、ソーシャルワーカーの方からクライエントに積極的に関わり、新たな生活課題が発生していないか、あるいは複雑化していないか、定期的に確認することが重要である。このアウトリーチはクライエントとソーシャルワーカー間だけで行うのではなく、関係機関・関係者にクライエントに関する情報を提供してもらうことや、ソーシャルワーカーからクライエントの近況をうかがうことも含まれる。

また、アフターケアにおいてクライエントの支援が再開した場合、2度目以上の支援の契約を締結することになるため、クライエントへの関わりや事前評価を再実施する際、クライエントのストレングスを早期に見いだし、エンパワメントを強化することも重要な視点となる。

4）アフターケアの技術

支援を一度終結したあとのアフターケアにおいても、クライエントに直接関わる（電話や訪問など）ことがあるため、クライエントとのコミュニケーション技術が必要となる。たとえば、クライエントが認知症高齢者の場合、認知症が進行している場合もあるため、認知症の程度に合わせたコミュニケーションのとり方を習得しておかなければならない。また、関係機関や関係者との情報交換を行うこともあるため、連携技術を要することになる。さらに、支援が実際に再開することになった場合、関係機関・関係者とのチームアプローチも再開することになるため、このチームアプローチにおける調整技術も必要になる。

（8）スーパービジョン
1）スーパービジョンとは

　スーパービジョンとは，スーパーバイザー（ソーシャルワーク実践の豊富な経験と専門的知識を持ち，相談を受ける役割の人）がスーパーバイジー（ソーシャルワーク実践を行い，相談をする人）に対し，ソーシャルワーカーとしての知識，価値，技術などを各種現場の実践を通じ，継続的，あるいは単発的に習得していく過程のことを指す。ソーシャルワーカーはその養成課程を終え，たとえば，社会福祉士の資格を取得してもすぐにソーシャルワーク（相談援助）を十分に展開できるとは限らない。また，ソーシャルワーカーが配置される職域は近年，さまざまに拡大しており，その専門性も社会，あるいはクライエントから期待され，より高度なソーシャルワーク実践の専門性が求められている。このような観点からもスーパービジョンはソーシャルワーカーの力量を高め，専門性を習得するには重要な位置づけとなっている。

　スーパーバイザーは，所属する組織内の場合は上司や主任といった熟練，または中堅の職員（ソーシャルワーカー）が担うことが多い。また，ソーシャルワーク実習においては，実習先の実習担当者が担当する。組織外の場合，他組織の熟練ソーシャルワーカーやソーシャルワークを専門とする教育研究者が担うことがある。これに対し，スーパーバイジーは新人や経験の浅いソーシャルワーカーやソーシャルワーク実習生が該当する。

2）スーパービジョンの目的

　スーパービジョンの目的には主に三つある。①クライエントへの適切な相談援助を提供する，②スーパーバイジー自身の成長を促進する，③バーンアウト予防である。

　このうち，①のクライエントへの適切な相談援助を提供するとはソーシャルワーク実践の目的そのもので，果たすべき使命でもある。このため，クライエントに直接関わるソーシャルワーカー（スーパーバイジー）に対し，スーパーバイザーは後方的な支援を行うことにより，より質の高いソーシャルワーク実践が展開できるようにする必要がある。そのようなスーパービジョンにより，ソーシャルワーカー（スーパーバイジー）はその専門性を発揮すると同時に，一定

の実践レベルを維持・向上することができる。

②のスーパーバイジー自身の成長を促進するとはソーシャルワーカーは自身の実践からさまざまな気づきや学びを通し，ソーシャルワーカーとして一人の人間として自己成長する過程のことをいう。この過程に不可欠なのがスーパービジョンである。このスーパービジョンを通し，ソーシャルワークの知識や技術の向上とともに自分の価値観や人間観などを吟味し，自分自身を客観的にとらえ，対人援助職としての成長をなし遂げていく。また，ソーシャルワーク実践はソーシャルワーカー自身の持ち味である自分自身がどのようにクライエントに機能しているか，またはソーシャルワーク実践に活用できているか，内省することが必要である。すなわち，「自己覚知」を通し，ソーシャルワーク実践における自分自身の活用を省みるためにもスーパービジョンは重要となる。

③のバーンアウト予防とは，バーンアウト，すなわち，燃え尽きと表現される「心身ともに消耗することを主症状とするストレス」[10]を予防する方法としてのスーパービジョンのことを指す。ソーシャルワーク実践は，クライエントとの関わりにおいてさまざまな葛藤やストレスを抱えることがある。それを放置しておくと，ソーシャルワーカー自身の心身の不健康や実践への士気の低下など好ましくない状況に陥り，実践の質の低下を招くことになる。このため，ソーシャルワーカーが抱えるさまざまな葛藤やストレスを軽減するため，スーパービジョンを通し，バーンアウトを予防することが重要である。

3）スーパービジョンの機能

スーパービジョンには三つの機能がある。①教育的機能，②支持的機能，③管理的機能である。

①の教育的機能とは，スーパーバイジーが実践における役割や自分の知識，能力，専門職適性の向上を支援する機能である。ソーシャルワーカーはその養成教育課程において基本的な知識や技術を学ぶが，実践においてすぐには発揮できない場合もある。このため，ソーシャルワークの実践においてクライエン

---

[10] 田尾雅夫，久保真人『バーンアウトの理論と実際―心理学的アプローチ』誠信書房，2003，p.25.

トや家族への支援の方法，または受け持ちの事例を通し，ソーシャルワークの基盤となる価値観や人間観を身につけることになる。さらに，養成教育課程において習得したソーシャルワーク理論などを実践にどのように応用するのか，スーパーバイザーとの関係においてその実践能力を向上させていくのである。

　②の支持的機能とは，スーパーバイザーがスーパーバイジーのソーシャルワーク実践や思考を未熟なものと批判するのではなく，理解を示し，受容するなど精神的に支え，対人援助の専門職としての成長を促進していくことである。このことにより，自己覚知の促進やバーンアウトの予防が図られることになる。このため，スーパーバイザーはスーパーバイジーの実践上の葛藤や否定的な感情なども受け止め，スーパーバイジーを情緒面で支持することが求められている。それによってスーパーバイジーが実践へのモチベーションを向上させ，よりよい実践が展開できるよう，差し向けることとなる。このようなスーパーバイザーによる支持的機能の発揮により，スーパーバイジーは自らの否定的な感情を客観視し，肯定的に置き換えることや，スーパーバイザーが後ろ盾となって支持していることで，自信を持って日々の実践を展開できるのである。

　③の管理的機能とは，スーパーバイジーが所属する組織の運営方針や管理，監督に基づいて実践が行えるよう，支援する機能のことである。また，この機能はスーパーバイジーが効果的，かつ効率よくソーシャルワーク実践が行えるよう，組織の環境を整備することや改善することでもある。このことによってスーパーバイジーが組織の一職業人としての成長を促進させ，組織における一定の責任を果たしていくことができるのである。

4）スーパービジョンの方法

　スーパービジョンにはいくつかの方法があるが，一般的に①個別スーパービジョン，②グループスーパービジョン，③ピアスーパービジョン，④ライブスーパービジョンに分類される。

　①の個別スーパービジョンとは，スーパーバイザーとスーパーバイジーが一対一で取り組むスーパービジョンをいう。この場合，スーパーバイザーとスーパーバイジーとの信頼関係が築きやすいため，スーパーバイジーの話をじっくりと聞き，ソーシャルワーカーとしての成長過程に沿い，きめ細かい関わりが

可能である。このため，スーパーバイザーは支持的機能を十分に活用しながら，一つの事例を深く掘り下げて検討することができる。

②のグループスーパービジョンとは，一人のスーパーバイザーに対し，複数のスーパーバイジーに対応するものである。この場合，スーパーバイジーは同じ組織に所属している場合と異なる組織に所属する場合がある。また，あるスーパーバイジーが抱える悩みを他のスーパーバイジーの仲間と共有でき，さまざまな視点からの助言や指導が行われることがあり，グループの利点が活用されることになる。

③のピアスーパービジョンとは，複数のスーパーバイジーが同時に相互にスーパーバイザーの役割を担いつつ，スーパービジョンを展開する仲間同士による方法である。この場合，一人のスーパーバイジーに対し，他のメンバーはスーパーバイザーとして関わることになる。このため，この方法を採用する場合，相互にある一定のソーシャルワーク実践の経験と相応程度の課題解決能力が必要となる。また，仲間同士によるスーパービジョンのため，相互にソーシャルワーカーとしての成長過程を体験できるため，支持的機能および教育的機能の発揮が期待できる。

④のライブスーパービジョンとは，スーパーバイザーがスーパーバイジーの面前でソーシャルワーカーの模範的な役割を担い，スーパーバイジーにソーシャルワークの技術などを直接学ぶ機会を提供するスーパービジョンである。たとえば，クライエントとの面接方法について，実際にクライエントの面前でスーパーバイザーが面接を進め，ソーシャルワークにおける面接技術の展開などを公開する場合がある。さらに，面接技術だけではなく，ソーシャルワーカーとしての知識や価値，態度などを学ぶことができる。このような場面はソーシャルワーク実習において，実習生（スーパーバイジー）が実習指導者（スーパーバイザー）とクライエントとの面接に同席する場合などにも活用される。

5）コンサルテーション

スーパービジョンと似て非なるものにコンサルテーションがある。これはソーシャルワーク実践を行ううえで，ある特定の専門的な領域の知識や技術についてその専門職（コンサルタント）に助言を求め，示唆を得ることである。たと

えば，認知症や精神障害の症状について精神科医から助言を受ける場合などがあげられる。

（9）記　　録

1）記録の意義と目的

ソーシャルワーク記録は記録を書くこと自体がソーシャルワーカーとクライエントとの間で，生活課題の解決に向けて取り組む実践に直結しており，記録を書くことはソーシャルワーク実践そのものでもあると同時に，ソーシャルワーク技術の一つでもある。もっとも，義務的な姿勢で記録を書くことは消極的で事務的な記録となりやすいため，ソーシャルワーカーが記録に意義と目的を持ち，内省的に援助過程を自己評価しつつ書くことが不可欠である。記録はクライエントの生活課題の解決に向けた過程を書くだけではなく，クライエントの成長過程も記録しつつ，ソーシャルワーカーがクライエントにどのように関わったかを書くことにより，ソーシャルワーカーの成長過程も同時に把握できるものとなる。

ソーシャルワーク記録の目的として，副田あけみ[11]は次の6点をあげている。すなわち，①クライエントの利益や権利擁護をめざし，より適切な支援活動を実施すること，②他機関・他職種との情報共有を円滑に行うこと，③適切な支援活動の継続性の保障をすること，④クライエントとの情報を共有し，コミュニケーションを促進すること，⑤公的活動としての適切性を示すこと，⑥支援活動の内容と結果（影響・成果）を資料として蓄積することである。これらは言い換えれば近年のソーシャルワーカーによるクライエントや社会に対する説明責任を果たすことを意味しており，また，記録がなければ適切な実践活動の評価を踏まえ，次のステップの実践につなげていくことはできないことを指している。

記録をどのような目的で活用するのかについて，ソーシャルワーカーの業務の枠組み別に分類することができる。すなわち，①援助実践を通しての自己内省，②業務の確認や管理，③教育・訓練，④調査・研究のためである。①はソ

---

[11]　副田あけみ，小嶋章吾編著『ソーシャルワーク記録』誠信書房，2006，pp.4-5.

ーシャルワーカーが自身の実践を振り返り，よりよい実践を展開するための方策を探ることや，クライエントや関係機関・関係者との関わりを通し，コミュニケーション能力を高めることや適切な連携を維持するための方策を検討することでもある。②はソーシャルワーカーは何らかの施設や機関に所属していることが多いため，その業務管理や業務内容の確認のために記録を用いることである。③はスーパービジョンなどを通し，ソーシャルワーク技術の向上のため，記録が活用されることである。④はクライエントのニーズの把握や事例研究などに記録が用いられることである。

2）記録の方法

① **記述式**　ソーシャルワーカーがクライエントとの面接や電話，関係者との連絡において，出来事（事象）を文章で記す方法を指す。この方法には事実そのものを記す「叙述体」と，事実に対する解釈や説明，分析を加えた「説明体」や「要約体」に分類できる。「叙述体」にはソーシャルワーカーとクライエントとのやりとりを時間経過に沿い，詳細に記述する「過程叙述体」，相談援助過程のある一場面を取り上げ，その場面を圧縮し，要点を短縮して記述する「圧縮叙述体」，面接場面（電話も含む）の会話のやりとりをありのままに一語一句を記述する「逐語体」に分類できる。「説明体」は，ある事実に対してソーシャルワーカーがどのようにとらえ，解釈や分析を行ったのか，記述する方法である。「要約体」は，事実やその解釈などの要点を要約し，記述する方法で，クライエントの生活歴や家族関係など項目別にまとめたり，援助過程を定期的に要約したりして援助過程の評価をする場合にも用いられる。

② **項目式**　あらかじめ設定された項目を選択するものや，項目に沿って短文で記述するものである。たとえば，クライエントの日常生活動作（ADL）や家族構成，年齢，職業などを記述するものである。もっとも，この項目式ではクライエントの生活状況を詳細にはとらえにくい場合があるため，適宜詳細な事実や解釈を補足的に記入することが重要である。

③ **図表式**　図や表，記号などを活用して表す記録の方法で，事実などが客観的視覚的に理解しやすい点に特徴がある。これには主にジェノグラムとエコマップがある。前者は，家族関係図にライフイベント（出生，死亡，結婚，離

婚など）を図式化するものである。後者は，クライエントや家族を中軸に関係者や社会資源との関係性のあり方や強さなどの相互関係性を示す関係で描かれる。

④　記録用紙の種類　　ソーシャルワークの記録用紙は援助過程に沿って分類される。受理面接の段階では一般にフェイスシートと呼ばれる基本事項を記入する用紙を用いる。事前評価段階ではアセスメントシート（事前評価用紙），支援計画の段階ではプランニングシート（支援計画用紙），支援の実施段階ではプロセスシート（支援過程記録用紙），経過観察段階ではモニタリングシート（経過観察用紙），支援の終結では，エバリュエーションシート（事後評価用紙）やクロージングシート（終結時用紙）などが使用される。用紙はソーシャルワーカーが所属する施設や機関で工夫し，書式が作成される場合が多いが，介護保険法によって書式が定められている場合もある（たとえば，居宅介護支援計画書など）。

3）記録の留意点

ソーシャルワーカーが記録を書く際にはいくつかの留意点がある。①ソーシャルワーカーが自身の解釈や分析を記録する場合，その根拠となる客観的な事実を明確に示す，②何を記録として残し何を省くかの判断はソーシャルワーカーの専門性に関与する，③ソーシャルワーク記録は他者（同僚や他職種，クライエント）が読むことを認識し，主語と述語を明確にし，だれが，いつ，どこで，何を，なぜ，どのように（5 W 1 H）を押さえて記録する，④記録作成の過程にクライエントの参加と協働を意識的に促す視点も重要である。たとえば，該当する項目を選択する場合や図表で表す場合などではクライエントと確認しながら作成する，などである。

また，記録の保管方法にも留意が必要である。記録は紙面を利用することが多いが，記入した記録用紙を気軽に取り出せるようにする反面，秘密保持に徹底した記録の保管方法の工夫（たとえば，鍵のかかる棚に保管するなど）が必要である。このようななか，近年，ソーシャルワーク記録などは紙面を活用するだけではなく，パソコンなどの電子媒体を用い，作成する機会も多くなっている。このため，電子媒体を活用した記録作成時にはパスワードの設定を行う保管方法や秘密保持，記録漏洩の防止に留意しなければならない。

（10）事例分析
1）事例分析とは

　ソーシャルワークにおける事例とは，支援を必要とする人々（クライエント：個人，家族，集団，地域）と支援をする専門職（ソーシャルワーカー）の相互作用を伴う支援関係の推移全体を意味する。事例分析とはこの支援関係の推移をある視点から分析し，ソーシャルワーカーの相談援助における技能の向上をめざすことやその教育，研究の一環として行われることである。事例分析の方法は個人で行う場合，グループで行う場合，カンファレンスや研修会で行う場合，スーパービジョンを伴う場合などがある。とくにグループやカンファレンスで行う場合，事例検討会と呼ばれることがある。事例分析の対象は現在，相談援助を展開している事例や終結した事例，書籍や専門雑誌，新聞などに掲載されている事例を取り扱うことがある。

　事例分析は相談援助の質の向上や業務改善のほか，ソーシャルワーカーの専門性の獲得やその向上のために役立つ必須の方法である。

2）事例分析の目的

　前項のように，事例とは支援を必要とする人々（クライエント）と支援をする専門職（ソーシャルワーカー）の相互作用を伴う支援関係の推移全体を指すため，事例分析はこの支援関係の推移全体をある分析視点によって理解し，整理することが目的となる。この目的をさらにくわしくみると，以下の二つの目的に分けられる。

　第一に，よりよいソーシャルワーク実践を展開するには何をすべきか，明確にすることである。ソーシャルワーク実践は価値と倫理，原理原則，さまざまな理論やモデルから成り立っている。これらにもとづいて理解したことを実際の事例において，態度や姿勢などの行動，相談援助の展開に応用することが重要である。この第一の目的を前提にもう一つの目的が必須となる。

　第二の目的は，新たな認識を得ること，または気づくことである。クライエント自身やクライエントを取り巻くさまざまな状況へのとらえ方やクライエントへの関わりのあり方，ソーシャルワーカーとしての専門的な役割，支援過程（たとえば，事前評価や支援計画）を適切に経ているか，振り返り，さまざまな気

づきや新たな認識を得ることがある。その新たな認識や気づきにより，なぜ，事例における相談援助がうまく展開できないのかなど，多角的な視点から分析を行うことが可能で，改善への取り組みを通してよりよい実践につなげていくことができる。また，この新たな認識や気づきを得たら，それにもとづいて事例（クライエント）への理解を深めることである。たとえば，自ら抱えている課題への解決に消極的なクライエントの場合，なぜ，そのような姿勢なのか，何が妨げになっているのかを理解し，クライエントのストレングスに焦点を当て，課題解決への取り組みに積極的になることができる可能性を導き出すことが可能となる。

3）事例分析の方法

　事例分析の方法には主にプロセス法とインシデント法がある。プロセス法とは，クライエントとソーシャルワーカーの相互作用を伴う支援関係の推移全体を検討する方法である。取り上げる事例の基本情報（基本属性など）や事例の概要（相談内容や支援経過），相談援助の課題や評価をまとめ，提示する。それにもとづき，クライエントが持つ生活課題（ニーズ）や相談援助実践の何が課題かを明らかにし，よりよい実践を展開するにはどのような視点や取り組みが必要か，検討し，ソーシャルワーカーの技能を向上させていく。

　これに対し，インシデント法とは，ソーシャルワークの支援過程ごと，またはとくに検討すべき支援中の場面や出来事（インシデント）を取り上げ，分析や検討を行う方法である。たとえば，クライエントがある生活課題の解決に取り組んでいる最中により事態が深刻になった出来事が発生した場合，あるいは新たな生活課題が発生した場合，どのような事前評価を行い，支援計画を立案するか，ソーシャルワーカーが判断できない場面などを取り上げることもある。このような場合，インシデント法を用いた事例分析を行うことで，参加者がクライエントの立場から主体的に検討する姿勢で取り組み，ソーシャルワーカーの専門性や役割を深く検討することができる。

　実際の事例分析ではその目的や検討内容により，方法を組み合わせて行うことがある。

要点整理

□受理面接は，ソーシャルワーカーがさまざまな面接技術を活用し，クライエントとのコミュニケーションを通じ，ラポールを構築することが重要である。

□事前評価は，ソーシャルワークの特性である人と環境の交互作用の視点から得られたクライエントに関するさまざまな情報を分析することである。

□支援計画は，今日のソーシャルワークの重要な視点であるクライエントのストレングスを活用しながら立案することが重要である。

□支援の実施はケア会議を経て，クライエントを支持しつつ，サービス提供施設・機関と連携をとり，支援を展開することである。

□経過観察はクライエントと電話・面接，関係者との連携を図り，支援の経過におけるクライエントの生活状況を把握することである。

□支援の終結は，クライエントとインフォームド・コンセントにもとづいて支援を終結し，効果測定は数値で表せるものとそうでないものがある。

□アフターケアは，支援の終結後もいつでも支援が再開できるよう，クライエントと信頼関係（ラポール）を維持しておくことが重要である。

□スーパービジョンには支持的機能，教育的機能，管理的機能の三つがあり，ソーシャルワーカーの技術力の向上には不可欠である。

□記録はソーシャルワーク実践そのもので，自身の支援を振り返って評価を行うことや，関係者との連携を通して支援のあり方を問うことである。

□事例分析はソーシャルワーカーの技術力向上には不可欠な方法で，個別事例におけるソーシャルワーカーのスキルアップを図ることができる。

実習対策

□実習先においてソーシャルワーク実習を行う際，相談援助の過程のどの段階の過程を体験しているのか，考察する。

□ソーシャルワーク実習において，とくに面接（来所・訪問）に同行する際にはどのような目的で面接を行い，今後の支援をどのように展開しようとしているのか，観察する。また，面接の際，実習担当者（ソーシャルワーカー）の役割

190　第4章　相談援助の理論と方法

やクライエントとのコミュニケーションのとり方も観察する。

□ソーシャルワーク実習において，受理面接ではクライエントに関する情報をどのように収集し，事前評価ではどのような分析を実施し，支援計画ではどのような目標や目的を持って作成しているのか，それぞれソーシャルワークの視点から考察する。

□実習先で使用している記録用紙はどのような書式や項目で構成されているのか，受理面接記録や事前評価記録，支援計画用紙，ケース記録など可能な範囲で閲覧させてもらい，観察すること。

□実習担当者（スーパーバイザー）と実習生（スーパーバイジー）との間で行われるスーパービジョンは，どのような意味を持つのか考察する。

レポート・卒論対策

□各援助過程において，ソーシャルワーカーが備えておくべきソーシャルワークの視点を検索エンジンや参考書などであらかじめ把握しておく。

□日ごろからソーシャルワークとは何か，ソーシャルワーカーが持つべき視点，ソーシャルワーカーと他職種の視点の違いを検討し，自分の意見を整理しておき，レポートや卒論に備える。

□卒論の場合，「援助過程におけるソーシャルワーカーの視点の特性」，「ソーシャルワーカーが記録をつける意義」，「ソーシャルワーカーの成長とスーパービジョンの関係」，「ソーシャルワーカーの技術力向上と事例分析のあり方」，「ソーシャルワーク実践と他職種との連携のあり方」などが考えられる。

就活対策

□ソーシャルワークの実践現場に就きたい場合，各種施設の相談員や地域包括支援センターの社会福祉士，社会福祉協議会（社協）のコミュニティソーシャルワーカーをめざすとよい。

□公務員の場合，福祉職で採用されることでソーシャルワーク実践の第一線に就くことが可能な場合が多い。

第5章 相談援助の演習・実習

1 相談援助の演習

(1) 演習の意義と概要

　2007（平成19）年の社会福祉士及び介護福祉士法の改正により，「実践力の高い社会福祉士を養成する観点から，実習・演習に関する教育内容についても，充実・強化を図る」[*1]とし，相談援助の演習は講義科目および相談援助実習指導，相談援助実習に有機的に関連づけて指導されることになった。また，実習も120時間から150時間への時間数の増加，実習演習科目を担当する教員要件や受講学生の上限人数の設定，さらに具体的な教育内容の提示も行われた。

　この背景には社会福祉士を取り巻く状況が大きく変化し，「総合的かつ包括的に援助していく」ため，地域を基盤とした相談援助や地域における就労支援，権利擁護などのサービス利用への支援，行政ニーズへの対応など，新たな社会福祉士の役割が求められていることにある[*2]。

　相談援助の演習および実習では，特定の経験を通して持続的な行動の変容が生じることが学習とされているが，その学習方法の一つである練習は，特定の行動を能率的に習得，獲得，習慣化するため，行動を反復して行うことをいい，身体を使って体に覚えさせることにある。このため，相談援助の演習も一定の目標に向かって行われるが，その方法は異なり，実際の実地場面を想定して行う練習で，習得した知識を試験的に実施することにある。すなわち，相談援助の演習の意義は，相談援助実習およびソーシャルワークの実践現場の実習生，および専門職となるための準備教育で，社会福祉士養成課程カリキュラムのな

---

*1　厚生労働省『「社会福祉士養成課程における教育内容の見直し」について（平成30年2月15日）』2018.

*2　厚生労働省『介護福祉士制度及び社会福祉士制度の在り方に関する意見（平成18年12月12日）』2006.

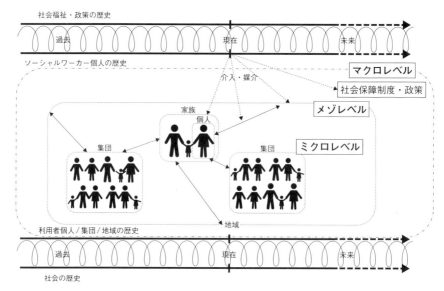

図 5-1　総合的かつ包括的な援助

出典）筆者作成.

かで講義と相談援助実習をつなぐ科目である。またソーシャルワークの実践現場および社会が期待する知識や技術，スキル，コンピテンシー（特定の業務や役割における高業績者の行動特性）を獲得する学習場面ということである。

では，「総合的かつ包括的に援助していくこと」（図 5-1）を目標とした演習はどのような視点や目的を持ってプログラムされ，展開していけばいいのであろうか。

まず，相談援助の演習の目的と視点についてだが，「総合的かつ包括的に援助していくこと」が可能となることが必要である。その際の相談援助の演習でのプログラム作成のポイントは，対象別，課題別に講義で学習した内容を地域で暮らす人びとへとその対象をとらえ直す視点への転換と統合の作業が可能となる工夫が必要である。この観点から演習のプログラムを組み立てるには学生自身が自身の環境との相互作用を通し，変化していくプロセスを実感し，システムへと働きかける主体性を涵養していく内容であることが求められる。また，「総合的」であるということは，地域で暮らす人びとのすべてのライフステージ

1. 相談援助の演習　193

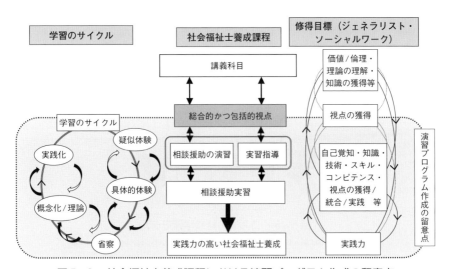

図 5-2　社会福祉士養成課程における演習プログラム作成の留意点
出典) 筆者作成.

に対応できることが求められていることである。このため、予防から積極的なアプローチ、さらにすべてのライフステージに対応できるシームレスな（継ぎ目のない）ネットワーク構築力を身につけるものでなければならない。それには、予測力や予防力、対応力といった、人と環境、そして、その相互作用のレジリエンス（困難な状況下での復元力、耐久力）を引き出すアプローチを身につける必要性がある。

演習プログラムを作成するうえの留意点について、図 5-2 に示した。社会福祉士養成課程のプログラムは、講義科目、演習、相談援助実習の三つに大別できる。

前述したように、講義科目や相談援助の演習、相談援助実習指導、相談援助実習と相互に有機的に関連づけ、指導することが必要である。

さらに、コルブ（Kolb, D.A.）の学習のサイクルとして展開されることが有効である[*3]。コルブの経験学習モデルとして、図 5-3 のモデルを示しているが、こ

[*3] Kolb, David. A. "Experimental learning: Experience as the source of learning and development (2nd. ed.)". Pearson Education., 2015.

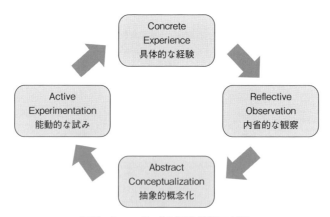

図5-3　コルブの経験学習モデル
出典）Kolb, David. A. "Experimental learning: Experience as the source of learning and development (2nd. ed.)". Pearson Education., 2015.

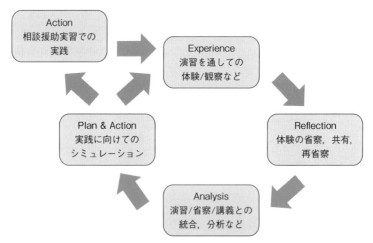

図5-4　相談援助の演習における学習のサイクル
出典）Kolb（2015）をもとに筆者作成.

のモデルを演習展開のサイクルとして提示したものが図5-4である。

　この経験学習モデルは結果ではなく，プロセスとしてとらえる。具体的な体験をすることにより，内省的な観察，すなわち，振り返りが行われることによ

り抽象的な概念化を図り，能動的な試みへと展開されることで，さらに具体的な経験をするといったモデルとなっている。これはヒューマンサービスである看護や教員養成，社会福祉士など，臨床学習モデルとして重要なモデルである。

　一方，図5-4は，コルブの経験学習モデルを参考にし，相談援助の演習での学習モデルの提示をしたものである。この相談援助の演習では，一方的な講義とは異なり，体験を振り返り，グループディスカッション，もしくはグループワークを通し，言語化および振り返りを共有することから自身の個人的体験の抽象化が図られ，行動化，実践へとつながっていく。このため，相談援助の演習においては，グループの力動を活用することが必要である。

（2）クラス編制・運営

　相談援助の演習のクラス編制とは，「社会福祉士養成課程における教育内容の見直しについて」[*1]のⅣ-3において，「実習・演習担当教員の員数については，現行，養成施設における演習科目のみ，20：1以上で配置しなければならないこととされているが，学生一人ひとりに対し，よりきめ細かい教育を行うことを通じて，より実践力の高い社会福祉士を養成する観点から，大学も含め，演習と実習指導について，現行制度と同様，20：1以上の教員を配置しなければならないこととする」とされている。すなわち，相談援助の演習クラスは1クラス当たり，20人以下で構成される。

　クラスの運営の方法の例として表5-1を示した。「相談援助の演習」クラスに教員を固定する場合の長所としては，一人ひとりの学生の変化のプロセスを把握できることである。また，プログラム展開に一貫性があることも長所として考えられる。これに対し，短所としては教員自身の専門分野に偏りがみられ，各クラスの相談援助の演習のプログラム内容に偏りが生じる可能性がある。オムニバス方式においての長所として各教員の専門分野に特化したプログラム内容が展開できる可能性があるものの，短所として一人ひとりの学生の変化のプロセスが把握できない。

　いずれの形態をとったとしても，75コマの相談援助の演習の内容および評価について，教員間の協議，統一した方針のもとに展開される必要性がある。

　しかし，相談援助実習前後のクラス編制については，オムニバス形態は不適

表5-1　クラス運営の例

含まれるべき事項*		1年次（15コマ）	2年次（15コマ）	2年次（15コマ）	3年次（15コマ）	3年次（15コマ）
含まれるべき事項*		①以下の内容については相談援助実習を行う前に学習を開始し、十分な学習をしておくこと ア 自己覚知 イ 基本的なコミュニケーション技術の習得 ウ 基本的な面接技術の習得 エ 社会的排除 　高齢者虐待 　児童虐待 　障害者虐待	家庭内暴力（DV） 低所得者 ホームレス 多問題家族 オ インテーク 　アセスメント 　プランニング 　支援の実際 　モニタリング 　効果測定 　終結とアフターケア	カ アウトリーチ 　チームアプローチ 　ネットワーキング 　社会資源の活用・調整	キ 地域福祉の基盤整備と開発に係わる知識と開発に関わる事例を活用し、次に掲げる事項について実技指導を行うこと 　地域住民に対するアウトリーチとニーズ把握 　地域福祉の計画 　ネットワーキング 　社会資源の活用・調整・開発 　サービスの評価	②相談実習後に行うこと 　相談援助について個別的な体験を一般化し、実践的な知識と技術として習得できるように、相談援助実習における学生の個別的な体験も視野に入れつつ、集団指導並びに個別指導による実技指導を行うこと
時間数		15コマ	15コマ	15コマ	15コマ	15コマ
担当教員固定方式	クラス1	A教員 →→→→→				
	クラス2	B教員 →→→→→				
	クラス3	C教員 →→→→→				
担当教員交代方式	クラス1	A教員	D教員	A教員	D教員	C教員
	クラス2	B教員	E教員	B教員	E教員	B教員
	クラス3	C教員	F教員	C教員	F教員	A教員
オムニバス方式との組合せ	クラス1	A教員	D教員	B教員	A教員	A教員
	クラス2	C教員	F教員	A教員	B教員	B教員
	クラス3	B教員	E教員	C教員	C教員	C教員

*（出典）厚生労働省：「社会福祉士養成課程における教育内容等の見直しについて」（平成30年2月15日）。2018に筆者加筆.

1．相談援助の演習　　197

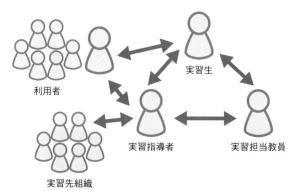

図5-5　実習生，実習先，さらに実習担当教員との関係
出典）筆者作成．

切である。その理由として，相談援助実習前後の学生の抱える不安やリスクに適切に対応していく必要性があり，教員との良好な関係性が構築されていることが必要であるからである。また，相談援助実習前後の学生の変化についても適切に評価，エンパワメントしていくことも求められる。

（3）実習生・実習先・実習担当教員の関係
　相談援助の演習と実習生，実習先，さらに実習担当教員との関係については図5-5の関係となる。
　一方，相談援助の演習との関係は図5-6のようになる。相談援助の実習の場面は実習生と実習指導者（実習先組織），実習担当教員，そして，利用者の四者で展開される。効果的な相談援助の演習を展開するためには，実習担当者との事前学習内容との突き合わせを行い，実習先の現場で必要とされている知識や技術，スキル，コンピテンシーを教員が理解し，相談援助の演習の内容を進化，発展させていくことが必要である。
　この実習指導者（実習機関）と良好な相互作用を可能にする方法としては，相談援助実習前の実習プログラム立案の三者，すなわち，実習生，実習指導者，実習担当教員による事前面談，実習巡回を通しての面談，実習前後の実習指導者との交流会の設定，さらにポートフォリオ（個人評価ツール）などの活用が考えられる。

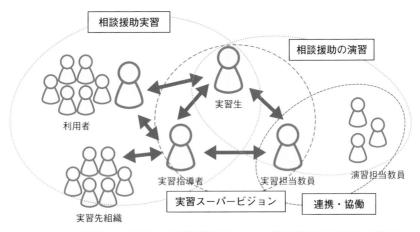

図5-6 実習生，実習先，実習担当教員，および相談援助の演習との関係
出典）筆者作成．

ポートフォリオとは紙ばさみを意味する英語で，芸術や経済・金融，教育の分野などで活用されている。とくに教育分野のポートフォリオには，キャンベル（Campbell, D.M.）らが提示する学びの成果をパンフレット形式で簡潔にまとめた一見ポートフォリオ[4]，リン（Linn, R.L.）らが提示する，適宜省察を行うワーキング・ポートフォリオ[5]，ジョンソン（Johnson, R.S.）らによる，学びの成果を多くの人と共有しようとするプレゼンテーション・ポートフォリオ[6]などがみられる。

ポートフォリオの活用の例として，図5-7を示した。1年次より学習した内容についてポートフォリオとしてまとめ，学生，実習指導者，実習担当教員の

---

[4] Campbell, D.M., Cignetti, B., Melenyzer, B.J., Nettles, D.H., Wyman, R.M. "How to Develop a Professional Portfolio: A Manual for Teachers". Allyn & Bacon, Boston, MA, USA., 1996.
[5] Linn, R.L., Gronlund, N.E. "Measurement and assessment in teaching (8th ed.)". Prentice-Hall., 2000.
[6] Ruth S. Johnson, J. Sabrina Mims-Cox, Adelaide Doyle-Nichols. "Developing portfolios in education: a guide to reflection, inquiry, and assessment (2nd ed.)". Los Angeles: SAGE, c2010., 2010.

1．相談援助の演習　199

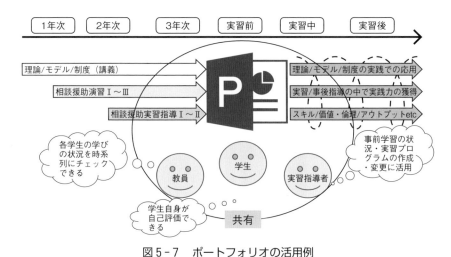

図5-7　ポートフォリオの活用例

出典）筆者作成．

写真5-1　実習生，実習先，実習担当教員，および相談援助の演習との関係
出典）筆者の担当した演習クラスのポートフォリオの裏表紙．

三者で共有し，相談援助の実習の事前打ち合わせで，実習プログラムの作成に反映させていくことが可能となる。また，相談援助の実習中の資料として，相談援助実習後の振り返り資料としての活用も可能である。

また，写真5-1は，筆者が担当している相談援助実習演習の授業で作成した

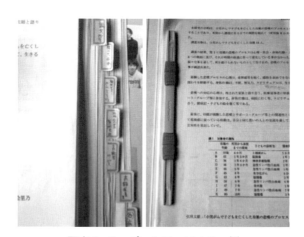

写真5-2 ポートフォリオの一例
出典）筆者の担当した演習クラスのポートフォリオ．

ポートフォリオの裏表紙である。裏表紙には，各学生が相互に，個々の学生のストレングスを見つけ，相互交換し，裏表紙に貼っている。このポートフォリオを実習指導者が閲覧することにより，学生のストレングスの把握にもつながる。また，写真5-2はポートフォリオの一例である。相談援助の実習中も調べ，学習に対応できるようインデックスで整理している。

2 相談援助の実習

2007（平成19）年に社会福祉士及び介護福祉士法が改正され，同時に社会福祉士養成課程の教育カリキュラムなどの見直しが行われた。この見直しでは，高い実践力を持った社会福祉士を養成するため，実習（相談援助実習指導90時間，相談援助実習180時間）の教育内容の充実・強化が図られた。

また，演習・実習については講義科目との連動性に配慮し，表5-2の①から⑥までの知識・技術を実践的に習得する科目として位置づけられた。

なお，相談援助実習指導および相談援助実習の教育内容は表5-3および表5-4となる。

2．相談援助の実習　　201

表5-2　社会福祉士養成課程の新たな教育カリキュラム

① 福祉課題を抱えた者からの相談への対応や，これを受けて総合的かつ包括的にサービスを提供することの必要性，その在り方等に係る専門的知識
② 虐待防止，就労支援，権利擁護，孤立防止，生きがい創出，健康維持等に関わる関連サービスに関わる基礎的知識
③ 福祉課題を抱えた者からの相談に応じ，利用者の自立支援の観点から地域において適切なサービスの選択を支援する技術
④ サービス提供者間のネットワークの形成を図る技術
⑤ 地域の福祉ニーズを把握し，不足するサービスの創出を働きかける技術
⑥ 専門職としての高い自覚と倫理の確立や利用者本位の立場に立った活動の実践

出典）厚生労働省：「社会福祉士養成課程における教育内容の見直し」について（平成30年2月15日），2018より筆者作成.

（1）見学実習（現場体験学習）

　見学実習（現場体験学習）は，相談援助実習指導（90時間）の「教育に含まれる事項　エ　現場体験学習および見学実習（実際の介護サービスの理解や各種サービスの利用体験等を含む）」に該当する教育内容で，相談援助実習施設・機関を理解するための事前学習として，複数の施設・機関の見学（見学実習）や福祉施設・機関等での体験学習・ボランティア体験などを実施する。見学実習（現場体験学習）の目的は，クライエントの状況や特性，提供されているサービス，職員構成・配置，地域特性や地域に対し，担っている役割など実習施設・機関の基本的な理解にある。

　多くの養成施設，大学等の社会福祉士養成課程では相談援助実習配属前などに複合施設や複数の事業所などへの見学実習，実習生が実習を希望する，あるいは興味や関心がある分野での現場体験学習などを実施する。これは講義・演習における学習だけではクライエントや実習分野の施設・機関を理解することが難しく，また，高齢者や障害者，児童との実際の関わりや社会福祉施設・機関への訪問経験，家族が福祉サービスを利用した経験がないため，日々の生活のなかで福祉サービスとの関わりがない学生もいるためである。社会福祉士にとって，クライエントの理解や実習先で行われる介護や保育などの基本的な理解は不可欠であり，見学実習（現場体験学習）の目的は講義・演習と実践現場と

202　第5章　相談援助の演習・実習

表5-3　相談援助実習指導（90時間）の教育内容

教育内容	
ねらい	教育に含むべき事項
①　相談援助実習の意義について理解する。 ②　相談援助実習に係る個別指導並びに集団指導を通して，相談援助に係る知識と技術について具体的かつ実際的に理解し実践的な技術等を体得する。 ③　社会福祉士として求められる資質，技能，倫理，自己に求められる課題把握等，総合的に対応できる能力を習得する。 ④　具体的な体験や援助活動を，専門的援助技術として概念化し理論化し体系立てていくことができる能力を涵養する。	次に掲げる事項について個別指導及び集団指導を行うものとする。 ①　相談援助実習と相談援助実習指導における個別指導及び集団指導の意義 ②　実際に実習を行う実習分野（利用者理解含む。）と施設・事業者・機関・団体・地域社会等に関する基本的な理解 ③　実習先で行われる介護や保育等の関連業務に関する基本的な理解 ④　現場体験学習及び見学実習（実際の介護サービスの理解や各種サービスの利用体験等を含む。） ⑤　実習先で必要とされる相談援助に係る知識と技術に関する理解 ⑥　実習における個人のプライバシーの保護と守秘義務等の理解（個人情報保護法の理解を含む。） ⑦　「実習記録ノート」への記録内容及び記録方法に関する理解 ⑧　実習生，実習担当教員，実習先の実習指導者との三者協議を踏まえた実習計画の作成 ⑨　巡回指導 ⑩　実習記録や実習体験を踏まえた課題の整理と実習総括レポートの作成 ⑪　実習の評価全体総括会

出典）文部科学省，厚生労働省：大学等において開講する社会福祉に関する科目の確認に係る指針について（平成20年3月28日），2008，pp.10-11を一部改変.

のイメージをつなぐことにある。

　そこで，社会福祉士をめざす学生は日ごろから高齢者や障害者，児童などの施設での短時間就労（アルバイト），ボランティア活動などを通じ，積極的に実践現場やクライエントのニーズの理解に努めることが望ましい。

2．相談援助の実習　203

表5-4　相談援助実習（180時間）の教育内容

教育内容	
ねらい	教育に含むべき事項
①　相談援助実習を通して，相談援助に係る知識と技術について具体的かつ実際的に理解し実践的な技術等を体得する。 ②　社会福祉士として求められる資質，技能，倫理，自己に求められる課題把握等，総合的に対応できる能力を習得する。 ③　関連分野の専門職との連携のあり方及びその具体的内容を実践的に理解する。	①　学生は次に掲げる事項について実習指導者による指導を受けるものとする。 ②　相談援助実習指導担当教員は巡回指導等を通して，次に掲げる事項について学生及び実習指導者との連絡調整を密に行い，学生の実習状況についての把握とともに実習中の個別指導を十分に行うものとする。 ア　利用者やその関係者，施設・事業者・機関・団体等の職員，地域住民やボランティア等との基本的なコミュニケーションや人との付き合い方などの円滑な人間関係の形成 イ　利用者理解とその需要の把握及び支援計画の作成 ウ　利用者やその関係者（家族・親族・友人等）との援助関係の形成 エ　利用者やその関係者（家族・親族・友人等）への権利擁護及び支援（エンパワメントを含む。）とその評価 オ　多職種連携をはじめとする支援におけるチームアプローチの実際 カ　社会福祉士としての職業倫理，施設・事業者・機関・団体等の職員の就業などに関する規定への理解と組織の一員としての役割と責任への理解 キ　施設・事業者・機関・団体等の経営やサービスの管理運営の実際 ク　当該実習先が地域社会の中の施設・事業者・機関・団体等であることへの理解と具体的な地域社会への働きかけとしてのアウトリーチ，ネットワーキング，社会資源の活用・調整・開発に関する理解

出典）文部科学省，厚生労働省：大学等において開講する社会福祉に関する科目の確認に係る指針について（平成20年3月28日），2008，pp.11-12を一部改変.

（2）事前学習

　社会福祉士養成課程の講義・演習で学ぶソーシャルワークの理論や方法，法制度などはジェネリック（総合的・普遍的）なもので，高齢や障害，児童，医療機関などすべての分野に通じる総合的，かつ専門的な知識や技術である。もっとも，相談援助実習では特定の分野・種別におけるスペシフィック（特定・特別）な体験・学習を行うため，養成施設や大学などで学んだ知識や技術をジェネリックからスペシフィックに変換することが事前学習の目的となる（図5-8）。

　事前学習は前述の見学実習（現場体験学習）に加え，①クライエントの理解を含む実習分野と施設・機関，地域社会などの理解，②介護・介助や保育などの関連業務の理解，③実習分野の相談援助に関する知識・技術の理解，④守秘義務や個人情報の保護に関する理解，⑤実習記録の記載方法の理解，⑥実習計画の作成などがある。

事前学習	**ジェネリックからスペシフィックへの変換** 具体的に現場で使われているツールやシートの理解，実習先分野・種別・施設のニーズ，利用者像，援助内容，業務，運営，地域等の理解	それまでの講義演習はジェネリックSWの学び
実習中	**スペシフィックな体験** その施設・機関の新任研修ではないので，指導者もジェネリックを意識した実習プログラムを作成し，普遍的・基礎的SW体験を極力提供	指導者との意思疎通・共通認識下で実習展開
事後学習	**スペシフィックからジェネリックへの変換** 個別振り返り，評価表を活用した指導，異分野・異施設実習生同士のGW，実習総括レポート作成，実習報告会の準備などを通じて振り返りつつ再変換，学んだ知識・技術の定着化，専門職への動機付け	ジレンマ解消・SW職への動機付け強化

卒業後，違う分野・領域でソーシャルワーカーになっても，実習での学びが原体験として発揮

＊SW：ソーシャルワーク，GW：グループワーク

図5-8　相談援助実習教育の展開（実習指導におけるジェネリックSW・スペシフィックSWの変換）

出典）日本社会福祉士養成校協会：相談援助実習・実習指導ガイドラインおよび評価表，2013，p.4より一部改変.

2. 相談援助の実習　205

表5-5　相談援助実習に必要な事前学習

事前学習の項目	情報を収集・分析する内容	情報収集先
クライエントの理解	サービスの対象者，年齢，男女比，障害・疾病の状況，要介護度・障害支援区分など	施設・機関のパンフレット，リーフレット，事業計画書，広報紙，ホームページなど
実習施設・機関の理解	種別，法的根拠（根拠法・設置基準），運営主体，基本理念・目的，支援方針，沿革（設立経緯），組織構成，職員構成（職種，職員数，正規・非正規職員の割合），事業内容（提供サービス）など	福祉小六法，法令データ提供システム（e-Gov：電子政府），施設・機関のパンフレット，リーフレット，事業計画書，広報紙，ホームページなど
地域（圏域）特性，社会資源の理解	地域住民の状況（人口，高齢化率，合計特殊出生率，年少人口，世帯構成など），生活保護率，各種障害者手帳所持者数，文化・歴史，主要産業，地域活動，地域環境（日常生活圏域，風土・気候など），社会資源の状況（社会福祉協議会，福祉事務所，保健所・保健センター，地域包括支援センター，相談支援事業所，児童相談所など），民生・児童委員の状況，自治体独自のサービス・事業など	自治体のホームページ，統計資料，福祉計画や報告書，郷土博物館，資料館，自治体が発行している介護保険・障害福祉の手引，広報紙，リーフレット，パンフレット，社会資源マップなど

出典）筆者作成.

1）実習施設・機関，地域社会などの理解

　相談援助実習に向け，必要な実習施設・機関の理解は多岐にわたるため，養成施設や大学等では事前学習シートなどを活用する。実習に必要な事前学習は**表5-5**のとおりである。

　事前学習にあたっては，『厚生労働白書』や『国民の福祉と介護の動向』などの統計資料，福祉小六法，講義・演習科目のテキストに加え，施設・機関のパンフレットや事業計画書，地方自治体の統計資料・福祉計画，制度利用の手引やリーフレットなどから情報を収集し，分析することが有効である。インターネットの発達により比較的容易に施設・機関や自治体などのホームページから

情報を得ることが可能であるが，表面的な情報収集にとどまってしまうことも
あるため，できるだけ実習先の地域を歩き，社会資源やバリアフリーの状況な
ど地域の実情を把握することが必要である。

2）実習分野における関連業務の理解

社会福祉施設・機関では介護，看護，リハビリテーションなどとソーシャル
ワークが連携し，サービスを提供している。このため，事前学習ではそれぞれ
の実習分野における職種（介護福祉士，保育士，看護師，栄養士，理学療法士など）
の専門性，業務内容，役割などを理解する必要がある。とくに看護師や理学療
法士などの医療職と介護福祉士・保育士などのケアワークを行う専門職との視
点や価値の違いなどを事前に把握しておくことは社会福祉士の専門性を考える
うえでも不可欠である。

3）相談援助に関する知識・技術の理解

相談援助実習はスペシフィックな体験・学習で，講義等で学んだジェネリッ
クな相談援助の知識や技術を実習機関・施設で提供されている支援に応じ，活
用する方法を学ぶ必要がある。

具体的には，面接技術，コミュニケーション技術，個別支援計画の作成方法
などである。面接技術とコミュニケーション技術についてはマイクロカウンセ
リング技法や生活場面面接などの施設・機関に応じた面接方法，およびクライ
エントの疾病や障害に応じたコミュニケーション方法（言語・非言語）を再確認
する。

また，個別支援計画の作成方法は施設・機関の種別に応じて作成される個別
支援計画の種類（介護予防サービス・支援計画，サービス等利用計画，自立支援計
画など）とマッピング技法やインテーク・アセスメントシートなどの必要なツー
ルの理解，計画の実施およびモニタリングの方法などを事前に把握する。

4）守秘義務および個人情報の保護に関する理解

相談援助実習はソーシャルワーカーになるための実習で，クライエントに対
する守秘義務や個人情報の保護について，事前に身につけておくべき重要な事
柄である。すでに専門科目などで学んでいることではあるが，守秘義務につい
ては日本社会福祉士会の「社会福祉士の倫理綱領」や社会福祉士及び介護福祉

士法第46条に秘密保持が規定されている。実習生がクライエントや関係者から情報を得る場合，必要な範囲にとどめ秘密を保持する必要がある。これは実習後も同様である。

また，2003（平成15）年に個人情報保護法（個人情報の保護に関する法律）が制定され，とくに要配慮個人情報とされる本人の人種や社会的身分，病歴，犯罪歴などの不当な差別・偏見，その他の不利益が生じるおそれのある情報を取得する場合，原則として本人の同意を得る必要がある。相談援助実習は疾病や障害，経済状況，成育歴・生活史などクライエントの人権に関わる情報に触れる機会も多い。このため，実習記録や作成する資料等を匿名化するとともに，実習施設・機関，あるいは実習指導者と個人情報の取り扱いについて必ず確認することが必要である。

5）実習記録の記載方法の理解

実習記録は実習体験の振り返りや考察，実習スーパービジョンなどに活用するためのもので，実習報告書（実習総括レポート）や実習報告会（実習の評価全体総括会），事例研究などの基礎資料となる。このため，実習記録は講義や事前学習で学んだ相談援助の理論や価値，実習先の分野・種別に応じた社会福祉の課題などと比較しながら実習場面を振り返り，考察することが求められる。また，その際，自己省察や自己覚知などを通じ，将来，ソーシャルワーカーとなり，スキルアップさせる自身の課題や成長などを考える機会ともなる。このため，日課の羅列や実習生の主観や感想ではなく，印象に残った実習の一場面をエピソードとして切り取り，客観的なソーシャルワークの視点にもとづいた考察が必要である。

養成施設，大学等の実習記録ノートには日々の実習目標・課題，1日の日課（流れ），考察などの項目が設定されており，実習生が記入後，実習指導者がコメントを記載する。とくに考察では実習体験の一場面を切り取り，相談援助の理論や方法，社会福祉の現状と照らし合わせて考察する。

なお，考察部分で取り上げる主な事柄は，①クライエントや家族との関わり，②社会福祉士や他の専門職の実践，③実習施設・機関（法人）と地域社会との関わりや地域の福祉課題，④倫理的ジレンマや実習生の自己覚知，相談援助技

術などである。

　実習記録ノートは「である調」で記載し，個人情報の保護の観点から個人名や施設・機関名などは原則として仮名とする。また，相談援助演習などで学んだマッピング技法（ジェノグラム，エコマップなど）やサービス内容，福祉課題などを整理するための図表などを活用し，視覚的に伝えることも必要である（図5‐9）。

6）実習計画の作成

　実習計画は実習テーマや課題，社会福祉士をめざす理由などと，実習生が相談援助実習における目標を達成する方法や手順をまとめたものである。実習計画書の書式は養成施設，大学等により，さまざまな書式が採用されているが，おおむね実習計画に含めるべき内容は，①相談援助実習のテーマ，②実習施設・機関を選んだ理由や相談援助実習のテーマを設定した理由，社会福祉士をめざす理由など，③実習課題・体験内容（職場実習，職種実習，ソーシャルワーク実習の三段階）などである。

　したがって，実習生は事前学習にもとづき，相談援助実習で学びたいこと，すなわち，相談援助実習のテーマを設定する。次に，そのテーマを設定した理由や相談援助実習を希望する理由，実習する施設・機関をその分野に選んだ理由，社会福祉士をめざしたきっかけなど，相談援助実習の目的や背景などを記載する。

　最後に，職場実習，職種実習，ソーシャルワーク実習の三段階ごとにそれぞれの実習目標や課題を設定し，三段階の実習目標や課題を達成するための具体的な方法（実習で体験する内容）を記載していく（図5‐10）。

　なお，実習計画書は事前に実習担当教員の指導を受け，作成するとともに，実習開始前までの事前訪問などを活用しながら，実習生，実習指導者，実習担当教員の三者による協議[*7]によって作成する。

＊7　相談援助実習指導の教育内容（含まれるべき事項）には「実習生，実習担当教員，実習先の実習指導者との三者協議を踏まえた実習計画の作成」が規定されている。

2．相談援助の実習　　209

○○大学　相談援助実習記録ノート				
実習生氏名：				
年　月　日（　）		日目	開始時間 　　時　　分	終了時間 　　時　　分

1日の実習目標・課題

時間	実習内容	気づいたこと，理解したことなど

-1-

1日の考察（目標・課題の達成度，実習体験，課題，振り返りなど）

実習指導者の助言

実習指導者氏名：　　　　　　　　　　　㊞

-2-

図5-9　実習記録ノート（書式例）

出典）筆者作成．

210　第5章　相談援助の演習・実習

○○大学　相談援助実習計画書 実習生氏名：	
実習施設・機関名：	
相談援助実習のテーマ：	
実習施設・機関を選んだ理由，社会福祉士をめざす理由など：	
職場実習	職場実習の課題： 課題を達成するための方法（体験内容）：
職種実習	職種実習の課題： 課題を達成するための方法（体験内容）：
SW実習	SW実習の課題： 課題を達成するための方法（体験内容）：

図5-10　実習計画書（書式例）

出典）筆者作成.

（3）現場（配属）実習

　相談援助実習は，実習施設・機関の実習指導者が作成する相談援助実習プログラムによって展開される。また，実習指導者は事前訪問，実習計画書などで把握した実習生の希望や実習目標・課題をもとに，実習担当教員と連携を図りながら実習プログラムを作成する。この相談援助実習プログラムは①事前学習，②職場実習，③職種実習，④ソーシャルワーク実習に分かれている。

1）事前学習

　相談援助実習は高齢・障害・児童・医療・地域といった分野別の施設・機関

で行うため，施設・機関種別に応じた専門的な知識や技術の事前学習が必要となる。事前学習の例としては介護保険や障害福祉サービス，生活保護などに関する知識や実習施設・機関の利用者に多い疾病，障害に関する知識，クライエントに応じたコミュニケーション技術，地域，あるいは圏域の特性，社会資源の状況などである。また，実習先によってはこれらの事前学習を報告書にまとめたものや実習施設・機関の分野における現状の福祉課題，社会福祉士のイメージに関するレポートなどの提出が課されることもある。

2）職場実習

実習開始後の1週間（おおむね5日間）は実習施設・機関の目的・理念や職種の役割，地域などを理解するための職場実習に重点がおかれる。

具体的には，実習施設・機関の基本理念や目的，事業計画や組織体制などの運営管理，利用者の権利擁護に対する取り組み，利用者および他職種の理解・連携（チームアプローチ），地域の社会資源の理解などを中心として，見学や講義，会議への参加，関係機関への訪問同行などを体験する。

3）職種実習

実習2週目以降（おおむね3日間）は，実習指導者である社会福祉士の具体的な業務を学ぶ職種実習である。この職種実習では，生活相談員や相談支援専門員，ケースワーカーなど社会福祉士が担う職種における記録や文書の管理，会議への参加，関係施設・機関への訪問，入退所手続き，アセスメント，計画相談・作成，モニタリングなどを業務体験（同席や同行），講義，資料の閲覧などを通じ，学んでいく。

4）ソーシャルワーク実習

ソーシャルワーク実習（おおむね15日間）では，相談援助実習のなかで社会福祉士の専門的な実践を体験し，社会福祉士に求められる価値や知識，技術などを学ぶ。ソーシャルワーク実習の代表的な内容はアセスメントの実施，個別支援計画の作成・実施，モニタリング（評価），苦情解決・第三者評価制度の理解，地域アセスメント，事例研究などである。この相談援助実習は高齢・障害・地域など各分野・種別で行うが，分野や種別にとらわれず，社会福祉士に必要な共通する相談援助技術を学ぶため，①個別支援体験，②権利擁護・サービス向

上体験，③地域支援体験，④連携・ネットワーキング体験を中心にソーシャルワーク実習が行われる。

① **個別支援体験**　個別支援体験は，クライエントに対するアセスメントの実施，および個別支援計画の作成・支援の実施，モニタリング（評価）が中心となる。アセスメントはクライエントとの関わりや面接，各職種へのインタビュー，ケース記録などからクライエントのニーズ・課題を把握し，これらを整理・分析し，個別支援計画に反映していく。個別支援計画は実習指導者の指導・スーパービジョンを受けながら適宜修正し，設定した支援目標のうち，実施が可能なものについてはクライエントの同意を得たうえで実施し，モニタリングを行う。

② **権利擁護・サービス向上体験**　権利擁護は成年後見制度や虐待防止，苦情解決など，クライエントが生活全般に関するニーズや権利を獲得できるよう，支援することである。実習における権利擁護・サービス向上の体験ではサービス向上のための研修への参加・資料の閲覧・研修企画の立案，苦情解決制度に関する記録の閲覧やサービス評価体験，虐待対応・事例の検討，クライエントの個人情報やプライバシーを保護する仕組みの理解，成年後見制度や日常生活自立支援事業の業務体験などがある。

③ **地域支援体験**　地域支援体験には地域アセスメント（診断），地域組織や当事者組織（セルフヘルプグループ）の理解，社会資源の開発などが含まれる。この地域支援体験では地域アセスメント過程を通じた社会資源や地域課題の把握，当事者活動への参加，施設・機関の啓発活動や福祉教育の体験・企画，地域の関係団体や家族との会議への参加，居宅支援事業所との連携，ボランティアの受け入れなどが実習内容として想定されている。実習ではこれらの体験や市町村の統計データ・社会資源の状況，小地域福祉活動や当事者活動への参加，インタビューなどを通じ，地域の課題やニーズを把握し，かつ地域全体で課題を解決し，ニーズを充足するための取り組みを考察する。

④ **連携・ネットワーキング体験**　クライエントの複雑・多様化するニーズに対応するため，社会福祉士には分野を超えた施設・機関や専門職によるネットワーク，住み慣れた地域，たとえば，日常生活圏域における包括的な支援・

サービス提供体制，すなわち，地域包括ケアシステムを構築，強化することが求められる。この連携・ネットワークの体験では地域の関係施設・機関との会議への参加，民生委員・児童委員，保護司などとの連携，地域の関係団体や住民活動への支援，地域協議会[*8]への参加など，実習施設・機関，あるいは社会福祉士が地域で連携し，ネットワークを構築するための取り組み全般に関して理解する。

（4）スーパービジョン

スーパービジョンは専門家として成長を促すために行われる育成方法で，対応が難しい業務の解決を手助けするものである。このため，実習生にとってスーパービジョンを明確にイメージすることは困難であるが，村井美紀はスーパービジョンを巨大な迷路にたとえ，表現している。たとえば，巨大な迷路に挑戦している人，すなわち，実習生が「迷路の経験者（実習指導者・実習担当教員）に脱出する方法を教えてほしい」と依頼されたとする。この場合，経験者は出口を知っており，迷路を高台から見下ろしている立場にあるが，単純に出口までの経路を教えるのではなく，試行錯誤しながらも挑戦することや同じ道を辿らないように教え，けがをしないように見守り，ときには自分の力でやり遂げることを励ましたりして出口をめざす。この一連の過程がスーパービジョンで[*9]，このスーパービジョンには基本的な機能として管理的機能，教育的機能，支持的機能がある（**表5-6**）。

相談援助実習におけるスーパービジョンは，実習指導者や実習担当教員によって行われる社会福祉専門職を育成する一連の過程で，資質の向上や援助の質を高めるため，行われる。相談援助実習のスーパービジョンはこれらの機能（管理的機能，教育的機能，支持的機能）が単に達成できればよいというものではなく，適切な実習環境を整えることで効果的な学習の機会を提供し，実習生の意

[*8] 地域協議会は，地域住民のニーズや意見などを行政に反映するために設置される。代表的なものに市町村単位の地域ケア会議，障害者総合支援法にもとづく自立支援協議会，子ども・子育て支援法にもとづく子ども・若者支援地域協議会などがある。

[*9] 村井美紀「第4章 実習指導方法論 Ⅲ 実習教育スーパービジョン」，日本社会福祉士養成校協会編集『相談援助実習指導・現場実習　教員テキスト（第2版）』中央法規出版，2015，p.148.

214　第5章　相談援助の演習・実習

表5-6　スーパービジョンの機能と実習教育・実習スーパービジョン

管理的機能	実習先の規則，職員との対人関係，実習プログラム，実習の振り返りと評価方法などの実習環境を整える
教育的機能	効果的に実習を行うため，実習生の自主性や成長を促し，相談援助の知識や技術を最大限引き出すことができるよう，働きかける
支持的機能	実習に対する不安やストレスの軽減，倫理的ジレンマへの対処など実習生の心理的ケアや満足度の向上を図る

出典）筆者作成.

欲を高め，持てる能力を存分に発揮し，実習の質を向上するという目標のもとに行われる。

　また，相談援助実習のスーパービジョンは，実習前，実習中，実習後に実習担当教員と実習生間で行われる実習教育スーパービジョン，実習指導者（実習施設・機関）と実習生の間で契約関係にもとづき，事前訪問を含む実習の展開に応じて行われる実習スーパービジョンの二重構造となっている。このため，実習生はスーパービジョンの機能や方法などについて事前に理解し，講義，演習・実習を通じた自己覚知，実習の課題や疑問などを整理し，言語化できるようにすることが必要である。

1）実習教育スーパービジョン

　養成施設，大学等の実習担当教員との実習教育スーパービジョンは相談援助実習指導，実習中の巡回指導・帰校日などを通じ，定期的，あるいは実習生の状況に応じて行われる。このため，実習生は相談援助実習教育の過程で実習に対する不安や実習中の課題・トラブル，自身の社会福祉専門職への適性などさまざまな悩みを抱えているわけだが，実習担当教員はこのような学生の話を聴き，一つひとつの不安に対処しながら実習に向けた動機づけを図っていけるよう，スーパービジョンを実施する。実習教育スーパービジョンは実習に向けた不安，健康管理や実習目標・課題に関する悩み，相談援助技術・知識の向上や自身の価値観の迷いなどに対する実習前のスーパービジョン，実習中に経験した倫理的ジレンマ，クライエントや家族，職員との関係性，新たな課題などに関する実習中のスーパービジョン（巡回指導・帰校日における実習担当教員との面

談），実習の達成度評価（施設・機関による評価，および実習生の自己評価，実習担当教員による個別指導など），実習総括レポート（実習報告書）の作成や実習の評価全体総括会（実習報告会）における発表などを通じ，相談援助実習全体の振り返りを行う実習後のスーパービジョンの各段階で行われる。

　また，実習教育スーパービジョンでは実習担当教員による個別スーパービジョンやグループスーパービジョンにとどまらず，同じ悩みを抱える実習生同士のピアスーパービジョンも必要である。

２）実習スーパービジョン

　実習スーパービジョンは実習生と実習指導者間で実施されるもので，実習生の体験やクライエント，職員との関係性によって生ずる人間関係の悩みやトラブル，倫理的ジレンマなどに対して実施される。このため，実習スーパービジョンは実習生が初めて実習施設・機関を訪れる事前訪問時の面談から開始すべく，実習指導者は事前訪問で実習生をアセスメントし，実習開始前の不安や疑問などに対する実習スーパービジョンを実施する。

　具体的には，実習内容の説明と実習計画書に関する事前協議，実習目標・課題や希望の実習プログラムへの反映，実習施設・機関内でのルール説明や施設見学などの取り組み，実習に必要な知識や技術に関する事前課題の提示などを通じ，実習に向けた実習生の不安を解消する。実習中は日々の実習開始時や終了時，現場・業務体験時の実習指導者との情報交換や質疑応答，会議の前後や業務同行中の質問への対処，実習記録ノートや実習中に作成する書類（アセスメントシートや個別支援計画書），毎週，あるいは実習の段階ごとに行う実習生との振り返りや面談，実習最終日の発表・質疑応答などを通じ，実習中に感じた疑問やジレンマ，実習生の成長や今後の課題などに対応しながら実習スーパービジョンが展開される。

（5）事 後 学 習

　相談援助実習における体験はよかったことも辛かったことも含め，社会福祉士をめざす自身の成長に活かすとともに，講義や演習で学んだ相談援助の理論と実践（実習体験）をつなげていくことが大切である。そのためには実習体験が単なる感想となってしまわないよう，振り返ることが必要である。それだけに，

216　第5章　相談援助の演習・実習

相談援助実習の事後学習では，実習における具体的な体験を社会福祉士の価値や倫理と照らし合わせながら，考察していくことが必要である。

　事後学習の方法としては実習記録ノートや資料の整理・分析，実習体験の共有，実習の自己および他者評価，実習体験の言語化などがあるが，実習総括レポート（実習報告書）の作成と実習の評価全体総括会（実習報告会）の開催が中心となる。そこでは実習生は実習後の相談援助実習指導において実習担当教員や実習クラスの学生とともに，個人情報（守秘義務）に留意しながら実習体験を共有し振り返りを行う。また，実習担当教員による個別指導，自己評価などを活用して実習全体の達成度を評価し，実習施設・機関の実習評価とも照らし合わせながら，自身の課題（自己覚知）や目標とする社会福祉士像などについて考察を深める。

1）実習総括レポート（実習報告書）

　実習生は，実習後の相談援助実習指導においてクラス内での発表や実習体験の共有，事例検討（相談援助演習），実習記録ノートや資料の整理・分析，実習担当教員による実習後の実習教育スーパービジョンなどを通じ，実習の概要や印象に残った体験などのエピソードを実習総括レポート（実習報告書）にまとめ，相談援助の価値や倫理，理論と照らし合わせながら考察を加える。ちなみに一般的に実習総括レポート（実習報告書）に含まれる内容は，テーマ，実習施設・機関の概要，実習目標・課題，職場実習・職種実習・ソーシャルワーク実習の概要，実習目標・課題の達成度と自己評価，実習全体の考察，今後の課題および将来の展望などである（図5-11）。

2）実習の評価全体総括会（実習報告会）

　実習の評価全体総括会（実習報告会）は，相談援助実習の成果や考察を言語化して発表し，他の学生（下級生を含む）や実習担当教員，実習指導者とともに実習体験を共有する場である。この実習の評価全体総括会（実習報告会）には，発表後の質疑応答を通じ，他者からのフィードバックを受けることで自身の成長や振り返りを促すねらいがある。また，実習の評価全体総括会（実習報告会）は相談援助実習の集大成として位置づけられており，養成施設や大学等によっては，当日配布する実習報告集（実習総括レポートを製本した冊子）の編集・作成

2．相談援助の実習　217

○○大学　相談援助実習報告書

相談援助実習報告書のテーマ

学籍番号
氏　　名

Ⅰ．実習施設・機関の概要

Ⅱ．相談援助実習の目標・概要
　1．職場実習
　2．職種実習
　3．ソーシャルワーク実習

Ⅲ．印象に残った実習体験

Ⅳ．相談援助実習の達成度・実習成果

Ⅴ．相談援助実習の考察と今後の課題

図5-11　実習総括レポート（実習報告書の書式例）

出典）筆者作成.

から実習の評価全体総括会（実習報告会）の企画・運営までを学生主体で実施しているところもある。

　実習の評価全体総括会（実習報告会）は，参加者が一か所に集まって行う全体会形式，実習の分野やクラスに分かれて実施する分科会形式などが一般的である。全体会形式で実施する場合，相談援助実習指導クラス内での個人発表後，小グループによる共同発表や代表者を選出して全体会で発表する。分科会形式の場合，クラスや分野ごとに分科会に分かれ全員が個人発表を行う，またはクラスや種別に応じ，小グループをつくって共同発表を行う。

　いずれの形式にせよ，当日配布資料・会場掲示物の準備や会場設営，リハーサルの実施，司会やタイムキーパーの決定など学生と教職員が一体となり，準備にあたることが将来の実践にとって効果的である。

　相談援助実習の事後学習は実習の評価全体総括会（実習報告会）が集大成となるが，自身の社会福祉士としての専門性を高めるためにも学習を継続していくことが求められる。継続学習の方法としては卒業研究や専門ゼミナールなどで相談援助実習の成果や残された課題を考察する。養成施設や大学等に相談援助実習後の専門実習科目が設置されている場合，追加実習を行うなどの方法がある。卒業研究や専門ゼミナールでは自身の研究テーマと相談援助実習の成果を結びつけて考察したり，実習総括レポート（実習報告書）や実習の評価全体総括会（実習報告会）で明らかとなった今後の課題などについてさらなる考察を加えたりする。また，専門実習が科目として設置されている場合，就職を希望する分野や相談援助実習の指定施設以外の施設・機関などでの追加実習を実施することもある。このほか，科目が設置されていない場合でもボランティア体験やインターンシップ，短時間就労（アルバイト）などを通じ，実践力や専門性の向上に努め，社会福祉専門職として生涯学び続ける基盤を形成することが大切である。

■参 考 文 献

1）アルフレッド・カデューシン，ダニエル・ハークネス著，福山和女監修，萬歳芙
　美子，荻野ひろみ監訳，田中千枝子責任編集：スーパービジョン イン ソーシャ
　ルワーク（第5版），中央法規出版，2016.

2）日本社会福祉士養成校協会監修，長谷川匡俊，上野谷加代子，白澤政和，中谷陽
　明編：社会福祉士　相談援助実習（第2版），中央法規出版，2014.

3）岩田正美，大橋謙策，白澤政和監修，川廷宗之，高橋流里子，藤林慶子編著：相
　談援助実習，ミネルヴァ書房，2009.

4）日本社会福祉士会編：社会福祉士実習指導者テキスト（第2版），中央法規出版，
　2014.

5）米本秀仁，久能由弥編著：相談援助実習・実習指導（第2版），久美出版，2014.

相談援助の課題

1 社会保障との重層的理解

　社会福祉における方法論の位置づけについて，仲村優一は「相対的に独自の社会福祉方法論を組み立てうる要素たりうる可能性があるのかについては，これらの現業実践の分析とともに，それらの諸実践を包み込んで一つの制度体系としてとらえられる社会福祉と方法論との関係を明らかにすることなしには解答が出てこないであろう」[*1]としている。

　この仲村が指摘するように，社会福祉における社会保障と相談援助との関係性について提示するためには社会福祉とは何か，そして，社会福祉制度・政策と実践との関係，および体系について明らかにする必要がある。

　社会福祉における方法論の位置づけをめぐっては，技術論的見解と政策論的見解の二つがみられる。このうち，技術論的見解について，竹内愛二は専門社会事業の対象を社会福祉における社会関係的福祉であるとし，専門社会事業は社会事業の一専門領域をなす過程であり，福祉社会事業と「継続体的」な関連のもとで展開されるとしている[*2·3]。また，政策論的見解の孝橋正一は「社会事業の目的の実現のために，その固有の対象にむかって主体が機能するさいに利用せられる社会的手段の体系」[*4]とし，本質論的立場からソーシャルワークとソーシャルグループワークを「直接的な対人的保護の方法を社会事業家の職務過程として提起し，それを体系化したもの」[*5]とし，対環境的保護方法として，「ソーシャル・アクションの名においてその改善要求の社会的運動として提起せら

[*1]　仲村優一『社会福祉方法論講座　I　基本的枠組み』誠信書房，1981，pp.6-7.
[*2]　竹内愛二『専門社会事業研究』弘文堂，1965，p.163.
[*3]　竹内愛二『実践福祉社会学』弘文堂，1996，p.19.
[*4]　孝橋正一『社会事業の基本問題（全訂版）』ミネルヴァ書房，1962，p.10.
[*5]　同上（*4），p.166.

れるものとの関連がある」[*5]としている。

　一方，岡村重夫は一般的方法論（対象論・機能論）を「論理必然的に社会福祉の技術論をよびおこす」とし，具体的技術論（社会福祉技術）について，「一般的方法から独立，無関係に論ぜられることは無意味であるばかりでなく，論理的にも不斉合である」と述べているように，総合的な方法論展開を提示している[*6]。

　しかし，三浦文夫は「社会福祉の『本質』が，政策にあるのか，それとも実践（＝技術）にあるのかということは，視点および認識方法の相違に係わりあうもので，『あれか，これか』という二者択一の問題ではないと考える」[*7]と述べるとともに，社会福祉の歴史的概観から，「社会福祉のさまざまな実践領域を国の制度に組み入れるという形で制度化が行われたのであった。そしてそのやり方は，一方においては社会福祉事業と施設の措置・運営主体を許認可し，他方ではその費用の大半を公費によって賄うための措置および措置委託費の支弁を通して，社会福祉の実践過程を政策的に操作ないし統制することを可能にしてきたのであった」[*8]とし，政策が実践過程に影響を与えてきた。このため，「社会福祉の政策と実践は，具体的に社会福祉の制度的枠組の中で，統一されることになっていく」[*9]としている。

　したがって，社会福祉分野における相談援助はその単体の技術として成り立つのではなく，社会保障および制度・政策システムと一体的に提供されることが必要である。もっとも，社会保障制度の対象は制度における対象が規定されており，制度の狭間となっている多様な課題への対応が困難な状況が存在している実態もある。また，社会福祉士が国家資格として制度として位置づけられたことにより，実践の枠組みが提示されたともいえる。

　相談援助が福祉分野における実践技術とすれば，社会保障は国民の生活を支

＊6　　岡村重夫『社会福祉学（総論）』柴田書店，1968，p.203.
＊7　　三浦文夫『増補改訂　社会福祉政策研究―福祉政策と福祉改革―』全国社会福祉協議
　　　会，1985，pp.10-11.
＊8　　同上（＊7），p.7.
＊9　　同上（＊7），p.8.

える制度・政策システムの一部である。そのシステムを進化，発展させるには相談援助の理論と技術的な発展がその力となり，さらに，そのシステムをより個別の利用者や集団，組織，地域へと効果的に提供していくためのものと変革，変容していく可能性を持っているということである。

　この点については，2014（平成26）年の「ソーシャルワーク専門職のグローバル定義」にも明確にされている。「ソーシャルワークは，社会変革と社会開発，社会的結束，および人々のエンパワメントと解放を促進する，実践に基づいた専門職であり学問である」（p.48参照）とされ，社会政策や社会開発，すなわち，マクロレベルへと働きかける専門職であることが示されている。さらに，「人々やさまざまな構造に働きかける」とされ，ミクロ，メゾ，マクロシステムへと働きかけることと定義されている。

　したがって，相談援助は，社会保障に規定された制度の適用に終止するのではなく，その限界性を見きわめつつ，社会保障制度・政策へと働きかける技術も相談援助であることを自覚しなければならない。その日本における現代的課題として地域包括ケアシステムの構築と強化が急がれている。その意味でも，福祉援助，すなわち，ソーシャルワークはまさしく，ミクロからメゾレベルへの実践であり，また，地域ケア会議の実践は実践過程から制度・政策へのフィードバックできる相談援助の実践である。

2 利用者本位の実践

　今，求められている相談援助は「援助する側」と「援助される側」といった援助ではなく，利用者が自身の力を取り戻し，利用者自身の力で社会変革や社会開発などが行うことができるよう，エンパワメントしていく実践が求められている。ソーシャルワークの専門職のグローバルな定義においても，ソーシャルワーカーは，主役である当事者の力を重視し，かつ当事者の主体性を認識し，当事者が自らシステムに働きかけられるよう，ともに働くことが求められている。その意味で，ソーシャルワーカーは「援助」という名のもと，利用者をパワーレスに陥らせている状況について反省が求められている。

　いずれにしても，真の利用者本位の実践とは利用者自身が自身の状況を認識

できるように働きかけ，利用者自身が進化や変化，発展しようとの動機づけを行うことができること，また，利用者自身の進化や変化，発展を阻害するシステムへと働きかけること，さらに，利用者自身が自らの力を信じ，活用してシステムに働きかけることができるよう，支援していくことが必要である。

3 多職種の連携・強化

　2012（平成24）年度において2度目の介護保険法の大幅な改正が行われ，「介護の社会化」から予防，さらに地域包括ケアへとその制度目標が設定された。とくに同年度の改正では地域包括ケアシステムの構想が提示され，身近な地域でシームレスに24時間365日間，サービスが提供されるシステム構築をめざすことになった[10]。この背景には少子高齢化の進行や家族機能の低下，介護保険財政の逼迫などといった多様な問題がある。諸外国においても地域ケア重視の政策が展開[11]され，高齢者が住み慣れた地域や在宅での暮らしを支えるシステム構築が模索されている。

　しかし，地域包括ケアシステムを可能とするには，従来の在宅ケアシステムや医療福祉ネットワーク，地域医療の連携などといった保健・医療・福祉の連携や協働だけでは機能し得ない。また，各分野の専門職が輻輳的に対応するだけでは解決し得ない多くの課題がある。

　とりわけ，従来の専門職による“縦割り”のケアの提供は，利用者への安心感を保障するものではなく，医療分野と福祉分野の連携の不足，日常生活におけるケアの不連続性，有資格者のヒエラルヒー（ピラミッド型の階層的組織構造）

---

*10　厚生労働省は，2012（平成24）年4月に施行された介護保険法の改正で地域包括ケアに係る規定の創設や24時間対応の定期巡回・随時対応サービス，複合型サービスの導入などを行ったほか，日常生活圏域におけるニーズ調査や地域ケア会議の実施，医療・介護情報の「見える化」などを推進している。また，認知症施策推進5か年計画を策定し，今後の認知症施策の方向性を示してきた。

*11　OECDの1996年の報告書では，医療，看護，リハビリテーションを含む「医療」と身体介護，家事援助，生活援助，社会参加を含む「社会的ケア」を統合し，「長期ケア」（long term care）として概念化するようになった。一方，1990年代，複数の慢性疾患を抱える高齢者の増加に対し，各国は制度間および制度内の統合，さらにケアの連続性を向上させるため，統合ケア（integrated care）にその対応を求めた。

などを解決することが必要となる。

　では，多職種連携を可能とする人材はどのような人材であるのだろうか。岩間伸之は，日本の今後のソーシャルワークの実践について，「個を地域で支える援助と個を支える地域をつくる援助という二つのアプローチを一体的に推進する」点にあるとしている[*12]。

　また，このようなソーシャルワークの人材の養成や育成の過程の視点から，専門職連携教育から利用者本人，家族，そして，地域のさまざまな機関や人々である非専門職との連携のための教育へと拡大していくことが必要である。すでに専門職間においては専門職連携教育（IPE：interprofessional education），専門職連携（IPW：interprofessional work）が実施されているが，地域包括ケアシステムを実現していくためには専門職や非専門職間のコミュニケーションのあり方，また，具体的な教育方法の提示が必要である。

4　資格制度の再編

　1987（昭和62）年に社会福祉士法及び介護福祉士法が制定され，1997（平成9）年に精神保健福祉士法の制定，2003（平成15）年度から保育士の国家資格化など，国家資格の付与にあたり一定水準の専門性の担保が行われた。さらに，2007（平成19）年には多様化，複雑化する福祉的課題に対して対応するため，社会福祉士及び介護福祉士法の改正も行われた。この改正では定義規定の見直しや義務規定の見直し，資格取得方法の見直し，社会福祉士の任用・活用の見直しが行われた。とくに義務規定の見直しでは誠実義務，連携義務，資質向上の責務が新たに規定され，資質向上の責務では，社会福祉を取り巻く環境の変化による業務の変化に対応するため，知識や技能の向上に努めなければならないとされた。

　本改正法の成立時の附帯決議（2007（平成19）年 4 月26日　参議院厚生労働委員会，2007（平成19）年11月 2 日　衆議院厚生労働委員会）として「より専門的対応

---

*12　岩間伸之「地域を基盤としたソーシャルワークの特質—個と地域の一体的支援の展開に向けて—」『ソーシャルワーク研究』37(1)，2011，pp.4-19.

表1　衆参両議院による附帯決議内容

参議院厚生労働委員会（2007.4.26）	衆議院厚生労働委員会（2007.11.2）
七　社会的援助のニーズが増大していることにかんがみ，重度の認知症や障害を持つ者等への対応，サービス管理等の分野において，より専門的対応ができる人材を育成するため，専門社会福祉士及び専門介護福祉士の仕組みについて，早急に検討を行うこと。また，介護福祉士をはじめ，関連分野専門職が社会福祉士となるための必要な履修認定等について検討すること。	八　社会的援助を必要とする者が増加していることにかんがみ，重度の認知症や障害を持つ者等への対応，サービス管理等の分野において，より専門的対応ができる人材を育成するため，専門社会福祉士及び専門介護福祉士の仕組みについて，早急に検討を行うこと。また，介護福祉士をはじめ，関連分野専門職が社会福祉士となるための必要な履修認定等について検討すること。

出典）参議院厚生労働委員会：社会福祉士及び介護福祉士法等の一部を改正する法律案に対する附帯決議（2007.4.26），衆議院厚生労働委員会：社会福祉士及び介護福祉士法等の一部を改正する法律案に対する附帯決議（2007.11.2）．

ができる人材を育成するため，専門社会福祉士及び専門介護福祉士の仕組みについて早急に検討を行う必要がある」とされた（**表1**）。

　この衆参両院の附帯決議を受け，日本社会福祉士会が2008（平成20）年，ソーシャルワーカーの職能団体，ソーシャルワーク教育関係団体，経営者団体などからなる研究委員会を設置し，研究事業としてシステムのあり方についての検討を開始した。そして，2011（平成23）年度，制度実施に向け，研修の認証や認定社会福祉士などとしての認定を行う機関の設立準備等を実施し，同年10月，「認定社会福祉士認証・認定機構」が設立され，翌2012（平成24）年から研修認証が開始されるとともに，認定社会福祉士が誕生した。

　この認定社会福祉士認証・認定機構は認定社会福祉士ならびに認定上級社会福祉士の認定，および認定制度の対象となる研修を認証する公正中立な第三者機関で，認定社会福祉士や認定上級社会福祉士の認定に係る事業，認定社会福祉士や認定上級社会福祉士の認定要件となる研修の認証に係る事業，資格認定や研修認証に関する調査研究事業，その他資格認定や研修認証を運営するにあたり必要な事業に努めるとされている。

具体的には，認定社会福祉士は社会福祉士及び介護福祉士法の定義に定める相談援助を行う者であって，所属組織を中心にした分野における福祉課題に対し，倫理綱領にもとづき高度な専門知識と熟練した技術を用いて個別支援，他職種連携および地域福祉の増進を行うことができる能力を有することを認められた者をいう。

一方，認定上級社会福祉士は社会福祉士及び介護福祉士法の定義に定める相談援助を行う者であって，福祉についての高度な知識と卓越した技術を用い，倫理綱領にもとづく高い倫理観を持って個別支援，連携・調整および地域福祉の増進などに関し，質の高い業務を実践するとともに，人材育成において他の社会福祉士に対する指導的役割を果たし，かつ実践の科学化を行うことができる能力を有することを認められた者をいう。

このように国家資格である社会福祉士の上級認定資格として認定社会福祉士および認定上級社会福祉士制度が誕生し，社会福祉士取得後の一定のキャリアの形成と養成の体系が提示された。さらに，上級認定資格を取得するプロセスにスーパービジョンが位置づけられたことも大きな成果である。

5 ソーシャルワーカー養成教育の地平

上述したように，ソーシャルワーカーが携わる領域は限りなく広い。そして，魅力にあふれた専門職である。それは人間の尊厳を守り，人間の潜在能力に働きかけ，かつ人間の幸福を希求する専門職であるからである。また，日本の国家予算のうち，社会保障費が全体の3割以上占めている現実からも，国民の生活に直結した重要な専門職であることを示している。

このソーシャルワーカーの養成教育の魅力は相談援助の演習，そして，相談援助実習を通し，学びのフィードバックを得られるとともに，学生や実習先，利用者，教育現場の協働によって相互に成長していくことのできる教育である。

そこで，今後のソーシャルワーク教育の可能性として，資格取得後も学び続けることが可能となる教育体制の充実が課題となる。このようななか，認定社会福祉士や認定上級社会福祉士の取得をすることで，実践力を保持している社会福祉士を証明することが可能となった。

しかし，これらの認定資格の取得にあたっては，意識の高いソーシャルワーカー個人の努力によるものだが，所属組織の理解とサポートが不足しているのが現状である。このため，社会福祉士の資格取得後の生涯教育システムの構築を社会福祉士養成校と社会福祉士が働く組織との協働で展開することが急務である。しかも，ソーシャルワーカー養成教育は常に現場の変化に敏感に対応しなければならない。何よりも利用者に生じている困難や社会の不正義に敏感でなければならない。そのためにも相互に学び合えるソーシャルワーカーの養成教育の魅力は限りなく広い，と考える。

ソーシャルワーク専門職のグローバル定義

国際ソーシャルワーカー連盟（2014年7月採択）
国際ソーシャルワーク学校連盟（2014年7月採択）

　ソーシャルワークは，社会変革と社会開発，社会的結束，および人々のエンパワメントと解放を促進する，実践に基づいた専門職であり学問である。社会正義，人権，集団的責任，および多様性尊重の諸原理は，ソーシャルワークの中核をなす。ソーシャルワークの理論，社会科学，人文学，および地域・民族固有の知[1]を基盤として，ソーシャルワークは，生活課題に取り組みウェルビーイングを高めるよう，人々やさまざまな構造に働きかける[2]。
　この定義は，各国および世界の各地域で展開してもよい[3]。

注　釈

　注釈は，定義に用いられる中核概念を説明し，ソーシャルワーク専門職の中核となる任務・原則・知・実践について詳述するものである。

中核となる任務

　ソーシャルワーク専門職の中核となる任務には，社会変革・社会開発・社会的結束の促進，および人々のエンパワメントと解放がある。
　ソーシャルワークは，相互に結び付いた歴史的・社会経済的・文化的・空間的・政治的・個人的要素が人々のウェルビーイングと発展にとってチャンスにも障壁にもなることを認識している，実践に基づいた専門職であり学問である。構造的な障壁は，不平等・差別・搾取・抑圧の永続につながる。人種・階級・言語・宗教・ジェンダー・障害・文化・性的指向などに基づく抑圧や，特権の構造の原因の探求を通して批判的意識を養うこと，そして構造的・個人的障壁の問題に取り組む行動戦略を立てることは，人々のエンパワメントと解放をめざす実践の中核

---

1 「地域・民族固有の知（indigenous knowledge）」とは，世界各地に根ざし，人々が集団レベルで長期間受け継いできた知を指している。中でも，本文注釈の「知」の節を見ればわかるように，いわゆる「先住民」の知が特に重視されている。
2 この文の後半部分は，英語と日本語の言語的構造の違いから，簡潔で適切な訳出が非常に困難である。本文注釈の「実践」の節で，ここは人々の参加や主体性を重視する姿勢を表現していると説明がある。これを加味すると，「ソーシャルワークは，人々が主体的に生活課題に取り組みウェルビーイングを高められるよう人々に関わるとともに，ウェルビーイングを高めるための変革に向けて人々とともにさまざまな構造に働きかける」という意味合いで理解すべきであろう。
3 今回，各国および世界の各地域（IFSW/IASSWは，世界をアジア太平洋，アフリカ，北アメリカ，南アメリカ，ヨーロッパという5つの地域＝リージョンに分けている）は，このグローバル定義を基に，それに反しない範囲で，それぞれの置かれた社会的・政治的・文化的状況に応じた独自の定義を作ることができることとなった。これによって，ソーシャルワークの定義は，グローバル（世界）・リージョナル（地域）・ナショナル（国）という3つのレベルをもつ重層的なものとなる。

をなす。不利な立場にある人々と連帯しつつ，この専門職は，貧困を軽減し，脆弱で抑圧された人々を解放し，社会的包摂と社会的結束を促進すべく努力する。

　社会変革の任務は，個人・家族・小集団・共同体・社会のどのレベルであれ，現状が変革と開発を必要とするとみなされる時，ソーシャルワークが介入することを前提としている。それは，周縁化・社会的排除・抑圧の原因となる構造的条件に挑戦し変革する必要によって突き動かされる。社会変革のイニシアチブは，人権および経済的・環境的・社会的正義の増進において人々の主体性が果たす役割を認識する。また，ソーシャルワーク専門職は，それがいかなる特定の集団の周縁化・排除・抑圧にも利用されない限りにおいて，社会的安定の維持にも等しく関与する。

　社会開発という概念は，介入のための戦略，最終的にめざす状態，および（通常の残余的および制度的枠組に加えて）政策的枠組などを意味する。それは，（持続可能な発展をめざし，ミクロ－マクロの区分を超えて，複数のシステムレベルおよびセクター間・専門職間の協働を統合するような）全体的，生物―心理―社会的，およびスピリチュアルなアセスメントと介入に基づいている。それは社会構造的かつ経済的な開発に優先権を与えるものであり，経済成長こそが社会開発の前提条件であるという従来の考え方には賛同しない。

原　則

　ソーシャルワークの大原則は，人間の内在的価値と尊厳の尊重，危害を加えないこと，多様性の尊重，人権と社会正義の支持である。

　人権と社会正義を擁護し支持することは，ソーシャルワークを動機づけ，正当化するものである。ソーシャルワーク専門職は，人権と集団的責任の共存が必要であることを認識する。集団的責任という考えは，一つには，人々がお互い同士，そして環境に対して責任をもつ限りにおいて，はじめて個人の権利が日常レベルで実現されるという現実，もう一つには，共同体の中で互恵的な関係を確立することの重要性を強調する。したがって，ソーシャルワークの主な焦点は，あらゆるレベルにおいて人々の権利を主張すること，および，人々が互いのウェルビーイングに責任をもち，人と人の間，そして人々と環境の間の相互依存を認識し尊重するように促すことにある。

　ソーシャルワークは，第一・第二・第三世代の権利を尊重する。第一世代の権利とは，言論や良心の自由，拷問や恣意的拘束からの自由など，市民的・政治的権利を指す。第二世代の権利とは，合理的なレベルの教育・保健医療・住居・少数言語の権利など，社会経済的・文化的権利を指す。第三世代の権利は自然界，生物多様性や世代間平等の権利に焦点を当てる。これらの権利は，互いに補強し依存しあうものであり，個人の権利と集団的権利の両方を含んでいる。

　「危害を加えないこと」と「多様性の尊重」は，状況によっては，対立し，競合する価値観となることがある。たとえば，女性や同性愛者などのマイノリティの権利（生存権さえも）が文化の名において侵害される場合などである。『ソーシャルワークの教育・養成に関する世界基準』は，ソーシャルワーカーの教育は基本的人権アプローチに基づくべきと主張することによって，この複雑な問題に対処しようとしている。そこには以下の注が付されている。

　　文化的信念，価値，および伝統が人々の基本的人権を侵害するところでは，そのようなア

プローチ（基本的人権アプローチ）が建設的な対決と変化を促すかもしれない。そもそも文化とは社会的に構成されるダイナミックなものであり，解体され変化しうるものである。そのような建設的な対決，解体，および変化は，特定の文化的価値・信念・伝統を深く理解した上で，人権という（特定の文化よりも）広範な問題に関して，その文化的集団のメンバーと批判的で思慮深い対話を行うことを通して促進されうる。

知

　ソーシャルワークは，複数の学問分野をまたぎ，その境界を超えていくものであり，広範な科学的諸理論および研究を利用する。ここでは，「科学」を「知」というそのもっとも基本的な意味で理解したい。ソーシャルワークは，常に発展し続ける自らの理論的基盤および研究はもちろん，コミュニティ開発・全人的教育学・行政学・人類学・生態学・経済学・教育学・運営管理学・看護学・精神医学・心理学・保健学・社会学など，他の人間諸科学の理論をも利用する。ソーシャルワークの研究と理論の独自性は，その応用性と解放志向性にある。多くのソーシャルワーク研究と理論は，サービス利用者との双方向性のある対話的過程を通して共同で作り上げられてきたものであり，それゆえに特定の実践環境に特徴づけられる。

　この定義は，ソーシャルワークは特定の実践環境や西洋の諸理論だけでなく，先住民を含めた地域・民族固有の知にも拠っていることを認識している。植民地主義の結果，西洋の理論や知識のみが評価され，地域・民族固有の知は，西洋の理論や知識によって過小評価され，軽視され，支配された。この定義は，世界のどの地域・国・区域の先住民たちも，その独自の価値観および知を作り出し，それらを伝達する様式によって，科学に対して計り知れない貢献をしてきたことを認めるとともに，そうすることによって西洋の支配の過程を止め，反転させようとする。ソーシャルワークは，世界中の先住民たちの声に耳を傾け学ぶことによって，西洋の歴史的な科学的植民地主義と覇権を是正しようとする。こうして，ソーシャルワークの知は，先住民の人々と共同で作り出され，ローカルにも国際的にも，より適切に実践されることになるだろう。国連の資料に拠りつつ，IFSWは先住民を以下のように定義している。

・地理的に明確な先祖伝来の領域に居住している（あるいはその土地への愛着を維持している）。
・自らの領域において，明確な社会的・経済的・政治的制度を維持する傾向がある。
・彼らは通常，その国の社会に完全に同化するよりも，文化的・地理的・制度的に独自であり続けることを望む。
・先住民あるいは部族というアイデンティティをもつ。

http:ifsw.org/policies/indigenous-peoples

実　践

　ソーシャルワークの正統性と任務は，人々がその環境と相互作用する接点への介入にある。環境は，人々の生活に深い影響を及ぼすものであり，人々がその中にある様々な社会システムおよび自然的・地理的環境を含んでいる。ソーシャルワークの参加重視の方法論は，「生活課題に取り組みウェルビーイングを高めるよう，人々やさまざまな構造に働きかける」という部分に表現されている。ソーシャルワークは，できる限り，「人々のために」ではなく，「人々ととも

に」働くという考え方をとる。社会開発パラダイムにしたがって，ソーシャルワーカーは，システムの維持あるいは変革に向けて，さまざまなシステムレベルで一連のスキル・テクニック・戦略・原則・活動を活用する。ソーシャルワークの実践は，さまざまな形のセラピーやカウンセリング・グループワーク・コミュニティワーク，政策立案や分析，アドボカシーや政治的介入など，広範囲に及ぶ。この定義が支持する解放促進的視角からして，ソーシャルワークの戦略は，抑圧的な権力や不正義の構造的原因と対決しそれに挑戦するために，人々の希望・自尊心・創造的力を増大させることをめざすものであり，それゆえ，介入のミクロ－マクロ的，個人的－政治的次元を一貫性のある全体に統合することができる。ソーシャルワークが全体性を指向する性質は普遍的である。しかしその一方で，ソーシャルワークの実践が実際上何を優先するかは，国や時代により，歴史的・文化的・政治的・社会経済的条件により，多様である。

　この定義に表現された価値や原則を守り，高め，実現することは，世界中のソーシャルワーカーの責任である。ソーシャルワーカーたちがその価値やビジョンに積極的に関与することによってのみ，ソーシャルワークの定義は意味をもつのである。

・・

　※「IFSW脚注」
　2014年7月6日のIFSW総会において，IFSWは，スイスからの動議に基づき，ソーシャルワークのグローバル定義に関して以下の追加動議を可決した。
　IFSW総会において可決された，ソーシャルワークのグローバル定義に関する追加動議
　　「この定義のどの一部分についても，定義の他の部分と矛盾するような解釈を行わないものとする」
　　「国・地域レベルでの『展開』は，この定義の諸要素の意味および定義全体の精神と矛盾しないものとする」
　　「ソーシャルワークの定義は，専門職集団のアイデンティティを確立するための鍵となる重要な要素であるから，この定義の将来の見直しは，その実行過程と変更の必要性を正確に吟味した上ではじめて開始されるものでなければならない。定義自体を変えることを考える前に，まずは注釈を付け加えることを検討すべきである。」

━━

　2014年7月メルボルンにおける国際ソーシャルワーカー連盟（IFSW）総会及び国際ソーシャルワーク学校連盟（IASSW）総会において定義を採択。日本語定義の作業は社会福祉専門職団体協議会と（一社）日本社会福祉教育学校連盟が協働で行った。2015年2月13日，IFSWとしては日本語訳，IASSWは公用語である日本語定義として決定した。

　　　社会福祉専門職団体協議会は，（NPO）日本ソーシャルワーカー協会，（公社）日本社会福祉士会，（公社）日本医療社会福祉協会，（公社）日本精神保健福祉士協会で構成され，IFSWに日本国代表団体として加盟しています。

232　資　　　料

ソーシャルワーカーの倫理綱領（社会福祉専門職団体協議会）

社会福祉専門職団体協議会代表者会議（2005年1月27日制定）
公益社団法人日本社会福祉士会（2005年6月3日採択）*注
社団法人日本精神保健福祉士協会（2005年6月10日承認）
*注：「社会福祉士の倫理綱領」として「ソーシャルワーカー」を「社会福祉士」と読み替えて定められている。

前　文

　われわれソーシャルワーカーは，すべての人が人間としての尊厳を有し，価値ある存在であり，平等であることを深く認識する。われわれは平和を擁護し，人権と社会正義の原理に則り，サービス利用者本位の質の高い福祉サービスの開発と提供に努めることによって，社会福祉の推進とサービス利用者の自己実現をめざす専門職であることを言明する。

　われわれは，社会の進展に伴う社会変動が，ともすれば環境破壊及び人間疎外をもたらすことに着目する時，この専門職がこれからの福祉社会にとって不可欠の制度であることを自覚するとともに，専門職ソーシャルワーカーの職責についての一般社会及び市民の理解を深め，その啓発に努める。

　われわれは，われわれの加盟する国際ソーシャルワーカー連盟が採択した，次の「ソーシャルワークの定義」（2000年7月）を，ソーシャルワーク実践に適用され得るものとして認識し，その実践の拠り所とする。

ソーシャルワークの定義

　ソーシャルワーク専門職は，人間の福利（ウェルビーイング）の増進を目指して，社会の変革を進め，人間関係における問題解決を図り，人々のエンパワーメントと解放を促していく。ソーシャルワークは，人間の行動と社会システムに関する理論を利用して，人びとがその環境と相互に影響し合う接点に介入する。人権と社会正義の原理は，ソーシャルワークの拠り所とする基盤である。　　　　　　　　　　　　　　（IFSW：2000.7.）

　われわれは，ソーシャルワークの知識，技術の専門性と倫理性の維持，向上が専門職の職責であるだけでなく，サービス利用者は勿論，社会全体の利益に密接に関連していることを認識し，本綱領を制定してこれを遵守することを誓約する者により，専門職団体を組織する。

価値と原則

Ⅰ.（人間の尊厳）

　ソーシャルワーカーは，すべての人間を，出自，人種，性別，年齢，身体的精神的状況，宗教的文化的背景，社会的地位，経済状況等の違いにかかわらず，かけがえのない存在として尊重する。

Ⅱ.（社会正義）

　ソーシャルワーカーは，差別，貧困，抑圧，排除，暴力，環境破壊などの無い，自由，平等，共生に基づく社会正義の実現をめざす。

Ⅲ.（貢　献）
　　ソーシャルワーカーは，人間の尊厳の尊重と社会正義の実現に貢献する。
Ⅳ.（誠　実）
　　ソーシャルワーカーは，本倫理綱領に対して常に誠実である。
Ⅴ.（専門的力量）
　　ソーシャルワーカーは，専門的力量を発揮し，その専門性を高める。

倫理基準
Ⅰ.利用者に対する倫理責任
　1.（利用者との関係）　ソーシャルワーカーは，利用者との専門的援助関係を最も大切にし，それを自己の利益のために利用しない。
　2.（利用者の利益の最優先）　ソーシャルワーカーは，業務の遂行に際して，利用者の利益を最優先に考える。
　3.（受　容）　ソーシャルワーカーは，自らの先入観や偏見を排し，利用者をあるがままに受容する。
　4.（説明責任）　ソーシャルワーカーは，利用者に必要な情報を適切な方法・わかりやすい表現を用いて提供し，利用者の意思を確認する。
　5.（利用者の自己決定の尊重）　ソーシャルワーカーは，利用者の自己決定を尊重し，利用者がその権利を十分に理解し，活用していけるように援助する。
　6.（利用者の意思決定能力への対応）　ソーシャルワーカーは，意思決定能力の不十分な利用者に対して，常に最善の方法を用いて利益と権利を擁護する。
　7.（プライバシーの尊重）　ソーシャルワーカーは，利用者のプライバシーを最大限に尊重し，関係者から情報を得る場合，その利用者から同意を得る。
　8.（秘密の保持）　ソーシャルワーカーは，利用者や関係者から情報を得る場合，業務上必要な範囲にとどめ，その秘密を保持する。秘密の保持は，業務を退いた後も同様とする。
　9.（記録の開示）　ソーシャルワーカーは，利用者から記録の開示の要求があった場合，本人に記録を開示する。
　10.（情報の共有）　ソーシャルワーカーは，利用者の援助のために利用者に関する情報を関係機関・関係職員と共有する場合，その秘密を保持するよう最善の方策を用いる。
　11.（性的差別，虐待の禁止）　ソーシャルワーカーは，利用者に対して，性別，性的指向等の違いから派生する差別やセクシュアル・ハラスメント，虐待をしない。
　12.（権利侵害の防止）　ソーシャルワーカーは，利用者を擁護し，あらゆる権利侵害の発生を防止する。
Ⅱ.実践現場における倫理責任
　1.（最良の実践を行う責務）　ソーシャルワーカーは，実践現場において，最良の業務を遂行するために，自らの専門的知識・技術を惜しみなく発揮する。
　2.（他の専門職等との連携・協働）　ソーシャルワーカーは，相互の専門性を尊重し，他の専門職等と連携・協働する。
　3.（実践現場と綱領の遵守）　ソーシャルワーカーは，実践現場との間で倫理上のジレン

マが生じるような場合，実践現場が本綱領の原則を尊重し，その基本精神を遵守するよう働きかける。

4．（業務改善の推進）　ソーシャルワーカーは，常に業務を点検し評価を行い，業務改善を推進する。

Ⅲ．社会に対する倫理責任

1．（ソーシャル・インクルージョン）　ソーシャルワーカーは，人々をあらゆる差別，貧困，抑圧，排除，暴力，環境破壊などから守り，包含的な社会を目指すよう努める。

2．（社会への働きかけ）　ソーシャルワーカーは，社会に見られる不正義の改善と利用者の問題解決のため，利用者や他の専門職等と連帯し，効果的な方法により社会に働きかける。

3．（国際社会への働きかけ）　ソーシャルワーカーは，人権と社会正義に関する国際的問題を解決するため，全世界のソーシャルワーカーと連帯し，国際社会に働きかける。

Ⅳ．専門職としての倫理責任

1．（専門職の啓発）　ソーシャルワーカーは，利用者・他の専門職・市民に専門職としての実践を伝え社会的信用を高める。

2．（信用失墜行為の禁止）　ソーシャルワーカーは，その立場を利用した信用失墜行為を行わない。

3．（社会的信用の保持）　ソーシャルワーカーは，他のソーシャルワーカーが専門職業の社会的信用を損なうような場合，本人にその事実を知らせ，必要な対応を促す。

4．（専門職の擁護）　ソーシャルワーカーは，不当な批判を受けることがあれば，専門職として連帯し，その立場を擁護する。

5．（専門性の向上）　ソーシャルワーカーは，最良の実践を行うために，スーパービジョン，教育・研修に参加し，援助方法の改善と専門性の向上を図る。

6．（教育・訓練・管理における責務）　ソーシャルワーカーは教育・訓練・管理に携わる場合，相手の人権を尊重し，専門職としてのよりよい成長を促す。

7．（調査・研究）　ソーシャルワーカーは，すべての調査・研究過程で利用者の人権を尊重し，倫理性を確保する。

社会福祉士の行動規範

公益社団法人日本社会福祉士会（2005年6月3日採択）

この「社会福祉士の行動規範」は，「社会福祉士の倫理綱領」に基づき，社会福祉士が社会福祉実践において従うべき行動を示したものである。

Ⅰ．利用者に対する倫理責任

1．利用者との関係

1-1．社会福祉士は，利用者との専門的援助関係についてあらかじめ利用者に説明しなければならない。

1-2．社会福祉士は，利用者と私的な関係になってはならない。

1-3．社会福祉士は，いかなる理由があっても利用者およびその関係者との性的接触・行動をしてはならない。

1-4．社会福祉士は，自分の個人的・宗教的・政治的理由のため，または個人の利益のために，不当に専門的援助関係を利用してはならない。

1-5．社会福祉士は，過去または現在の利用者に対して利益の相反する関係になることが避けられないときは，利用者を守る手段を講じ，それを利用者に明らかにしなければならない。

1-6．社会福祉士は，利用者との専門的援助関係とともにパートナーシップを尊重しなければならない。

2．利用者の利益の最優先

2-1．社会福祉士は，専門職の立場を私的なことに使用してはならない。

2-2．社会福祉士は，利用者から専門職サービスの代償として，正規の報酬以外に物品や金銭を受けとってはならない。

2-3．社会福祉士は，援助を継続できない何らかの理由がある場合，援助を継続できるように最大限の努力をしなければならない。

3．受　容

3-1．社会福祉士は，利用者に暖かい関心を寄せ，利用者の立場を認め，利用者の情緒の安定を図らなければならない。

3-2．社会福祉士は，利用者を非難し，審判することがあってはならない。

3-3．社会福祉士は，利用者の意思表出をはげまし支えなければならない。

4．説明責任

4-1．社会福祉士は，利用者の側に立ったサービスを行う立場にあることを伝えなければならない。

4-2．社会福祉士は，専門職上の義務と利用者の権利を説明し明らかにした上で援助をしなければならない。

4-3．社会福祉士は，利用者が必要な情報を十分に理解し，納得していることを確認しなければならない。

5．利用者の自己決定の尊重

5-1．社会福祉士は，利用者が自分の目標を定めることを支援しなければならない。

5-2．社会福祉士は，利用者が選択の幅を広げるために，十分な情報を提供しなければならない。

5-3．社会福祉士は，利用者の自己決定が重大な危険を伴う場合，あらかじめその行動を制限することがあることを伝え，そのような制限をした場合には，その理由を説明しなければならない。

6．利用者の意思決定能力への対応

6-1．社会福祉士は，利用者の意思決定能力の状態に応じ，利用者のアドボカシーに努め，エンパワメントを支援しなければならない。

6-2．社会福祉士は，自分の価値観や援助観を利用者に押しつけてはならない。

6-3．社会福祉士は，常に自らの業務がパターナリズムに陥らないように，自己の点検に務めなければならない。

6-4．社会福祉士は，利用者のエンパワメントに必要な社会資源を適切に活用しなければならない。

7．プライバシーの尊重

7-1．社会福祉士は，利用者が自らのプライバシー権を自覚するように働きかけなければならない。

7-2．社会福祉士は，利用者の個人情報を収集する場合，その都度利用者の了解を得なければならない。

7-3．社会福祉士は，問題解決を支援する目的であっても，利用者が了解しない場合は，個人情報を使用してはならない。

8．秘密の保持

8-1．社会福祉士は，業務の遂行にあたり，必要以上の情報収集をしてはならない。

8-2．社会福祉士は，利用者の秘密に関して，敏感かつ慎重でなければならない。

8-3．社会福祉士は，業務を離れた日常生活においても，利用者の秘密を保持しなければならない。

8-4．社会福祉士は，記録の保持と廃棄について，利用者の秘密が漏れないように慎重に対応しなければならない。

9．記録の開示

9-1．社会福祉士は，利用者の記録を開示する場合，かならず本人の了解を得なければならない。

9-2．社会福祉士は，利用者の支援の目的のためにのみ，個人情報を使用しなければならない。

9-3．社会福祉士は，利用者が記録の閲覧を希望した場合，特別な理由なくそれを拒んではならない。

10．情報の共有

10-1．社会福祉士は，利用者の情報を電子媒体等により取り扱う場合，厳重な管理体制と最新のセキュリティに配慮しなければならない。

社会福祉士の行動規範　　237

10-2．社会福祉士は，利用者の個人情報の乱用・紛失その他あらゆる危険に対し，安全保護
　　　に関する措置を講じなければならない。
10-3．社会福祉士は，電子情報通信等に関する原則やリスクなどの最新情報について学ばな
　　　ければならない。

11．性的差別，虐待の禁止

11-1．社会福祉士は，利用者に対して性的差別やセクシュアル・ハラスメント，虐待を行っ
　　　てはならない。
11-2．社会福祉士は，利用者に対して肉体的・精神的損害または苦痛を与えてはならない。
11-3．社会福祉士は，利用者が暴力や性的搾取・虐待の対象となっている場合，すみやかに
　　　発見できるよう心掛けなければならない。
11-4．社会福祉士は，性的差別やセクシュアル・ハラスメント，虐待に対する正しい知識を
　　　得るよう学ばなければならない。

12．権利侵害の防止

12-1．社会福祉士は，利用者の権利について十分に認識し，敏感かつ積極的に対応しなけれ
　　　ばならない。
12-2．社会福祉士は，利用者の権利侵害を防止する環境を整え，そのシステムの構築に努め
　　　なければならない。
12-3．社会福祉士は，利用者の権利侵害の防止についての啓発活動を積極的に行わなければ
　　　ならない。

Ⅱ．実践現場における倫理責任

1．最良の実践を行う責務

1-1．社会福祉士は，専門職としての使命と職責の重要性を自覚し，常に専門知識を深め，
　　　理論と実務に精通するように努めなければならない。
1-2．社会福祉士は，専門職としての自律性と責任性が完遂できるよう，自らの専門的力量
　　　の向上をはからなければならない。
1-3．社会福祉士は，福祉を取り巻く分野の法律や制度等関連知識の集積に努め，その力量
　　　を発揮しなければならない。

2．他の専門職等との連携・協働

2-1．社会福祉士は，所属する機関内部での意思疎通が円滑になされるように積極的に働き
　　　かけなければならない。
2-2．社会福祉士は，他の専門職と連携し，所属する機関の機構やサービス提供の変更や開
　　　発について提案しなければならない。
2-3．社会福祉士は，他機関の専門職と連携し協働するために，連絡・調整の役割を果たさ
　　　なければならない。

3．実践現場と綱領の遵守

3-1．社会福祉士は，社会福祉士の倫理綱領を実践現場が熟知するように働きかけなければ
　　　ならない。
3-2．社会福祉士は，実践現場で倫理上のジレンマが生じた場合，倫理綱領に照らして公正
　　　性と一貫性をもってサービス提供を行うように努めなければならない。

3-3．社会福祉士は，実践現場の方針・規則・手続き等，倫理綱領に反する実践を許しては
　　　ならない。

4．業務改善の推進
4-1．社会福祉士は，利用者の声に耳を傾け苦情の対応にあたり，業務の改善を通して再発
　　　防止に努めなければならない。
4-2．社会福祉士は，実践現場が常に自己点検と評価を行い，他者からの評価を受けるよう
　　　に働きかけなければならない。

Ⅲ．社会に対する倫理責任

1．ソーシャル・インクルージョン
1-1．社会福祉士は，特に不利益な立場にあり，抑圧されている利用者が，選択と決定の機
　　　会を行使できるように働きかけなければならない。
1-2．社会福祉士は，利用者や住民が社会の政策・制度の形成に参加することを積極的に支
　　　援しなければならない。
1-3．社会福祉士は，専門的な視点と方法により，利用者のニーズを社会全体と地域社会に
　　　伝達しなければならない。

2．社会への働きかけ
2-1．社会福祉士は，利用者が望む福祉サービスを適切に受けられるように権利を擁護し，
　　　代弁活動を行わなければならない。
2-2．社会福祉士は，社会福祉実践に及ぼす社会政策や福祉計画の影響を認識し，地域福祉
　　　の増進に積極的に参加しなければならない。
2-3．社会福祉士は，社会における意思決定に際して，利用者の意思と参加が促進されるよ
　　　う支えなければならない。
2-4．社会福祉士は，公共の緊急事態に対して可能な限り専門職のサービスを提供できるよ
　　　う，臨機応変な活動への貢献ができなければならない。

3．国際社会への働きかけ
3-1．社会福祉士は，国際社会において，文化的社会的差異を尊重しなければならない。
3-2．社会福祉士は，民族，人種，国籍，宗教，性別，障害等による差別と支配をなくすた
　　　めの国際的な活動をささえなければならない。
3-3．社会福祉士は，国際社会情勢に関心をもち，精通するよう努めなければならない。

Ⅳ．専門職としての倫理責任

1．専門職の啓発
1-1．社会福祉士は，対外的に社会福祉士であることを名乗り，専門職としての自覚を高め
　　　なければならない。
1-2．社会福祉士は，自己が獲得し保持している専門的力量を利用者・市民・他の専門職に
　　　知らせるように努めなければならない。
1-3．社会福祉士は，個人としてだけでなく専門職集団としても，責任ある行動をとり，そ
　　　の専門職の啓発を高めなければならない。

2．信用失墜行為の禁止
2-1．社会福祉士は，社会福祉士としての自覚と誇りを持ち，社会的信用を高めるよう行動

しなければならない

2-2. 社会福祉士は，あらゆる社会的不正行為に関わってはならない。

3．社会的信用の保持

3-1. 社会福祉士は，専門職業の社会的信用をそこなうような行為があった場合，行為の内容やその原因を明らかにし，その対策を講じるように努めなければならない。

3-2. 社会福祉士は，他の社会福祉士が非倫理的な行動をとった場合，必要に応じて関係機関や日本社会福祉士会に対し適切な行動を取るよう働きかけなければならない。

3-3. 社会福祉士は，信用失墜行為がないように互いに協力し，チェック機能を果たせるよう連携を進めなければならない。

4．専門職の擁護

4-1. 社会福祉士は，社会福祉士に対する不当な批判や扱いに対し，その不当性を明らかにし，社会にアピールするなど，仲間を支えなければならない。

4-2. 社会福祉士は，不当な扱いや批判を受けている他の社会福祉士を発見したときは，一致してその立場を擁護しなければならない。

4-3. 社会福祉士は，社会福祉士として不当な批判や扱いを受けぬよう日頃から自律性と倫理性を高めるために密に連携しなければならない。

5．専門性の向上

5-1. 社会福祉士は，研修・情報交換・自主勉強会等の機会を活かして，常に自己研鑽に努めなければならない。

5-2. 社会福祉士は，常に自己の専門分野や関連する領域に関する情報を収集するよう努めなければならない。

5-3. 社会福祉士は，社会的に有用な情報を共有し合い，互いの専門性向上に努めなければならない。

6．教育・訓練・管理における責務

6-1. スーパービジョンを担う社会福祉士は，その機能を積極的に活用し，公正で誠実な態度で後進の育成に努め社会的要請に応えなければならない。

6-2. コンサルテーションを担う社会福祉士は，研修会や事例検討会等を企画し，効果的に実施するように努めなければならない。

6-3. 職場のマネジメントを担う社会福祉士は，サービスの質・利用者の満足・職員の働きがいの向上に努めなければならない。

6-4. 業務アセスメントや評価を担う社会福祉士は，明確な基準に基づき評価の判断をいつでも説明できるようにしなければならない。

6-5. 社会福祉教育を担う社会福祉士は，次世代を担う人材養成のために，知識と情熱を惜しみなく注がなければならない。

7．調査・研究

7-1. 社会福祉士は，社会福祉に関する調査研究を行い，結果を公表する場合，その目的を明らかにし，利用者等の不利益にならないよう最大限の配慮をしなければならない。

7-2. 社会福祉士は，事例研究にケースを提供する場合，人物を特定できないように配慮し，その関係者に対し事前に承認を得なければならない。

索　引

■ 英字 ■

AASW　92
ADL　6
AGIL理論　145
APSC　89
ASWB　90
COS　16,51
IADL　6
IASSW　44
IFSW　44
IPE　224
IPW　224
MSW　135
NASW　33,48,89
NPO　10
PSWC　89
SSW　136
YMCA　51
YWCA　51

■ あ ■

アウトリーチ　33,161,173,179
アセスメント　7,144,164
アドボカシー　8,165,174

■ い ■

医学モデル　142
医師　123
五つの原理　6
医療ソーシャルワーカー　135
インシデント法　188
インテーク　6,161
インフォーマル　112
インフォームド・コンセント
　168,176
インボランタリーなクライ
　エント　160

■ う ■

ウェルビーイング　49,142

■ え ■

エコマップ　185
エコロジカルモデル　55
エリザベス救貧法　50
エンカウンター　103
エンゼルプラン　9
エンパワメント　17,165,176

■ お ■

オーストラリアソーシャル
　ワーカー協会　92
オーストラリアのソーシャル
　ワーク教育と認定基準　93
岡村理論　2
オムニバス形態　195

■ か ■

介護支援専門員　32,139
介護福祉士　132
介護保険　5
介護保険制度　139
介護保険法　32
介入　169
カウンセリング　38
学習のサイクル　193
喀痰吸引　132
課題中心アプローチ　156
家庭支援専門相談員　80
貨幣的なニーズ　1
看護師　124,134
間接的な支援　170
管理栄養士　123
管理的機能　181

■ き ■

危機介入アプローチ　156
機能主義学派　52
機能的アプローチ　155
基本的人権の尊重　4
客観性を帯びた効果測定　176

客観的な評価　177
教育的機能　181
キリスト教女子青年会　51
キリスト教青年会　51

■ く ■

クライエント　141,160
クライエント・システム　143
クライエントの参加・協働　167
クライエントの成長過程　184
クラスの運営　195
クラス編制　195
グループインタビュー　25
グループスーパービジョン
　37,183,215
グループダイナミクス　121
グループワーク　18
グローバル定義　44

■ け ■

ケア会議　171
ケアカンファレンス　172
ケアマネジメント　33,169
ケアマネジャー　32,139
ケアワーカー　5
経管栄養　132
経験学習モデル　193
継続専門教育　93
傾聴　39
契約　34
ケース　160
ケースカンファレンス　166
ケースマネジメント　169
ケースワーク　16
ケースワークの母　16
見学実習　201
現業員　70
言語聴覚士　125
言語的コミュニケーション　163
現場体験学習　201
権利擁護　8,58,62

■こ■

行動規範　102
行動変容アプローチ　157
高度実践専門資格　89
交流分析　103
ゴールドプラン　8
国際人権規約　8
国際ソーシャルワーカー連盟　44
国際ソーシャルワーク学校
　連盟　44
国際連合　56
5W1H　186
子ども及びソーシャルワーク
　法　91
個別インタビュー　25
個別援助技術　16
個別支援計画　206
個別支援体験　212
個別スーパービジョン
　37, 182, 215
コミューン　92
コミュニケーション　163, 170
コミュニケーション技術　179
コミュニティオーガニ
　ゼーション　4
コミュニティソーシャル
　ワーク　5, 23
コミュニティワーク　22
コンサルタント　183
コンサルテーション　40, 183
コンピテンシー　192
コンプライアンス　28

■さ■

サービス管理責任者　84
サービス担当者会議　118, 171
サービス提供責任者　84
サービス・ニーズ　152
作業療法士　125
査察指導員　70
里親支援専門相談員　80

■し■

ジェネラリストソーシャル
　ワーク　5
ジェネラリストの視点　110, 119
ジェネリック　204
ジェノグラム　185
支援計画　166
支援再開の要請　178
支援の満足度　175
歯科衛生士　126
資格単位枠組み　91
自己覚知　36, 103, 178, 181
自己決定　165
自己決定権　1
支持的機能　181
システム理論　143
施設長　80
事前学習シート　205
慈善組織協会　16, 51
実習教育スーパービジョン　214
実習記録　207
実習記録ノート　207
実習計画　208
実習スーパービジョン　198, 214
実習総括レポート　216
実習プログラム　199
実習報告会　216
実習報告書　216
質的調査法　25
児童虐待対応協力員　75
児童指導員　75, 80
児童自立支援専門員　80
児童相談所　75
児童発達支援管理責任者　81
児童福祉　80
児童福祉司　75
視能訓練士　126
司法ソーシャルワーカー　5, 138
社会改良運動　101
社会事業婦　131
社会資源　141, 143, 166
社会資源の一覧　169
社会生活ニーズ　152

社会正義　56
社会的排除　45, 59
社会的包摂　45, 59
社会福祉援助技術　1
社会福祉援助技術の価値　10
社会福祉計画　26
社会福祉士　130
社会福祉士及び介護福祉士法
　1, 94, 191, 200
社会福祉主事　69
社会福祉六法　56
社会モデル　142
集団援助技術　18
就労支援員　84
主観的な評価　177
主訴　162
手段的日常生活動作　6
受容関係　162
受理面接　161
准看護師　134
循環する過程　172
生涯教育システム　227
情報提供　172
職種実習　211
職場実習　211
叙述体　185
自立支援　59, 102, 168
事例　187
事例検討会　187
身体障害者更生相談所　72
身体障害福祉司　71
心理社会的アプローチ　154
診療放射線技師　126

■す■

スーパーバイザー　180
スーパーバイジー　180
スーパービジョン
　35, 103, 180, 213
スクールソーシャルワーカー
　5, 136
スクールソーシャルワーカー
　活用事業　137
ストレングス　164, 176, 188

ストレングスモデル………154
スペシフィック………204
スペシフィックソーシャル
　ワーク………4

■ せ ■

生活支援員………84
生活者の視点………135
生活相談員………85
生活保護の動向………74
生活モデル………55, 101, 142, 153
精神保健福祉士法………131
世界人権宣言………8
説明体………185
セツルメント運動………51, 101
全米ソーシャルワーカー協会
………33, 48, 89
専門職共通の特徴………68
専門職の属性………68
専門職倫理………123
専門職連携………224
専門職連携教育………224
専門ソーシャルワーク資格………89
専門的援助関係………163

■ そ ■

総合的かつ包括的に援助………191
相談援助実習プログラム………210
相談援助の対象………146
相談支援専門員………84
送致………174
ソーシャルアクション
………8, 28, 171, 220
ソーシャルアドミニストレー
　ション………27
ソーシャルインクルージョン
………9, 45, 59
ソーシャルエクスクルー
　ジョン………45, 59
ソーシャルグループワーク………220
ソーシャルサポートネット
　ワーク………112
ソーシャルデベロプメント………45
ソーシャルワーカーの成長

過程………184
ソーシャルワーク………220
ソーシャルワーク実習………211
ソーシャルワーク専門職の
　グローバル定義………44, 69, 222
ソーシャルワークの基礎的
　定義………48
ソーシャルワーク評議会………90
側面的な支援………168
ソシオノーム………91
尊厳の保持………58

■ た ■

代弁………174
他職種の理解………123
多職種連携………110

■ ち ■

知………46
地域援助技術………22
地域ケア会議………171
地域ケアシステム………5
地域支援体験………212
地域福祉計画………27
地域包括ケア………110, 223
地域包括ケアシステム………114, 223
地域包括支援センター
………5, 32, 84, 140
地域連携クリティカルパス………113
地域を基盤としたソーシャル
　ワーク………23
チームアプローチ
………35, 110, 116, 173, 179
知的障害者更生相談所………73
知的障害者福祉司………73
中核となる任務………45
治療モデル………153

■ と ■

トインビー・ホール………51

■ な ■

ナショナルミニマム………2
七つの基本的要素………1

■ に ■

日常生活動作………6
ニッポン一億総活躍プラン………50
日本ソーシャルワーク学会………49
認定社会福祉士………7, 96, 130, 225
認定社会福祉士認証・認定
　機構………96, 225
認定上級社会福祉士………96, 225

■ ね ■

ネットワーキング………112
ネットワーク………112

■ の ■

ノーマライゼーション………60
ノーマライゼーション七か年
　戦略………9

■ は ■

パートナーシップ………22, 121
バーンアウト………180
バイステックの七原則
………8, 17, 107
パターナリズム………57
ハル・ハウス………18, 51
判断能力………64

■ ひ ■

ピアスーパービジョン………183, 215
非貨幣的ニーズ………1
非言語的コミュニケーション
………163
人と環境との相互関連性………151
評価全体総括会………216

■ ふ ■

フォーマル………112
福祉活動指導員………85
福祉活動専門員………85
福祉事務所………69
福祉倫理………9
福祉六法………4
福祉六法体制………8

プランニング……………7,166
プログラム作成……………192
プロセス法……………188

■ ほ ■

保育士……………133
訪問看護ステーション……134
法令順守……………28
ポートフォリオ……………197

■ ま ■

マクロシステム……………222
マクロソーシャルワーク……146
マッピング技法……………208

■ み ■

ミクロシステム……………222
ミクロソーシャルワーク……146
民生委員制度……………56

■ む ■

6つのP……………55

■ め ■

メゾシステム……………222
メゾソーシャルワーク……146

■ も ■

モニタリング……………7,171
問題解決アプローチ………155

■ や ■

薬剤師……………124

■ ゆ ■

友愛訪問活動……………16,101

■ よ ■

要保護児童……………76
要約体……………185
四つの原理……………6
4つのP……………55

■ ら ■

ライブスーパービジョン……183
ライフステージ……………150
ラポール……………39,163,178

■ り ■

リカヴァリー……………17
理学療法士……………124
利用者の利益・自己実現の
　ための支援……………135
利用者本位……………8,57,222
量的調査法……………24
臨床検査技師……………126
臨床心理士……………40
倫理綱領……………102,206
倫理的配慮……………26

■ れ ■

連絡調整技術……………171

■ わ ■

ワークハウス……………50
ワーク・ライフ・バランス…150

■ 人名 ■

アグレア……………156
浅賀ふさ……………56
アダムス……………18,51
岩間伸之……………23

エプスタイン……………156
大橋謙策……………23
岡村重夫……………1,221
片山潜……………55
川島隆彦……………103
ギッターマン……………55,153
黒川昭登……………53
グリーンウッド……………68
孝橋正一……………220
コノプカ……………18
コルブ……………193
ジャーメイン……………55,153
竹内愛二……………220
トレッカー……………18
仲村優一……………55,220
ニィリエ……………61
バートレット……………101
バーネット……………51
パールマン……………53,155
バイステック……………17
ハミルトン……………52,155
バンク-ハミルセン……………61
ブース……………24
ブトゥリム……………101
フレックスナー……………52,68
フロイト……………52
ホリス……………154
マイルズ……………53
三浦文夫……………1,221
メズイック……………156
ラウントリー……………24
ランク……………52
リード……………156
リッチモンド……………16
ロビンソン……………52,155

執筆者・執筆担当

〔編著者〕

かわむら　まさよし
川村　匡由　　武蔵野大学名誉教授　　　　　　　　はじめに，第1章，
　　　　　　　　　　　　　　　　　　　　　　　　　　第3章6（3）9）

〔著　者〕（五十音順）

いしい　みちこ
石井三智子　　日本社会事業大学非常勤講師　　　　第3章6（3）6）

いちかわ　まい
市川　舞　　　宇都宮共和大学子ども生活学部准教授　第3章6（3）4）

うらべ　たかし
占部　尊士　　西九州大学短期大学部准教授　　　　第4章1～3

えばた　ごろう
江幡　五郎　　ルーテル学院大学総合人間学部非常勤講師　第3章6（3）8）

おの　あつし
小野　篤司　　宇都宮短期大学人間福祉学科准教授　第3章6（3）1）

かたおか　やすこ
片岡　靖子　　久留米大学文学部准教授　　　　　　第5章1，終章

すずき　まさし
鈴木　政史　　静岡福祉大学社会福祉学部専任講師　第3章4（2）3），第5章2

たんの　まきこ
丹野眞紀子　　大妻女子大学人間関係学部教授　　　第2章3，第3章5，
　　　　　　　　　　　　　　　　　　　　　　　　　　資料2・3

ちゃやみちたくや
茶屋道拓哉　　九州看護福祉大学看護福祉学部准教授　第2章1・2，第3章1～3，
　　　　　　　　　　　　　　　　　　　　　　　　　　資料1

なしろ　けんじ
名城　健二　　沖縄大学人文学部教授　　　　　　　第3章6（3）2）・7）

ひさまつ　のぶお
久松　信夫　　桜美林大学健康福祉学群教授　　　　第4章4

むらおか　のりこ
村岡　則子　　聖カタリナ大学人間健康福祉学部准教授　第3章4（1）・（2）1）

やまぐち　よしこ
山口　佳子　　国際医療福祉大学医療福祉学部准教授　第3章4（2）2），
　　　　　　　　　　　　　　　　　　　　　　　　　　第3章6（1）・（2）

わたなべ　さとし
渡邊　暁　　　近畿大学九州短期大学保育科講師　　第3章6（3）3）・5）・10）

福祉ライブラリ
相談援助

2018年（平成30年）9月10日　初 版 発 行

編 著 者　川 村 匡 由
発 行 者　筑 紫 和 男
発 行 所　株式会社 **建 帛 社**
　　　　　　　　　KENPAKUSHA

〒112-0011　東京都文京区千石4丁目2番15号
TEL　（0 3）3 9 4 4 - 2 6 1 1
FAX　（0 3）3 9 4 6 - 4 3 7 7
http://www.kenpakusha.co.jp/

ISBN 978-4-7679-3383-2　C3036
©川村匡由ほか，2018.
（定価はカバーに表示してあります）

教文堂／ブロケード
Printed in Japan

本書の複製権・翻訳権・上映権・公衆送信権等は株式会社建帛社が保有します。
JCOPY　〈出版者著作権管理機構　委託出版物〉
本書の無断複製は著作権法上での例外を除き禁じられています。複製される
場合は，そのつど事前に，出版者著作権管理機構（TEL03-3513-6969，FAX
03-3513-6979，e-mail : info@jcopy.or.jp）の許諾を得て下さい。